项目基金：2017年度教育部人文社会科学研究专项任务项目
（高校思想政治工作），17JDSZ1016

治理视域下的
高校话语传播与共识秩序

袁　蕾　李林青　万庆怡　著

光明日报出版社

图书在版编目（CIP）数据

治理视域下的高校话语传播与共识秩序 / 袁蕾，李林青，万庆怡著 . -- 北京 : 光明日报出版社，2022.6

ISBN 978-7-5194-6697-8

Ⅰ . ①治… Ⅱ . ①袁… ②李… ③万… Ⅲ . ①高等学校－突发事件－危机管理－宣传工作－研究－中国 Ⅳ . ① G647.4

中国版本图书馆 CIP 数据核字 (2022) 第 105184 号

治理视域下的高校话语传播与共识秩序

ZHILI SHIYU XIA DE GAOXIAO HUAYU CHUANBO YU GONGSHI ZHIXU

著　　者：袁　蕾　李林青　万庆怡

责任编辑：宋　悦　　　　责任校对：余宇炜
封面设计：石　儿　　　　责任印制：曹　净

出版发行：光明日报出版社
地　　址：北京市西城区永安路 106 号，100050
电　　话：010－63169890（咨询），010－63131930（邮购）
传　　真：010－63131930
网　　址：http://book.gmw.cn
E － mail：baopf23@yeah.net
法律顾问：北京市兰台律师事务所龚柳方律师

印　　刷：广东虎彩云印刷有限公司
装　　订：广东虎彩云印刷有限公司
本书如有破损、缺页、装订错误，请与本社联系调换，电话：010－63131930

开　　本：170mm×240mm
字　　数：232 千字　　　　印　　张：15
版　　次：2022 年 6 月第 1 版　　　　印　　次：2022 年 6 月第 1 次印刷
书　　号：ISBN 978－7－5194－6697－8

定　　价：68.00 元

目录 Contents

第一章　绪论

互联网的诞生及发展深刻影响着人们的生活方式、形态，同时也改变了传统的舆论格局。据中国互联网络信息中心(CNNIC)在京发布的第50次《中国互联网络发展状况统计报告》，截至2022年6月，我国网民总规模达10.51亿，相较于2021年12月增长了1919万，互联网普及率达74.4%。[①]网络渗透到了大众的休闲娱乐、日常生活、阅读学习、交通出行等各个方面，适应网络化生存成了互联网时代生活的新要求，迅猛发展的新媒体为民众表达言论提供了更多更加开放的窗口，民间话语的表达形式也日益多样。

社会议题、突发事件、社会现象在网络上讨论传播成为常态，各类网络平台已成为突发事件的主要发酵池。公共空间已是大势所趋，抢占互联网的舆论战场更是势在必行。"截至2021年6月，我国互联网政务服务用户规模达8.92亿，占网民整体的84.9%。"[②]

第一节　研究的缘起及意义

与民众利益切身相关的教育类话题一直是社会广泛关注的热点，每次教育

① 中国互联网络信息中心. 第50次《中国互联网络发展状况统计报告》[R/OL].(2020-08-31). www.cnnic.cn/n4/2022/0916/c38-10594.html.

② 中国互联网络信息中心. 第50次《中国互联网络发展状况统计报告》[R/OL].(2020-08-31). www.cnnic.cn/n4/2022/0916/c38-10594.html.

政策改革都能引发社会的强烈反响。作为教育类舆情当中的热点议题之一，高校突发事件与国家复兴、民族富强、人才培养息息相关，因而引发各界关注。高校突发事件近年来爆发式增长。据人民网舆情数据中心案例库统计，2020年涉高校全国重大舆情同比增加33%，较2018年增幅达到133%。回顾近年多发的高校突发事件，“山东省曝光多起冒名顶替取得学历事件”[①]、“长江学者与404论文”[②]、“研究生在实验室自杀身亡”[③]……事件内容几乎涉及高校学习生活的各个方面，包括人身安全、师生关系、学术不端、校园管理、考试公平、政策制定等等，暴露出当下国内部分高校内部存在的一些以权谋私、官僚腐败、形式主义的问题，一度引发舆论震荡。加之青年大学生群体较为敏感，同时又是活跃于网络的主要群体，突发事件参与感和社会意见表达意愿强烈，更是加速了高校突发事件的曝光。虽然其中不乏积极正面的热点事件和及时回应化解舆情危机的正面案例，但是总体上传播范围和关注度远不如负面案例。网络舆情的动态影响着校园外部人员对学校的评价与看法，也影响着身处校园内部的教师和学生，对校园舆论环境和内部稳定乃至教师的工作都在持续产生着影响，形成了一定程度上的阻碍。

一、高校网络舆情治理的必要性

若要深入分析我国高等教育体系的建设与社会民众利益、国家政府意志的关系，不免要考察我国高等教育体制的结构与权力运行机制的过程。高校的权力类型主要有行政权力以及学术权力，我国高校现行的权力结构和体制模式普遍实行的是党委领导下的校长负责制，党委书记和校长的人选或者由主管部门直接指定，或者在主管部门认可、委任的情况下，学校内部组织经由一定范围内

① 人民网. 山东通报两起冒名顶替上学问题调查结果[EB/OL].(2021-06-30)[2022-05-20]. http://edu.people.com.cn/n1/2020/0630/c1053-31764360.html.

② 澎湃新闻网. 青年长江学者梁莹与她“404”的论文[EB/OL].(2018-10-24)[2022-05-20]. http://www.the paper.cn/news Detail: forward_2561279.

③ 人民网. 大连理工学生身亡：悲痛难相通，问题可填平[EB/OL].(2020-10-16)[2022-05-20]. js.people.com.cn/n2/2020/1016/c360299-34354388.html.

的民主选举产生，由此代表主管部门来行使党务、行政等高校管理权力。正是因为我国这种权力高度集中的管理体制，我国高校的管理政策常常是官方意志的集中体现，高校管理与政府、社会组织等有着无法分割的耦合联系。

社会对知名高校的认知与评价常常与国家社会发展、政府形象树立挂钩。因为高等教育体系建设成果不仅是一个国家教育发展水平的侧面反映，也是国家政府对外交流的重要名片。政府管理高等教育是国家主权在教育领域的具体表现，从这个角度来看，官方政策与高校管理之间关系密切。并且，高等教育所蕴含的丰富文化底蕴、浓厚学术氛围以及正确价值取向，将在整个社会范围内产生深远的辐射作用。另外，大学精神应该是社会大众探求真理、格物致知等美好价值观念与优秀精神的投射，高校形象在社会认知层面应该是正面向上的。综上，高等教育不单单是现代科学科研发展至关重要的创造中心，更是人类社会文明建设的重要组成部分，毋庸置疑地担负着国家民族兴衰的重任。

教育与就业一直以来都对社会民众生活及未来发展有着决定性的作用。高等教育为国家培养人才，为社会发展提供优秀的人力资源，大学的声望不仅关乎高校、政府的社会形象，更关系到学生未来的就业和收入。但是，“一个有效的高等教育系统有赖于国家对高等教育的积极监督”[①]。高校网络舆情的治理与应对，不仅是高校迫切需要提高的工作，也是国家政府所必须履行的监督管理职责。

考察众多高校突发事件案例，足以说明当前高校应对宣传与舆情工作尚且处于较为落后的状态，大部分高校处于被动回应的一方，这对网络舆情的消解非常不利。甚至部分高校不了解网络舆情的特点，采取简单粗暴一刀切的方法，诸如删除帖子和评论，关闭评论等等，对社会媒体的采访调查不能给予及时有效的应答。如何有效达成与互联网的联动，即时、积极回应民众对有关舆情的关切，已是目前国内教育领域亟须解决的难题之一。

“在2018年中国教育政务新媒体年会上，以‘直面热点——新媒体背景下

① 世界银行.联合国教科文组织.发展中国家的高等教育：危机与出路[M].北京：教育科学出版社，2001：11-12.

的教育舆情处置’为主题的新媒体互动工作坊备受关注。自教育部新闻办积极打造政务新媒体‘微言教育’以来，截至2018年已先后开通官方微博、官方微信，入驻8个新闻客户端平台，拥有粉丝3000余万，成为教育部发布重大政策、回应社会关切、服务沟通民众的重要平台。在教育部政务新媒体的带动下，90%以上的省级教育部门、100%的教育部直属高校都开通了新媒体平台。”①平台入驻、信息发布、网络互动、建设宣传矩阵等方式已成为高等教育对外宣传和主动回应社会关切的重要手段，同时也是高校即时知晓和有效应对互联网事件演变的舆情策略。扩展高校对外宣传渠道，建立系统化的网络舆情管理机制是未来高等教育管理工作建设的发展趋势。因此，适时转变思想观念，熟悉网络舆情传播特性，并由此掌握高校突发事件的产生动因、接续发展和广泛传播的规律，成了高校教育管理工作面临的新课题。

二、高校突发事件的社会关注度

罗索夫斯基在其提出的大学“拥有者”概念中，分析提出有四类群体与大学的利益密切相关，分别是：教师、行政主管和学生；董事、校友和捐赠者；政府、科研经费的提供者、向学生和大学贷款的银行家、学校规章制度的调节者、许多学术活动的评审委员会；市民、社区、媒体等。由于我国高等教育体制与国外高校情况有所不同，部分利益关系差异明显，在政府与高校的联系方面，双方在科研技术、社会合作、文化传承、国际交流方面的合作更加密切。但从总体来看，高校突发事件会牵涉到社会众多群体的利益。况且，“高等教育不仅需要各国政府和高等院校的积极参与，而且需要所有有关人士，包括大学生及其家庭、教师、商业界和企业界、公共和私营的经济部门、议会、传播媒介、社区、专业协会和社会的积极参与。高等教育被要求与社会、政府、企业界、学生等建立广泛的合作伙伴关系，这已成为近几年来世界各国和国际组织关于高等教育的政策性

① 高海英.新媒体时代下的高校舆情应对路在何方[N].中国青年报，2019-01-29(3).

文件或报告的主题词”[①]。高校突发事件的出现，不可避免地会受到来自社会各界的高度关注与激烈议论。

近年来，侵犯人身安全，危害校园安全和社会稳定的高校突发事件时有发生，直接伤害了利益相关度最高的学生、教师群体。高校学生作为国家建设的未来和无数家庭的希望寄托，作为身处校园中的主要人群，是高校管理工作的主要对象，因此高校管理的一举一动都受到千家万户的注视。同时，高校学生在年龄阶段、行动力量、校园事件话语权力上也处于较为弱势的一方，所受到的侵害会牵动社会民众的情绪。更有部分突发事件的端由直指高校环境内人际与权力关系之间的冲突矛盾，成为占据一定地位、话语权等资源的官方群体与权力之下处于弱势的人民群众关系的侧面反映，引发了社会舆论的关注和批评，导致社会民众对国内高校的体制与权力体系产生大量的负面评价。这些事件的负面评价与激烈的情绪反应往往更容易形成对高校形象的认知记忆，在后续发生相关事件和信息传递中持续产生耦合联系，影响社会群体的情感倾向与站队立场，并在各种突发事件与负面事件的反复发生中再次加深记忆或发酵，导致群体内部矛盾加剧，形成对固有社会秩序、社会和谐与稳定的潜在威胁。其中，未能及时达成共识的舆情危机很可能触发下一次舆情事件的发生，形成舆情生发的系统链。

基于人们更容易关注和接受负面信息的社会心理效应，社会媒体也常常倾向于报道负面消息或争议性事件以吸引观众眼球。当高校突发事件发生后，部分高校采取不予回应的态度，回应速度跟不上，声明通报回应不清，未能切中社会关切等等问题，致使部分社会民众对高校的工作和处理态度产生怀疑和误解，反过来影响自身形象和对社会信任度造成二次损害，甚至对后续相关的招生招聘、校园管理、对外宣传等环节产生影响。如何正确而有效地化解高校所面对的网络舆情危机，是关乎高校管理和形象建设的重要命题。因此，有关发生在教育范围内的舆情研究已是目前学界舆情研究及高等教育研究中的热点议题之一。

---

① 张玉磊.高校利益相关者治理模式及其构建[J].黑龙江高教研究，2019(04)：37-42.

三、高校网络舆情相关研究的热度

以“教育舆情”为关键词，在中国知网上检索相关文献。通过文献发表年度总趋势图发现，自2014年以来，每年发表的相关研究成果都在百篇以上，文献数量总体也呈现出持续增长的趋势。不仅如此，在教育舆情相关文献中，高校网络舆情、大学生网络舆情、高校舆情、大学生舆情等与高等教育相关的文献主题频繁出现，文献数量较多。

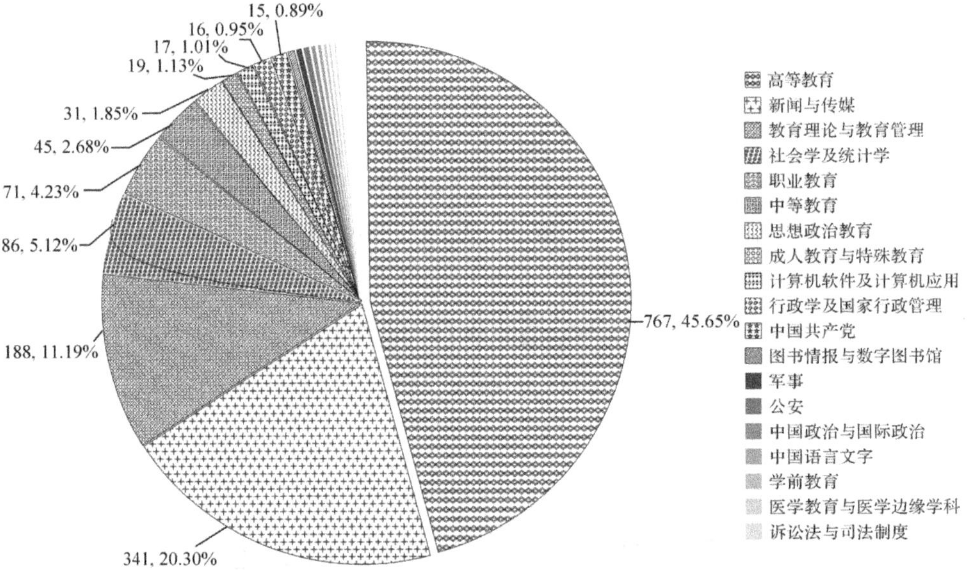

图1 “教育舆情”主题文献的学科分布占比图

在图1中可以更加直观地看到，高等教育类占到所有“教育舆情”相关文献学科研究视角分布的45.65%。这表明高等教育公众舆论在教育公众舆论中受到了广泛关注。主要原因有：

首先，高校舆论形象直接关系到我国高等教育体系建设。民众对高校突发事件的舆论评价和情感倾向无时无刻不在影响着民众对我国高等教育体系建设的评价。另外，这无疑也是对我国高等教育体系的严肃讨论和理性审视，关注高校网络舆情绝非无关紧要。学者张会杰认为：“大学的公信力即公众对大学的广泛认同、普遍尊重和系统信任，是大学和谐发展重要的社会资本，也是整个社会信任体系最具根本性的保障。”[①]然而，近年来频频曝光的诸多学术不端等事件，不仅让国内高校的认可度和形象骤然下降，而且也受到来自社会各界越来越多的质疑。如何正确回应高校网络舆情，恢复高校媒体形象，是教育舆论管理中亟待解决的问题，也是高等教育网络舆论研究中的热点问题。对此，有学者将高校教育舆情研究明确为“服务于我国高等教育事业发展以及为我国教育管理工作提供决策依据和智力支持”[②]的角色和定位。

其次，高校网络舆情的发展动向同样牵系着政府形象。由于利益相关性，公众总是对诸如教育政策和教育制度改革等话题非常敏感，回应并满足社会公众的知情诉求当然也成为教育的主要社会责任之一。随着互联网技术的持续发展，网络舆情大有愈演愈烈的趋势。探讨如何建立起合理有效的高校网络舆情监察管理机制，成为相关领域的热门研究趋势之一。

再次，高校突发事件频频发生。层出不穷的突发事件，引起公众的猜测、质疑、争论甚至是对抗。民众与高校、政府之间的社会矛盾冲突日益凸显，由此形成的公共舆情危机所带来的负面效应远大于正面意义。发生在网络上的高校突发事件实际上反映了当今社会环境中潜在的诸多问题，大众的舆论和情感倾向以及各群体由此所采取的社会行动是社会心理的体现，是社会整体环境的集中缩影。研究高校突发事件背后呈现的社会问题指向，解决社会公共舆情危机，寻找切实的社会问题治理与改良方案也是当前舆情研究领域的主流方向。

---

① 张会杰.教育舆情评析及大学公信力场域之构建——以清华“真维斯楼”舆论话题为例[J].复旦教育论坛，2012，10(02)：66-70，81.

② 刘振琍，刘毅.高校教育舆情研究论略：热点、问题与展望[J].理论与现代化，2014(02)：87-91.

第二节　研究现状及趋势

一、高等教育舆情研究的历史脉络

有学者在研究中指出，2002年5月，天津教育科学研究院组成了“教育舆情系列调查课题组”并较早对我国教育舆情展开研究。结合图表统计和关键词检索，在知网上查找到国内最早与教育舆情有关的研究文献发表于2004年。该研究是由南京市委宣传部协同南京大学社会学系组建的南京市舆情调查分析中心主持，对生活在北京、上海、广州等8大城市的居民进行相关的电话问卷舆情信息调查的研究成果。在调查报告中清晰显示，教育与就业、社会保障、反腐败等是社会公众广泛关注的话题。研究发现，这只是一次涉及教育内容的社会舆情调查，并不能算作真正意义上的教育舆情研究。在这一段时间所查找到的文献中，教育舆情也大多作为网络舆情的热门研究内容之一，并在网络舆情研究中有所体现。知网上查询到的第一篇国内发表的单篇关于教育舆情的研究是彭显波于2007年发表于《学校党建与思想教育(普教版)》的《教育舆情收集、处理、利用的原则和方法》。在2002—2007年乃至此后的一段时间里，我国教育舆情研究进展较为缓慢。

虽然早期教育舆情研究文献的发表数量不多，但这一领域的研究后劲强力，研究热度一路高涨。在中国知网上以“高校舆情”为关键词进行检索，我们将其检索结果(图2)与“教育舆情”的可视化统计图表相对比，2007—2015年“高校舆情”相关研究成果的发表数量增长速度明显高于“教育舆情”，2015年后增速相对稳定，但文献数量均保持在200篇以上，几乎是“教育舆情”的2倍。

这一现象也被学者注意到，经过研究调查后指出“‘高校网络舆情’概念的运用更为普遍”[①]。图2中显示2010年以后文献发表数量逐渐出现明显增长，是高校网络舆情的一个拐点。“这一年伴随微博、微信等一系列社交app随着智能

① 舒刚.我国教育舆情研究的热点议题及趋势展望——基于CNKI(2009—2015)的数据分析[J].国家教育行政学院学报，2016(10):40-46.

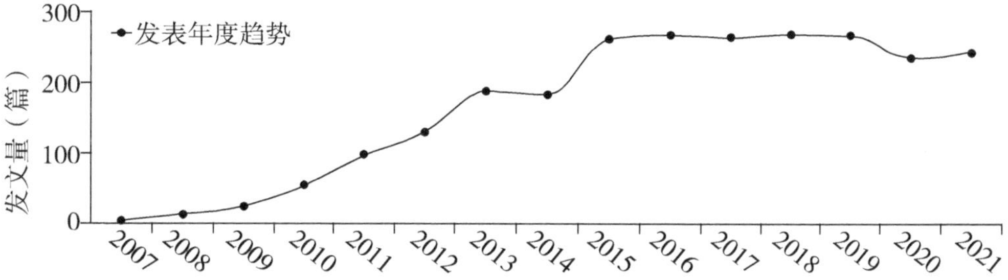

图 2　“高校舆情”相关文献发表年度趋势

手机的普及流行，高校学生成为社交媒体的主要支撑力量。”①据知网统计结果显示，以“高校网络舆情”为主题发表的相关参考文献已达952篇，远高于其他主题文献文章，表明高校网络舆情的研究是相关领域内的热点方向。

在高校舆情研究发展的早期，学者彭显波发表在期刊《学校党建与思想教育(普教版)》上的教育舆情研究文章，研究关注的是思想政治教育建设问题，同一时期前后的教育舆情研究也大多与思想政治教育的研究相联系。诸如周如俊、王天琪联合发表的《网络舆情：现代思想政治教育的新领域》，廖扬平的《网络舆情视域中的思想政治教育功能》，明义敬的《论高校网络舆情视阈下的大学生思想政治教育》，等等。可以认为，早期国内教育舆情的研究是以网络舆情归属下的教育类话题为主，研究目的多是为思想政治教育建设提供参考或是补充。这一调查结论与图3中的“教育舆情”相关文献主要主题分布柱状图所显示的数据结果是一致的。

因为互联网的发展极大地丰富了大众的休闲娱乐形式和日常精神生活，纷繁复杂、良莠不齐的网络内容易使尚未具备成熟分辨能力和完整世界观的大学生们迷失自我，受他人言语情绪煽动和引诱欺骗。研究存在于网络中的教育舆情现象，探索新时代下思想政治教育的建设路径，成为初期教育舆情研究的出发点。并且直到现在，研究网络舆情对思想政治教育的影响，依然是相关研究领域的热点方向之一，这也正是相关舆情研究的一个重要意义。如王霞认为需

① 高枫桦，祁凯，郑瑞.高校公共危机事件网络舆论研究综述[J].科技传播，2020，12(12)：156–158.

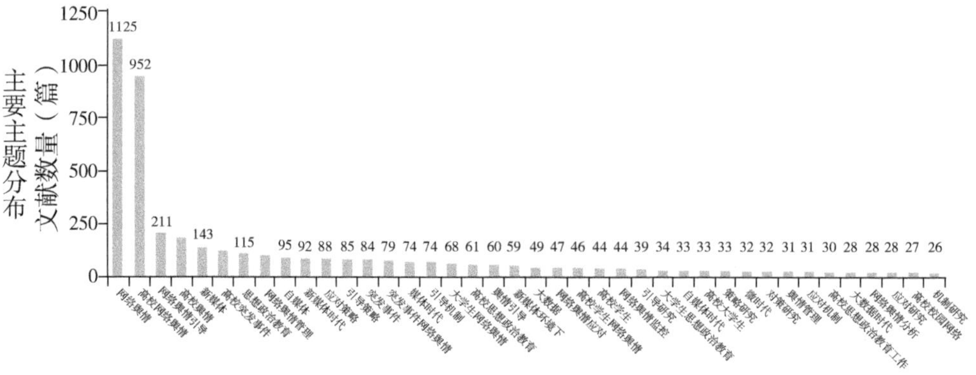

图 3 “教育舆情”相关文献主要主题分布柱状图

要在思想政治理论课中进行相应的改革和创新，以有效解决网络大事件对大学生的不利影响。①樊艳丽提出：“网络信息资源是高校思想政治教育的现代内容和形式。”②同时，她指出了形式化、及时性薄弱以及开发中缺乏新鲜活动等问题。建议从互联网热点事件开始，以开发用于大学思想政治教育的网络信息资源。郭广则基于当前高校自媒体舆情发展的趋势，探索“思政＋”育人模式，提出思想政治教育内容的数据化；高等教育学校舆情研判而形成网状的舆情研判机制以及思想政治教育团队联合化；实现自媒体舆情与多元化的思政育人良性互动等等路径。③

随着研究的逐渐深入，当前高等教育舆情研究早已不仅仅为满足思政教育建设这一需求。在与高校突发事件、高校网络舆情等相关的研究中，当前研究的重点是如何有效应对高校舆情事件的机制与策略。基于现代社会高速发展的网络环境，高等教育舆情治理势必成为社会治理的重点及难点所在。赵娟在研究中运用了文献计量学方法，对核心作者、高产机构、研究热点、基金来源这四个主要指标做了统计分析，指出当前的高校网络舆情研究仍然存在“尚未形成

---

① 王霞.高校思想政治工作对网络群体性事件的应对[J].江苏高教，2012(02)：131-132.

② 樊艳丽.高校思想政治教育时代化的路径选择——以网络信息资源的开发利用为视角[J].教育理论与实践，2013，33(30)：24-26.

③ 郭广.基于自媒体舆情的高校“思政＋”育人模式探究[J].学校党建与思想教育，2020(17)：79-81.

核心作者群”“机构来源有待优化”“热点分布有待改进”“主要基金来源有待拓宽”等问题，认为高等教育网络舆情研究中产出机构主要为高校，其他机构非常少；实证性研究多，但跨学科、跨领域的研究成果相对较少。[①]

二、高校突发事件的热点议题与主要论点

（一）关于高校突发事件的概念研究

不少学者以高校突发事件中的主要参与者框定高校突发事件的概念与范围。学者王学俭定义了高校校园网络舆情，即高校师生在网络上对现实话题的且对事件具有一定影响的、一致的公开意见或态度的总和，划定了高校师生这一主体范围，指明了“论坛BBS和新闻跟帖”这两种舆情实现的主要手段，强调了舆论需要达到的量度和强度，认为“只有发表意见的学生达到适当的比例才能构成高校校园网络舆情”，且“青年大学生们诉诸意志的坚定程度，表现为一定数量的青年大学生坚持何种意见，表现为态度明朗的指向”。[②]曹银忠则认为高校网络舆情由主体——在校大学生，客体——引发高校网络舆情的特定事态，介体——高校网络舆情媒介三者构成。[③]陈强则提出高校突发事件网络舆情的概念，并将其定义为是受高校突发事件刺激而形成的网络舆情。[④]

在跨学科研究影响下，高等教育网络舆论研究成为社会学网络舆论研究细分的方向。关于高校突发事件的概念定义，杜骏飞认为，抗争是网络群体事件的精神内核，依据“抗争的主体与客体的不同”将网络群体事件分为“以群体舆论来抗争个人”“一个群体抗争另一个群体”“网民对政策或制度的抗争”“网

---

① 赵娟.我国高校网络舆情研究现状及趋势的文献计量分析［J］.江苏高教，2021(01)：102-105.

② 王学俭，刘强.当前高校校园网络舆情的逻辑分析［J］.中国高等教育，2010(10)：17-19.

③ 曹银忠，许方圆.高校网络舆情引导研究［J］.毛泽东思想研究，2012，29(06)：146-150.

④ 陈强，王雅蕾，王国华.高校突发事件网络舆情泛化现象研究［J］.情报杂志，2011，30(05)：6-9.

络文化阵营对现有文化权力体系的抗争”四种形态。[①]另外，一些学者选择将主体之一的大学生群体作为他们的主要研究对象。如王佳从西安地区具有代表性的三所高校陕西师范大学、西安交通大学、西安电子科技大学的本科、硕士、博士学生中选取研究样本，通过问卷调查的形式，系统性地研究大学生在网络舆论中的参与行为。通过考察和分析大学生对突发事件的关注度、参与度、参与形式与参与结果，她得出大学生对公共事件和新闻信息保持极高的关注度和参与度，并且“在广义上的网络舆论中担任意见领袖作用”的研究结论。[②]还有部分学者以高校突发事件的舆论中心——高校为例进行研究。宋帅以合肥地区高校为例，梳理了高校突发事件的特有特征以及详尽分类，得出结论认为高校突发事件具有迅速扩散性、范围广泛性、主体活跃性和社会敏感性的特点；分析了合肥市高校突发事件在线舆论指导的现状，指出了舆论指导过程中重要性意识不足、应对机制不健全、工作体系不健全、工作能力不足等问题。最后，从平台建设和监管队伍建设两个角度触发阐述了高校应对突发事件舆情的可行性治理方案。[③]蔡晓平、李海云则以广东省高校为例，指出仅有少数高校成立了相关的舆情机构，“没有一个正规机构和相关专业研究人员的支撑，舆情引导就缺乏足够的决策支持”，并提出高校应当利用“议程设置”的功能，主动开展舆情引导工作，针对部分积极正面的事件案例开展典型报道和深度报道，通过主动曝光来影响媒介议程。[④]这些研究都从部分地区高校在突发事件的实践中总结出不足之处，引导研究者深入认识当前高等教育网络治理存在的弊端，针对其缺陷弊端提出相应的具有参考价值的建议和解决方案。

在此类研究中，不乏存在学者将高校突发事件的主体定义为大学生群体，将高校突发事件的范围限制为大学生造成的突发事件的情况。换言之，有些研究将高校突发事件与大学网络舆论完全等同于大学生舆论讨论，甚至于直接将

---

① 杜骏飞.网络群体事件的类型辨析[J].国际新闻界，2009(07)：76-80.

② 王佳.大学生网络舆论行为研究[D].西安：陕西师范大学，2010.

③ 宋帅.高校突发事件网络舆情引导对策研究[D].合肥：安徽农业大学，2012.

④ 蔡晓平，李海云.高校网络舆情诊断及引导研究——以广东省高校为例[J].高教探索，2011(06)：27-30，45.

其定义为突发性事件。在高校舆情传播的网络范围上，部分学者以校园网络为主要的舆情场所，以师生、高校的舆情话题与互动为主。这实际上是对高校突发事件概念的窄化。回望近年发生的高校突发事件可以发现，事实上，部分高校网络舆情或事件的直接信源并非来自大学生群体，而是来自政府、高校、社会新闻媒体或是以新兴自媒体为代表的“意见领袖”。如今高校网络舆情发生越来越频繁，讨论内容也越来越广泛，包括后勤管理等一些细微的事情都有可能成为舆情的热点，并非只有造成较大社会影响或涉及人身安全、学术不端等社会严重问题的才能形成舆情。部分舆情的形成还可能是最早出现在社交网络平台上的零星讨论，由于某些事件或节点触碰了社会民众的关注点或利益，最终在互联网上形成了无法控制的舆情事件。

另外，许多高校突发事件的主题内容也并非只是围绕大学生群体，比如政府发布的高等教育改革政策，高校制订的专业设置和培养方案，高校日常管理中出现的矛盾冲突，教师科研学术不端和权力腐败，等等，这些事件与社会民众利益息息相关，或是触及了民众对社会话题的敏感点，或是容易在社会上造成广泛的舆情。尤其是在当前网络环境中，信息传播更快、更广泛、更开放，高校的生活、管理、学习各方面的问题都有可能通过网络的传播扩散引发关注和舆论热议。当下的研究对于高校网络舆情、高校突发事件的定义范围也随之扩大，更多的研究指向互联网，包括各类网络平台的广泛传播。

（二）关于高校突发事件的类型

杜骏飞在其《网络群体事件的类型辨析》一文中，着重强调管理网络群体事件的首要条件就是“加强关于网络群体事件的类型研究，对网络群体事件的不同类型做出细致的区分”。[①]高校突发事件也同样如此。

高校突发事件的类型可以概括为“根据舆情内容划分”和“根据事件发生或参与主体划分”两类，前者为较为通用的分类模式，后者的分类方式多是由于在下定义时限定了主体的范围，成了类型归纳的限制性因素。如，刘燕在研究

① 杜骏飞.网络群体事件的类型辨析[J].国际新闻界，2009(07)：76-80.

中将多元的高校网络舆情内容分为“交流型”“求助型”“意见型”“求决型”“发泄型”五类。[①]可以看出其分类角度一致，都是在限定主体为高校大学生的基础上对其讨论的话题内容中所表达的诉求进行的划分。此种分类方式实则意味着将高校网络舆情的范围框定在由大学生群体所引致的舆论舆情，对突发事件主体的认定以及舆情源头或者说信息信源的发出者的判定都存在一定程度上的单一和窄化问题。

杜坤林在研究中将高校网络舆情分为“学生对国内外重大热点问题，有关国家、民族情感等敏感问题的一些涉及社会稳定的言论”“事关学校自身形象和办学声誉的舆情信息”“涉及校园突发公共事件以及校园周边治安环境等校园安全信息”“学生对学校的教育教学改革、管理服务、奖惩处分、师德师风等相关工作的意见建议及其他权益类舆情信息等”四种类型。[②]整体看该研究主要是从学生言论和高校相关信息两个角度进行分类，也是常见的分类方法，但很明显的是，这一分类方式缺少了以政府为发出者的高校网络舆情信息内容。学者王学俭对目前高校网络舆情内容做了较为详尽的梳理，认为主要内容有与政治有关的非理性言论、冲动性或情绪化发言、大型集会和群体性活动等“涉及政治稳定和社会安全的舆情”，高校政策、兄弟院校做法、学术争议以及各类突发公共安全事件等“涉及学校重大决策部署、中心工作和学校稳定的舆情”，侵权事件、校园后勤管理与日常服务等“涉及师生员工个人名誉及后勤部分服务质量的舆情”三类。[③]陈均土的分类角度则与以上较为不同，是依据舆情发生发展演变的情况分成“无先兆的网络舆情问题”“周期性的网络舆情问题”“长期反复性的网络舆情问题”三类。[④]这一分类角度明显更为精简，且无论是毫无先兆、形成周期或反复的舆情问题都具有往这一分类垂直向下细细研究的价值。孙莉玲将高校学生网络舆情归纳为四类，分别是“有关国家、民族等威胁社会稳

---

① 刘燕，刘颖.高校网络舆情的特点及管理对策[J].思想教育研究，2009(04)：46-48.

② 杜坤林.“微时代”高校网络舆情生成与干预机制研究[J].学校党建与思想教育，2011(16)：76-78.

③ 王学俭，刘强.当前高校校园网络舆情的逻辑分析[J].中国高等教育，2010(10)：17-19.

④ 陈均土.高校网络舆情问题及其破解[J].思想教育研究，2010(11)：84-87.

定的敏感性事件或言论”“与高校的形象和声誉，突发公共事件和危害高校的公共秩序有关的话题”“关于权益保护、奖惩处分等与学生相关的话题”“部分间接影响人们思想观念的社会新闻，包括娱乐、时尚新闻等”。[①]

（三）关于高校突发事件的特点研究

在早期的研究中，主要采用将网络舆情作为参照，或与线下现实舆情相比较的方式，对高校突发事件或高校网络舆情进行研究。高校网络舆情作为网络舆情的类型之一，不可避免地与网络舆情有着诸多共性。如邓燕在对高校群体性事件的研究中，首先就网络舆情进行了分析，由此认为其内容具有复杂、双向交互、传播即时、事件难控、影响广泛等与现实舆情相区别的特征。这些特点显然也是当今各类网络舆情中普遍存在的特征。在针对高校突发事件的研究中，仍有不少学者将参与或引发该类事件的主体范围限定于高校大学生群体，而高校大学生无论从心理成熟度、社会认知度乃至思维思考深度方面都有所欠缺，致使该类舆情与其他有社会群体参与的集体讨论有所不同。许多学者，如曾润喜、王学俭等，在研究中均指出高校网络舆情具有情绪化、感性化的特点。并且，早期在整个社会范围内，真正引起范围性关注的高校突发事件多数为突发性公共事件、人身安全事件等，事件的发生发展常常是出乎意料的，所以曾润喜等学者认为高校网络舆情的诱发因素具有偶然性，形成具有突发性、情绪化、影响广、易控制等特点。[②]该研究认为高校网络舆情质量低、影响力不持久、舆论感性化、话题探讨浅、话题转化快，加上高校网络实名制，能够快速干预，所以“易控制”。其中，在高校舆情话题探讨与转换方面，王学俭在研究中也同样认为部分高校网络舆情确实存在感性化、话题探讨表面化、话题转换替代较快。多以传播交流信息为主等特征。[③]然而，曾润喜在“易控制”这一点上所持的观点和其他研究有较大不同。比如学者邓燕认为互联网的自由性与开放性使得舆论难以被

---

① 孙莉玲.几类网络舆情研判模型及应对策略研究［D］.南京：东南大学，2016.

② 曾润喜，王国华，徐晓林.高校网络舆情的控制与引导［J］.情报理论与实践，2009，32(11)：79-82.

③ 王学俭，刘强.当前高校校园网络舆情的逻辑分析［J］.中国高等教育，2010(10)：17-19.

约束，而网络信息传播的速度与广度都使得舆情的蔓延更加难以控制。[①]学者杜坤林在其研究中也认为由于网络监管滞后，道德约束难度大，舆情具有难控性。[②]根据实际情况来看，关于高校舆情影响力不持久、普遍实名制、容易干预控制这几点，观察近几年的高校突发事件实际情况，其结果恰恰相反。不少高校突发事件，因为高校处理不当，自身的形象声誉受损，事后依然饱受诟病，甚至影响自身形象和招生事宜。当前，各大网络平台依然没做到普遍实行实名制，这给网络监管带来了更大的阻碍。对研究时间和研究背景进行比较分析，笔者认为在高校舆情可控性及影响力等特点上，基于该研究进行时媒介环境与媒介技术发展程度的限制，过去的舆情传播范围和传播速度有限，展现出来的影响力会比当下更小，关注度也相对更低一些，可控性自然也就相对更强一些。

学者刘燕在文章中提出“内容多元与分散”“形成过程迅捷”“制造和参与主体特殊”是校园网络舆情的三大特点。[③]其中，高校网络舆情的话题内容、思想观点和关注焦点呈现出多元化、分散化、差异化的特点已是相关研究领域的普遍共识。如杜坤林、王学俭等学者在其研究中均指出了这一特点。杜坤林对作为高校网络舆情参与主体的大学生群体进行进一步分析，指出高校网络舆情所具有的“群体性和放大性”“非理性与难控性”[④]，点明了高校大学生群体基于年龄相近、经历相似等原因更容易产生共鸣而聚集形成群体的行为特征，而网络的即时传播又极易将社会舆情进行放大，导致“滚雪球”现象的出现。这一分析也同样体现出了更多的研究内涵，即舆情内容多样化是未来舆情发展的趋势，群体化及放大化既是高校网络舆情的显著特点，也成为高校网络舆情扩大形成的影响因素。可以说，舆情特点能够在某种程度上呈现出该事物在当下或未来一定时间阶段内的发展特点和发展趋势，或是帮助我们认知事物发展背后

---

① 邓燕.论网络舆情对高校群体性事件的影响[J].重庆邮电大学学报(社会科学版)，2009，21(03)：123-126.

② 杜坤林.“微时代”高校网络舆情生成与干预机制研究[J].学校党建与思想教育，2011(16)：76-78.

③ 刘燕，刘颖.高校网络舆情的特点及管理对策[J].思想教育研究，2009(04)：46-48.

④ 杜坤林.“微时代”高校网络舆情生成与干预机制研究[J].学校党建与思想教育，2011(16)：76-78.

的原因。这说明对高校网络舆情特点的研究是十分必要的，且对高校网络舆情的规律具有相应认知后的把握是十分有意义的。正因如此，在高校网络舆情研究的众多文献里都包含对高校网络舆情特点进行分析的环节。而对于其特点的认知也同样随着时间的推移和研究的深入由浅至深，逐渐完善，且符合当下的时代性特点。

学者王学俭在文章中还提出有关校园网络舆情的议题讨论往往都紧跟着现实生活中的主流话题，即高校网络舆情具有一定的现实性。[①]祝苏东、李礼健、陈少平等学者则总结了引发网络舆情危机的高校事件所普遍具备的四个核心要素，分别为“容易介入的公开事件”“事件本身与社会舆论的关注焦点相符”“事件本身与社会常态期望相悖”“事件本身与师生个体相关”[②]，认为“与社会舆论的关注焦点相符几乎是所有的网络舆情基本属性。而与社会的常态期望值相悖恰恰是事件得以迅速传播的动力，因为它引发了好奇和惊异”[③]，并指出可以将此作为有效依据，对高校网络舆情中的各个环节发展趋势进行预判，主要就校园网络舆情危机“发生前”“形成中”“平息后”等不同阶段进行介入，从而控制舆情的发展与扩散。还有学者认为高校网络舆情具有“校内校外两个舆论场并存且同步交织、互相借力”“舆情主体角色多重，易被标签化”“舆情集群效应明显，易导致‘群体极化’”[④]的特点，视角更加新颖，第一点更是其他研究的有力补充。

白月则提出高校网络舆情的传播还存在着敏感事件多、爆发速度快、复杂程度高以及多发易发、类型多样、波次推进、影响广泛等特点[⑤]。王华锋指出在突发公共卫生事件背景下，高校网络舆情还具有原生和次生舆情融合，舆情复杂性更高；谣言和极端言论集聚，舆情危害性更大；科学与伪科学交叉，舆情煽动

① 王学俭，刘强.当前高校校园网络舆情的逻辑分析［J］.中国高等教育，2010(10)：17–19.

② 祝苏东，李礼建，陈少平.高校网络舆情危机的研判分析及启示［J］.福州大学学报(哲学社会科学版)，2011，25(06)：5–9，140.

③ 陈少平.高校网络舆情危机的研究及处置对策［J］.中国青年研究，2012(03)：5–9.

④ 王楠，王保华.治理视域下的高校网络舆情应对策略［J］.思想理论教育，2020(09)：93–96.

⑤ 白月.高校网络舆情的类型、特点及应对研究［J］.河南社会科学，2020，28(07)：120–124.

性更强等特点[①]。王军杰对高校网络舆情特征的分析则从主体特征和传播特征两个层面进行展开，将高校网络舆情中的发展阶段，即“酝酿、爆发、高潮、降温”[②]，纳入传播特征这一部分，这是比较少见的形式。孔晓虹还提出，新媒体环境下高校网络舆情普遍呈现出其关注群体的年轻化和社群化；特征内容呈现碎片化和多元化；表达方式具有“趋于偏激化、情绪化”[③]的特征。

除此以外，高校突发事件作为突发事件中的一种，其发生、发展、传播的本质不变，都具备类似的特点。牛新权在针对网络热点事件的研究中选取了四个年度社会热点事件，对每个事件运用两种不同的心理效应分析其中呈现的社会现象与社会心理。他同时提出，在社会整体认知过程中，基于首因效应、近因效应及否定效应的作用，人们往往更容易率先关注到负面的信息，并且对自己第一印象接触到的事件信息记忆深刻，持续影响对后续事件的解读与情感变化，人们也往往会更加倾向于首次建立的立场判断，即“近因效应一般不如首因效应明显和普遍”[④]。这些社会现象也同样存在于高校突发事件中。类似的还有群体极化效应，“群体成员对别人观点重复得越多，他们就越可能在不断的重复中认同这些观点”，即无论群体内的最初意见倾向哪个方向，通过群体讨论都会得到强化”。[⑤]可以认为，首因效应、群体极化等社会心理效应都是高校突发事件和突发事件所存在的共性。孙靖靖、高袅等多位学者都选择了类似的研究方法，在研究针对高校网络群体性事件的发生状况时，从社会心理学的角度着手，运用从众效应、对抗效应、否定效应等社会心理效应分析事件诱因，为应对高校发生的网络群体性事件的心理疏导提出多条可行性建议。[⑥]由突发事件的心理学理论分析观照高校突发事件中出现的社会心理和社会行动也是相关研究领域中

① 王华锋，陶慧.突发公共卫生事件背景下高校网络舆情治理研究[J].学校党建与思想教育，2020(15)：65–67

② 王军杰，黄黎辉.高校网络舆情特征与应对策略[J].传媒，2020(14)：77–80.

③ 孔晓虹.新媒体环境下高校应对网络舆情的探索[J].中国高等教育，2020(Z1)：67–68.

④ 牛新权.网络热点事件传播中的心理效应分析[J].声屏世界，2009(01)：36–38.

⑤ 牛新权.网络热点事件传播中的心理效应分析[J].声屏世界，2009(01)：36–38.

⑥ 孙靖靖，高袅，姜健.高校网络群体性事件的心理分析[J].中国高等医学教育，2010(10)：27–28.

使用较多的研究办法。

(四)高校突发事件形成的原因研究

曾润喜等学者认为“突发偶发事件的激化”“国际国内热点问题的触发”和“与师生利益紧密相关”是高校网络舆情形成的三类原因。[①]可以说,前两者是舆情形成和扩大的催化剂,后者则是高校突发事件备受社会集体关注的本质原因,但可惜的是,该研究并未对此展开论述。杜坤林在对高校网络舆情的成因进行简要分析后,提出校园信息渠道不畅通,从而导致大学生的沟通需求达到满足和高校管理中的行为不当或利益冲突是除外部环境诱因以外的两大直接动因。[②]这两个因素实际上都是高校管理不当的问题。王永灿则另辟蹊径,从高校大学生这一主体在高校突发事件中展现的特征,分析其形成的原因,认为“社会矛盾凸显触发的情感宣泄”“多元文化交融导致的意识‘反叛’”“表达机制不健全诱发的语言狂欢”“二元时空转换引发的身份危机”等使得大学生舆论聚集,最终高校舆情形成与爆发[③]。学者杜骏飞把网络群体事件中存在的社会行为归纳成“网络审判”“人肉搜索”“网络恶搞”“网络流言”“网络集会”五种,认为“行为失当”“行为失控”的概念都不能将其准确描述,指出网络群体事件应当是网络世界的“行为失范”,而当下正处于转型时期,某种程度上也能符合默顿所说的“行为失范”的产生条件,即“在一个快速变化和社会不平等广泛存在的环境中,社会成员由于所处阶层和地位的不同而存在差别,社会并没有给所有成员提供达成目标的合法手段,出于某种群体或阶层的社会成员在客观上不可能通过正规合法的手段达成目标,即社会结构本身限制了某些社会成员获

---

① 曾润喜,王国华,徐晓林.高校网络舆情的控制与引导[J].情报理论与实践,2009,32(11):79-82.

② 杜坤林.“微时代”高校网络舆情生成与干预机制研究[J].学校党建与思想教育,2011(16):76-78.

③ 王永灿.自媒体时代高校网络舆情主体特征及引导探究——基于高校网络舆情诱因的分析视角[J].北京邮电大学学报(社会科学版),2013,15(05):1-6.

得他们所需要的成功机会”[①]。高笑颜在其文章《高校网络群体性事件现状分析与发展趋势》中，从社会环境、网络监管和大学生心理这三个层面分析了高校网络群体性事件发生的原因，并对其发展趋势做了预测。[②]樊琳引入社会燃烧理论，将“高校外部复杂的社会环境”“高校内部存在的多种问题”“大学生自身存在的问题”比作高校网络舆情的“燃烧物质”[③]，也就是高校网络舆情的发生原因。

（五）关于高校突发事件的传播研究

对高校突发事件传播演化阶段和传播机制的研究是新闻传播学科视角下比较常见的一种，这方面的研究成果非常丰富，不仅有专门的专著和文献研究论述，而且融入许多高校突发事件的研究行文中。这既是因为传播过程的研究是传播学研究中的经典研究路径，也是因为要想研究网络舆情的形成、高校突发事件的传播就绕不开传播特征、演化阶段、传播规律等问题。部分学者还在研究中对高校突发事件舆情的传播要素之间的关系或是传播规律建构了理论模型，运用流程图、结构图等多种形式论述例证。如郭峰、刘彩生在研究中绘制了以微博为主要传播平台，有关高校校园突发事件微博舆情演变路径的热点事件模型。[④]王凤仙、王志军、张润在研究中根据吉登斯的结构化理论建构的模型，以人为中心的传播方式，以Wi-Fi无线网络为链接的舆情传播要素关系模式。[⑤]

雷禹在以高校为例的网络危机传播研究中指出网络危机传播具有“快速

① 韩笑莲，王广郊.社会失范理论——浅析迪尔凯姆和默顿的犯罪学思想[J].法制与经济(下半月)，2008(01)：129-130.

② 高笑颜.高校网络群体性事件现状分析与发展趋势[J].辽宁工业大学学报(社会科学版)，2011，13(5)：83-86。

③ 樊琳，张生，丁社教，寇晓东.高校网络舆情的演化机理及其应对策略[J].当代青年研究，2020(04)：90-95，115.

④ 郭峰，刘彩生.论高校微博舆情传播路径及引导控制[J].西南农业大学学报(社会科学版)，2013，11(10)：189-191.

⑤ 王凤仙，王志军，张润.高校突发事件网络舆情：舆论生态、传播规律与精准管控[J].高校辅导员，2019(06)：37-42.

性、敏感性、牵连性、交互性、透明性、多元性和可转化性”[①]的特性，并将网络危机传播阶段分为“蛰伏、征兆、爆发、反复、渐弱、修复”六个发展阶段。还将高校危机事件分为灾害类危机事件、政治类危机事件、安全类危机事件、管理类危机事件、学术类危机事件及声誉类危机事件，并根据以上研究结果建立了网络危机传播的管理机制，分别构建了管理模型、预警模型、处理模型和调控模型。骆敏、王轶群、伍婵提将专家学者对于网络舆情传播阶段的理论归纳为“三阶段论、四阶段论、五阶段论和六阶段论”四种，分别论述各类阶段理论模型的优缺点，认为六阶段理论模型——也就是将网络舆情传播过程划分为潜伏、爆发、蔓延、反复、缓解和长尾六个阶段——在当前的新媒体环境下能够比较准确地反映网络舆情传播的过程。研究基于史蒂文·芬克的危机阶段分析理论，从潜伏期(危机前)、扩散期(危机中)、消退期(危机后)这三个不同阶段分析应对策略。[②]王畅则根据事件的属性和影响以及网络舆情的控制难度将高校突发事件分为“常规状态”和“非常规状态”两种情况，将高校常规状态下突发事件网络舆情分为“潜伏期、爆发期、衰退期”；将高校非常规状态下突发事件网络舆情分为“突发爆发期、发展演变期、衰退终结期”[③]。杜坤林认为微博的诞生改变了以传统媒体为主导的传播模式，将网络舆情的演化分为“开始、关注、放大、衰退”四个阶段[④]。张思行等多个学者聚焦广泛受到社会关注的高校突发事件，通过分析事件传播过程中的发展规律，再结合“意见领袖”“议程设置”等传播学经典理论为应对高校舆情管理提出了多维度、可操作、有效性的应对策略。[⑤]王晰巍在其研究中构建校园突发事件主题图谱中的实体、关系和过程模型，结合“北京交通大学实验室爆炸”的突发事件做了可视化分析，从而将高校突发事件发展阶

① 雷禹.网络危机传播机理及其管理机制的研究[D].上海：上海交通大学，2010.

② 骆敏，王轶群，伍婵提.高校网络舆情的传播阶段及危机管理机制[J].青年记者，2019(03)：46–47.

③ 王畅.高校突发事件网络舆情传播演化研究[D].哈尔滨：哈尔滨工业大学，2016.

④ 杜坤林.“微时代”高校网络舆情生成与干预机制研究[J].学校党建与思想教育，2011(16)：76–78.

⑤ 张思行.高校网络舆情的话题演变过程研究——以“地沟油事件”为例[J].北京邮电大学学报(社会科学版)，2011，13(01)：7–12.

段划分为爆发初期、事件调查进展期和事件调查结果期，得出每一阶段都呈现出不同情感的结论。[①]毛宇锋将高校突发事件网络舆情传播分为舆情萌芽、关注、爆发、消退四个阶段，运用“强关系”“弱关系”进行分析。[②]在文章《高校危机事件网络舆情应对决策体系模型构建》中，杨仲迎运用了教育心理学、社会学、传播学等学科理论知识，从主体、心态、时间及方法等着力点对“危机管理四阶段说”理论存在不足做出全面剖析，并构建出新高校危机事件网络舆情的“七阶段闭环式”模型进行应对。[③]

对于高校突发事件演化阶段和周期的论述大都是基于经典传播学理论生发出来的，由于对演化阶段区分依据的不同，学者们划分的舆情传播阶段也各有差异，但本质上都遵循媒介传播的事实逻辑基础。还有学者从网络平台、贴吧社区等传播载体着手进行研究，并针对这些途径提出相应的高校舆情治理策略。如邢云菲采集微博数据，通过社会网络分析法和文本聚类方法分别构建高校网络舆情传播过程中的用户图谱和文本主题图谱，将新浪微博作为平台案例，挖掘高校网络舆情的传播主题图谱并分析出主题间的关联关系。[④]陆敬筠则以高校百度贴吧为数据源，提取数据中的热门主题，获取热门主题下回复文本的情感极性，分析内含的潜在舆情，基于LDA-BiLSTM模型提出高校网络舆情监测方法。[⑤]张彦、赵靓整理了高校网络舆情的主要传播途径，其中包括网络新闻、博客等热门的网络舆论聚集地，分析后认为高校网络舆情具有“参与主体特殊、舆情形成迅捷、舆情内容复杂、互动性较强、舆情扩散难控”[⑥]等多个特点。田振华选择以QQ群的信息议题传播为例，建构高校网络群体性事件生成模型，以此研

---

① 王晰巍，贾若男，韦雅楠，许可.社交网络舆情事件主题图谱构建及可视化研究——以校园突发事件话题为例[J].情报理论与实践，2020，43(03)：17-23.

② 毛宇锋.新媒体背景下高校突发事件网络舆情传播模式及应对[J].江苏高教，2020(06)：67-70.

③ 杨仲迎.高校危机事件网络舆情应对决策体系模型构建[J].学校党建与思想教育，2020(07)：72-74.

④ 邢云菲，李玉海.高校网络舆情传播主题图谱可视化研究[J].情报科学，2020，38(11)：86-91.

⑤ 陆敬筠，胡舜奕，俞建光.基于LDA-BiLSTM模型的高校网络舆情监测方法及实证[J].情报理论与实践，2020，43(11)：156-161.

⑥ 张彦，赵靓.高校网络舆情的传播途径及传播特点分析[J].消费导刊，2010(04)：157.

究事件的传播机理、传播特点及传播过程，针对这一途径的信息传播治理提出应对方案。[①]张建利、李羽佳充分借鉴企业发展战略的SWOT分析法和传播学的相关理论，对连接显示与虚拟世界的高校网络平台“易班”进行分析，提出抢占并控制网络舆论的阵地，弘扬思想政治教育的新观念，组建舆情治理的有力领导团队等高校网络舆情处理机制。[②]徐强与黄三生、王玉娥等学者探究了微博环境下的高校网络舆论现状，提出健全网络舆情引导机制，推动网络舆论导向常态化等舆情治理对策。[③]

随着互联网技术与媒介的不断融合发展，以及多类型的网络社交媒体平台和APP层出不穷，部分旧的媒体、网络社区被逐渐淘汰，被新媒体所替代。正如传统媒体的发声和信息传递地位逐渐被蓬勃发展的网络媒体侵蚀和占据，上述研究中所提到的博客、人人网等，不再是当下人们获取最新讯息以及发表个人评论的主流平台。不仅如此，网络舆论的聚集地也从个别网络平台转移分散至多个平台，形成当今网络舆情以某一平台为主，舆论集中爆发，其余平台不断扩散传播的聚合现象，用户获取新闻资讯的途径也远比以前更加多元化。可以说，对部分特定研究途径或者舆论聚集的网络平台的研究容易因为技术的更迭和媒体的更替而被打上时代的烙印，从而具有一定的时代局限性。虽然研究的对象会随着时代发展有所变化，但是研究中所采取的研究视角、分析方法以及策略机制的建立方法等时至今日依然具有参考价值，这些平台所具备的属性与特征也能够为我们分析不同类型的传播途径提供参照。

（六）关于高校突发事件的话语研究

高校突发事件发生时，不同群体因其所处的立场或者利益牵涉的不同，对

---

① 田振华.试论高校网络群体性事件的发生机理和应对策略——以QQ群信息传播为例[J].广西大学学报(哲学社会科学版)，2011，33(04)：99-102.

② 张建利，李羽佳.基于易班平台的高校网络舆情事件化解与引导机制研究[J].思想理论教育，2014(09)：81-84.

③ 徐强，王玉娥.微博环境下高校网络突发事件舆论引导现状与对策[J].重庆邮电大学学报(社会科学版)，2014，26(06)：105-109.徐强，黄三生.加强微博环境下高校网络突发事件的舆论引导[J].中国高等教育，2013(22)：23-26.

于事件的看法和态度都会有所差异，处于群体中的个人又深受群体组织的话语影响，形成群体认同或个体压制。因此，我们可以通过了解这些群体的话语表达的异同认识到群体之间的特殊话语方式。学者李红在她所著的《网络公共事件：符号对话与社会认同》一书中就认为："网络公共事件在某种意义上是一个话语事件或是符号事件，并且通过网络这一综合平台实现了各种符号活动的互动和竞争，弱势群体也获得强大的赋权能力。"[①]学者王国华、汪恒、李慧芳等人以引起广泛热议的某高校研究生自杀事件为例，遵照谢中立提出的多元话语建构研究模型，将校园贴吧中的多重话语文本细致分为"词语、陈述、修辞、主题"四类，对其文本潜在和具体含义进行分析，并通过考究学生群体在面对重大社会热点话题事件时选择的不同话语策略，分析在该事件当中学生群体的话语建构过程。[②]陈晓娟、陈林认为"如果在网络舆情的引导过程中，及时抓住网络话语权，降低事件的模糊度，那么对于有效控制疏导突发事件中的网络舆情是行之有效的"[③]。在高校从事思想政治教育的工作者们需要转变其思想观念，积极主动了解学生群体特有的网络话语模式，并高效使用网络平台及时做出沟通，实现正确引导大学生网络舆情的效果。

不仅如此，学生群体的话语模式与其自身所处的外在环境有密切联系，分析对校园突发事件的话语和情感态度，有助于我们重新审视所处的社会环境，了解群体的内部文化，甚至预测该类群体在有关事件中可能会采取的社会行动。除此以外，高校与媒体的表达也是高校突发事件话语建构中的重要环节。钟之静依据收集到的微博中的舆情相关信息，分析"寒门博士之死"事件中公众、媒体和高校三个不同话语建构形态，指出媒体在报道时存在"标签化、伦理化、道德化"的问题；而公众话语内容相对而言较多元，但矛盾指向却十分明确，且公众态度容易受到意见领袖的影响；而高校回应则从"导师行为、师生关系、教育

---

① 李红．网络公共事件：符号对话与社会认同［M］．北京：中国社会科学出版社，2015：24.

② 王国华，汪恒，李慧芳，王戈．重大社会热点事件在青年学生群体中的多元话语建构研究——以高校研究生自杀为例［J］．情报杂志，2018，37(09)：100–105.

③ 陈晓娟，陈林．网络话语权在高校突发事件处置中对网络舆情引导的机制探讨［J］．产业与科技论坛，2017，16(09)：271–272.

制度”三个方面组织话语。①研究认为高校应当重视网络舆情，及时回应质疑，满足公众知情权，主动借助媒体影响力形成舆论联动效应以促进事件矛盾的消解。结合文章结论联系实际案例不难发现，“导师行为、师生关系、教育制度”三个层次不仅是高校回应常用的话语组织架构，同时也是民众面对涉及师生关系矛盾的高校突发事件的关注焦点，还是部分媒体新闻报道的主题方向。由此可见，高校、公众、媒体三者的话语有着一定的规律，相互之间形成耦合作用。在媒体这一传播环节，田秀秀则认为微博以快速短消息传播为主，意见领袖、公众通过爆料事实设置部分媒体议题，且存在媒体、“意见领袖”、公众三类主体更愿意采纳自身定义的框架，同时存在一定程度的框架流动；媒体微博集中使用问题定义框架，意见领袖与公众微博框架多元；舆情发展后期，“意见领袖”微博与公众微博产生框架共鸣，出现舆论观点趋同的现象。②由以上研究可以看到，话语分析需要深入具体事件当中去研究，探讨事件多方主体之间的话语建构进而帮助我们从更深层次认知事件呈现的社会现象和社会语境，发现其中的相互关系和作用机制，以此更好地把握高校突发事件的舆情演化规律。

（七）关于高校突发事件治理环节中的问题研究

在现有专著中，仅有相对较少的部分研究会使用单独的章节，针对高校应对网络舆情过程中存在的问题以及将面临的阻碍进行讨论。在高校突发事件传播过程研究、策略研究等各部分可能涉及高校应对环节的内容中，针对当前高校网络舆情应对中存在的问题，引出相应的应对策略等。但事实上，高校应对网络舆情时存在的种种困难与阻碍，正是当前舆情治理效果不理想、舆情治理举措难以落实的重要原因。曾润喜等学者对高校网络舆情治理的成因现状做了探究，得出结论，即当前高校在对突发事件的控制和引导方式上具有“应急准备不足，响应速度较慢”“处置方式被动，硬性指令过多”“重视程度不够，软硬件

① 钟之静.高校网络公共事件的话语特征与建构路径[J].高教探索，2018(06)：31-35.

② 田秀秀，马晋丹，孙增胜.微博平台高校舆情传播中的议题与框架互动研究——以梁莹学术不端事件为例[J].传媒，2020(06)：90-93.

投入较少”等不足[①]。白月指出高校突发事件应对过程中“思想认识不到位”“业务能力不足”“回应效果不力”“应对能力不强”四个关键问题[②],这与前者观点也有所类似。姚翼源则认为高校网络舆情治理凸显出“舆情引导结构粗放”“舆情治理架构弱化”“舆情消解手段迟缓”等问题,用更加学理性的论述阐明其中存在的缺陷。[③]崔国红则认为高校在应对大学生网络舆情引导和管理过程中存在着“引导方法单一,缺乏针对性和实效性”“舆情研判机制有待进一步建立健全”“网络道德教育有待进一步加强”“网络心理疏导服务有待进一步提升”。[④]杨仲迎指出高校危机事件网络舆情应对不足的问题主要有“主体缺位”“时间移位”“心态失位”“方法错位”等。[⑤]孔晓虹在其研究中则认为高校网络舆情工作洞察负面舆情能力不强,引导滞后或不当;解决公众舆论的策略不足,分析和判断力薄弱;舆情工作队伍不完备,专业性有待加强等。[⑥]

结合近些年高校突发事件中高校应对实际案例,对高校处理方式方法和效果进行分析比对,对今后舆情治理工作和舆情治理策略具有指导性的意义。

(八)关于高校突发事件的影响与社会风险研究

正确认识高校突发事件带来的影响,促使决策者抛弃偏见与盲目的、情绪化的主观判断,从更加客观和全面的角度来看待高校网络舆情,做出更加理性的科学决策。在相关研究中,部分学者首先从正面肯定了网络舆情的积极作用,同时也指出了高校网络舆情不可忽视的负面影响和事件以及由此可能引发的社会风险。如学者刘燕认为,网络舆论自由交流能够发现社会矛盾、消解不良情绪,

① 曾润喜,王国华,徐晓林.高校网络舆情的控制与引导[J].情报理论与实践,2009,32(11):79-82.

② 白月.高校网络舆情的类型、特点及应对研究[J].河南社会科学,2020,28(07):120-124.

③ 姚翼源.高校网络舆情治理的关键问题与实践向度[J].西南民族大学学报(人文社会科学版),2021,42(03):161-166.

④ 崔国红.新媒体时代大学生网络舆情分析及引导策略研究[J].学校党建与思想教育,2020(17):82-85.

⑤ 杨仲迎.高校危机事件网络舆情应对决策体系模型构建[J].学校党建与思想教育,2020(07):72-74.

⑥ 孔晓虹.新媒体环境下高校应对网络舆情的探索[J].中国高等教育,2020(Z1):67-68.

并且“正向、积极的网络舆情能够客观、真实地反映社会的发展变化，能够反映出人们追求真理、探求真理的过程，对大学生世界观、人生观、价值观发展变化有着积极导向作用”[①]。但她也同时指出，高校突发事件中大学生群体对社会问题或社会现象所呈现的认识混乱等问题，容易造成主导权威的消解和主流思想的异化，片面和偏激的言语论调易模糊学生的价值判断，还有舆论中个人不满情绪的不当宣泄、忽视客观因素的猜忌或对个人处境的抱怨放大充斥社交网络，学生长期置身其中往往容易出现模仿行为，在思想和行为上都会产生不利影响。王学俭认为高校舆论作为各种意见与反馈的汇集，具有“排气阀、晴雨表”的作用，但“恶意灌水、集体抗议、散布谣言、攻击诽谤”等不合理过激行为都将引发社会思潮的变动，导致高校与网民师生之间形成对立。陈纯柱则在此基础上以“孙××被殴致死案”的具体案例论证高校舆情对国家政策法规与公共议程建设推动作用，认为高校舆情具有三个方面的价值功能，分别是意识启蒙、精神内化的导向功能，把握思想动态、预防潜在矛盾与危险的预警功能和在前两者基础上实现的维护稳定功能[②]。这三个价值功能明确地概括了高校舆情的社会价值与正向作用。高校网络舆情对于高校形象的建构往往是放大的，无论是正面还是负面的建构。王楠在这一层面进行了深入的量化研究，选取了30个高校网络舆情样本和6个变量，对高校知名度、触发事件性质、传播过程与舆情应对等因素在网络舆情影响高校形象过程中的作用进行分析，认为“网络舆情对高校形象的影响事实上是在多因素共同作用下的结果，其中并没有唯一决定性因素”，得出“触发事件性质作用明显，极度恶性事件引发的网络舆情‘穿透力’强；谣言与回应间‘张力’十足，舆情回应并非越早越好；央媒报道和意见领袖的‘扩音筒’效应明显，助推非知名高校网络舆情影响扩大”等启示。[③]周升铭则在其研究中指出高校网络舆情传播对于意识形态安全造成的影响包括“价值引领风

① 刘燕，刘颖.高校网络舆情的特点及管理对策［J］.思想教育研究，2009(04)：46–48.

② 陈纯柱，敖永春.网络环境下高校舆情的传播及引导机制研究［J］.重庆大学学报(社会科学版)，2011，17(02)：154–159.

③ 王楠，王保华.网络舆情对高校形象的影响因素研究——基于30个案例的定性比较分析［J］.国家教育行政学院学报，2020(08)：77–85.

险”“传播媒介风险”“传播内容风险”“传播管控风险”四个风险，分别是指“主流意识形态牵引力不足”“以极端内容博得关注”“逆向性传播愈加复杂难控”“舆情传播技术管控能力相对滞后”。除潜在的社会风险外，新的媒体环境和舆论格局也给高校舆情治理带来了不小的挑战。例如，朱可嘉就认为自媒体环境下高校舆情工作面临的挑战包括舆情工作对象诉求多元化、突发事件传播多源化、舆情信息真假难辨等。①

（九）关于高校突发事件的应对策略与治理方法研究

刘燕提出应当主动依托网络展开思想政治教育活动，“努力探索思想政治教育工作的新形式”，包括构筑红色网站、举办线上文化交流活动、完善校园网络服务系统等，在队伍建设上则提议要组建网络工作队伍和学生网络评论员队伍，大力开展网络道德教育。②曾润喜针对高校网络舆情的管理控制问题，从快速响应机制和响应流程两个层面进行阐述，认为在体制上要“构建三大工作体系、两级报送体系和一支高素质团队”，在流程上要尽可能做到“快速收集、紧急应对、迅速联动与及时反馈”。该策略的实际可执行性在于其响应机制详细阐释了参与其中的环节主体的主要目标与具体任务，细化到了学校管理的各个部门，并且联动了教育部思政司、当地党委政府等具体政府部门。不仅如此，调动大学生群体参与到舆情收集和舆情队伍建设中，也是高校学生参与舆情生态建设的重要方式，收集舆情的形式也较之前变得便捷，同时还能解决高校舆情管理工作中人员不足的问题。与一些仅停留在提议阶段，尚未对高校舆情管理体制或团队建设进行深入构想的研究相比较而言，这一翔实具体的高校舆情管理机制非常具有借鉴意义。在高校舆情的研判上，李昌祖将“大学生思想动态研判”与“高校网络舆情研判”两个概念进行比较。根据比较的结果，他指出，网络舆情判断应该是处理舆情的一种手段，两者并不完全相同。并将高校网络舆情研判分为“即时研判”和“深度研判”两种不同模式，前者是舆情处理过程

① 朱可嘉.自媒体环境下高校舆情工作路径探析[J].中国高等教育，2020(11)：50-51.

② 李昌祖，周杰，郑苏法.高校网络舆情及其研判的若干思考[J].江苏高教，2010(05)：106-108.

中所做出的舆情分析和发展预判，而后者则是舆情处理完毕后的回顾与研究。基于此，他建议应该建立一个网络舆情的有效测验系统，包括分级舆情测验工作系统、网络舆情测验系统以及研究和判断团队[①]。这篇文章将高校网络舆情的研判提到了一个新的高度，给出了更加清晰明确的辨析与解答。

在舆情的干预时机上，及时、快速、有效一直是学者们在研究中反复提起的关键点。杜坤林就认为在建立"网络舆情实时监控与分析研判体系"之外，网络舆情干预工作要做到"起步快""出手快""消解快"三个"快"，分别对应的是初始阶段介入快、反应干预机制快、事后跟踪快，强调危机处置的快速反应。在发挥干预作用时，高校需要善于借助"政府媒体的公信力""校园宣传的渗透力""骨干学生的辐射力"三个"力"完成权威信息的披露、思想意识的宣传和舆情基调的引导，此外，他还认为需要充分重视"舆论领袖"的强大作用力，并有意培养一批活跃的"舆论领袖"以帮助掌控舆论走向。[②]这与其他学者提倡的网络评论员队伍有着相类似的性质，这二者在应对方案所担任的角色职能也有重合之处，即都选择通过在网上主动发表言论来获取学生的关注力，从而引导学生舆论走向。如，王学俭在研究中也提到了培养"意见领袖"和网络评论员这两点，并对网络评论员提出了评论低调、语言平实有见地、有责任意识等要求；此外，他还建议网络舆论监管要做到长期不懈和未雨绸缪，积极推进舆情监测软件的开发以帮助舆情的分析和研判等。王健的应对方案提议中的三项也类似，分别是建立网络政工队伍，严抓思想建设，具有权威性的新闻发言人的回应以及即时公布信息、意见领袖主动引导舆论走向。[③]

陈纯柱从法律层面入手，除提议政府完善网络立法，规范网络诈骗、网络谣言、传播非法信息等行为外，还建议高校建立校园网络管理制度，促进网络监控体系的建设。[④]方海涛针对学生关注较多的高校网络自媒体着手分析，认为应

---

① 杜坤林."微时代"高校网络舆情生成与干预机制研究[J].学校党建与思想教育，2011(16)：76-78.

② 王健.高校网络舆情的监测与引导[J].信息网络安全，2009(03)：54-57.

③ 王健.高校网络舆情的监测与引导[J].信息网络安全，2009(03)：54-57.

④ 陈纯柱，敖永春.网络环境下高校舆情的传播及引导机制研究[J].重庆大学学报(社会科学版)，2011，17(02)：154-159.

当加强对高校网络自媒体的监控与规范引导，打通官方与民间两个话语舆论场，实现官方媒体与高校网络自媒体的优势互补。①学者揭萍、熊美保选择从信息技术、管理模式、法律制定的角度出发，对网络群体性事件的防范和治理展开论述，在此基础上还提出将目前公安机关系统中的信息网络安全等级管理模式以及阳光备案管理的模式适当运用到网络群体性事件管理中，是预防处置突发事件，维护网络秩序稳定的有效办法。②聂辉则引用“沉默螺旋理论”，首先分析了高校在突发性事件中所扮演和承担的角色以及其发挥的作用，认为高校应当成为“方向性意见或观点的引领者”“学生意见或观点的融合与评判者”“真实信息的公告和发布者”“学生突发事件平息的推动者”，在此基础上一一对应提出完善预测机制、进行舆论检测等治理建议。③朱斌对美国、英国、新加坡、日本等在媒体融合方面的成果及针对网络舆情的引导方式进行对比，提出从大数据技术支持、打通信息渠道、统一资源平台、改变机构职能、完善法律保障等多个方面着手完善高校网络舆情引导的关键要素，提倡构建基于媒体融合的大数据动态监测、大数据全景画像、大数据研判预警、大数据智能疏导、大数据应急处置和大数据自主学习“六位一体”的引导模式，并针对其中的环节设计了推荐体系与保障举措。④陈晓燕通过对高校回应在负面网络舆情由即时传播转向持续传播过程中的调节作用进行群组比较分析，指出高校有必要开展网络素养教育，以应对负面的网络舆论，并加强对负面的网络舆论的积极指导；完善网络舆情研判机制，提升舆情应对能力；完善舆情管理机制，加强宣传机制优化建设。⑤孔晓虹在其研究中为高校网络舆情工作提出了四点参考建议：一是正面回应，高校正面回应公众舆论可分为一次回应、动态回应；二是查证处理流程；

---

① 方海涛.论高校网络自媒体管理的现状及管理途径［J］.学校党建与思想教育，2012(30)：73-74.

② 揭萍，熊美保.网络群体性事件及其防范［J］.江西社会科学，2007(09)：238-242.

③ 聂辉，吕吉.高校大学生突发性舆情事件应对机制与策略研究——基于沉默螺旋理论的分析［J］.江苏高教，2021(02)：49-53.

④ 朱斌，刘新成.媒体融合环境下高校网络舆情传播引导模式研究［J］.理论视野，2020(11)：77-81.

⑤ 陈晓燕，何有世.新媒体环境下基于动机理论的高校负面网络舆情传播研究［J］.高校教育管理，2020，14(06)：105-116.

三是消解问题流程；四是声誉修复流程。

综上，高校突发事件的应对策略要求“从粗放向精细转变”，即从粗暴地封堵转为把握规律、科学决策，以及“从被动向主动转变”“从单一向协同转变”[①]。

三、学科融合视角下的高校突发事件

在与高校网络舆情密切相关的诸多研究中，许多学者不仅仅是从单一学科出发，而是选择将社会学、传播学、心理学等学科融合研究。其中还有学者跨领域、跨学科将物理学、管理学等学科理论引入高校网络舆情的研究中，为研究提供更为开阔的学科理论视角。

张义庭总结出网络信息有四类核心传播模式，认为高校网络舆情解决应当从“堵”“疏”“引”三个层面出发，提出不仅要加强网络舆情信息监测，尽早干预以避免形成“蝴蝶效应”，还要防范“网络水军”的涌入形成“鲶鱼效应”。[②]学者谢威选择将物理学领域的熵理论运用到高校网络突发事件分析中，并以此为研究基础建构出高校突发事件中网络舆情的“五力模型”，为描述各方主体的作用力、舆情传播的各个阶段及舆情变化等提供独特学科视角。[③]顾洁莹综合运用公共管理理论、社会网络分析方法、教育管理理论，将具有典型性的高校突发事件作为研究案例。[④]在此基础上，她分析了高校突发事件网络舆情的演化机制，考察了高校突发事件网络舆情传播演化的路径、规律和趋势，提出了高校网络舆情治理的三个原则，即“正面导向与疏堵结合原则”“平稳有序与信息透明原则”“全程介入原则”高校网络舆情治理三项原则。

在针对突发性事件的研究当中，已有不少学者引入数理统计、数学建模、函数计算等方法进行定量分析，以探讨事件的演化和传播规律，建立各类演化模

---

① 王楠，王保华.治理视域下的高校网络舆情应对策略[J].思想理论教育，2020(09)：93-96.

② 张义庭.信息化环境下高校网络舆情与危机管理研究[J].情报杂志，2011，30(08)：51-54，60.

③ 张义庭，谢威.基于熵理论的高校突发事件网络舆情五力模型构建[J].情报杂志，2012，31(11)：19-22，18.

④ 顾洁莹.基于SNA的高校突发事件网络舆情演进机理研究[D].哈尔滨：哈尔滨工程大学，2012.

型，为舆情的监测与治理提供参考，使网络舆情的应对更有科学性。“数据分析”“舆论引导”“舆情预警”共同成为高校网络舆情研究领域的前三位高频关键词。①如学者曹学艳、宋彦宁、刘海涛等人利用信息抓取等技术手段，获取网站新闻报道等相关资料，使用函数拟合的方法来分析和掌握网络舆情的函数特性，揭示其演化规律。②学者周耀明、张慧成、王波等学者在其文章中，创造性地使用了“原帖”“回帖”的词汇来描述网民发帖的时间序列，以此来表征网络舆情的发展演化流程，并建立了“分布模式、平稳模式、相关模式、自相似模式、周期模式和趋势模式”6个适合计算机定量分析的网络舆情演化模式。③

基于多种数理方法定量分析各类突发事件的研究基础，部分学者也将类似的研究方法引入高校突发事件的研究中。如邓春林、杨柳等多位学者从多个平台和论坛中，收集了国内具有典型性价值的高校网络群体事件新闻报道的转发量、搜索量等实际舆情数据做出定量分析，并运用数学建模、数据分析等方式，整理出高校网络群体事件关注度随时间推移的变化过程，以数据变化模型为依据划分出不同的事件类别，探讨相关事件的舆情演化规律。④孙莉玲在其研究中选择了实证研究和仿真实验等方法，引入线性映射、区间子集等概念，通过数理实证研究和案例实证研究共同论证建构了高校学生网络舆情知觉模糊预警模型和层次分析预警，将高校学生网络舆情分为“特重型、重度型、中度型和轻型”四个不同的预警等级，用以表示“高校学生网络舆情的威胁程度”；并且还将高校师生、网络平台、具体事件等高校网络舆情参与过程中的重要组成因素列为参考指标，建立起高校网络舆情的研判体系。⑤

基于以上研究文献可以看到，跨学科视角的高校网络舆情研究越来越多，

---

① 高枫桦，祁凯，郑瑞.高校公共危机事件网络舆论研究综述[J].科技传播，2020，12(12)：156-158.

② 曹学艳，宋彦宁，刘海涛，李仕明.基于最小二乘法的突发事件网络舆情演化规律研究[J].图书情报工作，2013，57(24)：101-105.

③ 周耀明，王波，张慧成.基于EMD的网络舆情演化分析与建模方法[J].计算机工程，2012，38(21)：5-9.

④ 邓春林，杨柳，王涵之.高校网络群体性事件舆情演化规律初探——基于多项式拟合的定量分析[J].现代情报，2016，36(05)：16-20.

⑤ 孙莉玲.几类网络舆情研判模型及应对策略研究[D].南京：东南大学，2016.

也是当前较多学术研究的发展趋势。本书借鉴了这一研究思路，同样是融合社会学、心理学、新闻传播学、语言学等多个学科理论方式展开的。值得注意的是，从综述分析来看，无论以何种学科理论为研究视角，以何种方式为研究方法，或是采取何种工具作为研究手段，最终的目的都是回归到高校突发事件舆情的应对、引导、治理的议题上来，其现实指向旨在为当前高校突发事件治理提供切实可行的参考建议以及解决方案。这一点应当是毋庸置疑的。

第三节　研究框架与研究方法

本书定位并聚焦于在互联网上发生的、具有关注度的高校突发事件，以新闻框架理论和话语分析为骨架，对舆情传播过程中的社会争议、议题赋权、舆情传播、话语表征以及心理机制进行了统合，并结合运用传播学、心理学、社会学等诸多重点学科的经典知识理论进行研究。结合综述来看，在框架研究方面已经有众多学者追根溯源，厘清了框架概念的源起及其在新闻传播领域的研究运用，对新闻框架这一衍生理论的梳理与扩展也有了许多研究专著与论文成果，这都为当前的研究提供了重要基础。引用框架分析的实证研究则为当前研究提供了先验视角，而传播学、心理学、社会学等多重视角的研究成果更是为我们提供了十分丰富的具有借鉴价值的研究方法与切入点，跨学科多视角的分析将有助于我们还原一个相对完整的高校舆情传播机制和模型。与此同时，本书还将选取近几年较为典型的高校突发事件加以实证研究，并对相关理论加以必要的整合，重点以框架视角阐述高校突发事件传播机制和话语表达，构建新型传播模型，并提出高校突发事件舆情达成良策。

一、研究框架

本书以高校突发事件为研究对象，实则探讨舆情发生过程中诸多要素构建的共识机制，探讨传播主体对突发事件的认知及文本框架，研究框架传播与话语建构中的相互作用。对突发事件的框架及其话语表达进行系统分析和论述，初步回答了作为争议性议题的事实是如何进入媒介公共领域，对各种学术理论(例如社会学、新闻学、传播学和心理学)进行融合探索。在高等教育中经常发生冲突的情况下，进行共识研究的重要性是不言而喻的。

本书内容除绪论和结语外，主要从“冲突与争议”“传播与建构”“修辞与认同”“共识与焦虑”“治理与对策”五个板块展开论述。解析现代社会中高校突发事件频发的社会现状与社会语境，透视高校突发事件形成争议的成因。选取近年的实际案例进行归纳，运用传播要素分析和新闻框架分析挖掘高校突发事件的传播机理。为解码高校突发事件中所形成的话语共识及探清这一共识形成的原因，本书采取分析话语文本的研究方法，对相关事件案例中的话语语义、叙事、修辞等等进行话语分析，并对这一共识背后的逻辑和形成机制等进行探究。在传播规律与传播机理的基础上，构建高校突发事件传播新模型，结合案例从高层、中层、底层三个层面解读高校突发事件的话语共识，在这一过程中对梳理出的潜在问题和障碍进行归纳理清，最终回归到问题的解决上来，从多元主体的角度为高校突发事件的治理提出有效的应对之策。

第一章阐述研究的意义与目的，对本研究的缘起、研究现状以及研究方法加以梳理，以理论思辨为主，与文献综述相结合，探究学科融合视角下框架研究与话语分析如何诠释高校突发事件的建构与传播机制，使具有争议性的观点澄清整合并最终达成共识。

第二章阐明了现代性语境中的社会新景观——争议现象及其存在的合理性。借由不同层面对高等教育舆情“是什么”的追问，观察和剖析社会冲突的理论维度和研究取向，进一步考察作为个体冲突事件的争议性现象是凭借何种特性进入互联网场域并形成舆情传播的。本章欲回答的是高校突发事件产生及存在的现实语境、类型特征及议题属性。

第三至四章研究的是高校突发事件是如何传播和形成话语的，并对传播主体的新闻框架与话语表达建构机制进行动态与静态的考察。第三章分析高校突发事件的传播机制，以传播主体为基点进行概念辨析，从高校突发事件构成要素分析，以舆情演变过程为切入点，研究其传播的特征、阶段和周期、途径等等，了解高等教育网络事件是如何传播的，以及这一传播机制的内在机理；第四章引入话语概念进一步延伸高校突发事件的延伸范畴，借助三维话语分析模式，从文本、社会实践、话语实践等三个层面分析探讨舆情传播中的话语符号、修辞策略以及外显为特定的主题思想、话语倾向等，进而指向框架与话语、新闻生成与受众认知之间的关系，揭示出框架传播机制中的心理作用机制与认知建构关系。

第五章在对争议性议题传播的梳理和话语变迁的考察过程中，通过要素结构和实证分析提出高等教育网络突发事件共识机制的模型，探索和分析互联网多方主体相互博弈过程中达成共识的特点、规律和走向。该章在研究当下高等教育舆情传播机理的同时，也提出在目前多元文化中高等教育舆情对话与调适所面临的障碍与壁垒、差异与不平等、机制失灵等问题。

第六章结合高校治理能力水平和治理能力现代化这一新形势要求，分别从观念层、价值层、行为层对高等教育网络治理进行观照，在日益分化和利益多元的高校治理体系中提出达成共识和协调争议的形式和策略。第七章是尾声，探讨如何在争议中凝聚共识、发展共识、培养人才。全书核心部分主要是五个版块。

冲突与争议：现代性语境中的社会新景观。引入社会冲突理论、新媒介赋权论的理论维度，以议题内容为内里，结合新旧媒介变更、权力赋予与转移等外在现象，分析当前高校突发事件发生的社会语境，并试以剖析事件成为公众舆论热点爆点的多种因素，探析其潜含的社会风险，主要从“社会语境”“媒介语境”“文化语境”以及“教育语境”四个核心点展开论述。为解析高校突发事件最终形成“争议性”议题背后所凸显的问题，精准聚焦其议题指向，将高等教育领域群体性事件类型依据、事件内容划分为“教师发展类典型事件”“高校管理类典型事件”“教育政策类典型事件”“人才培养类典型事件”“权益保障类热点事件”五种类型进行针对性论述，洞察争议过程中彰显的文化性冲突、公平性冲突、思维性冲突、争议性冲突、权力性冲突、发展性冲突等社会冲突焦点，归纳“争议性”议题的特性及其价值呈现。

传播与建构：高校突发事件的传播机理。讨论在框架视域下研究突发事件的适配性，揭示框架对突发事件传播演进的深层次的建构作用，基于该论点以框架理论为核心骨架，融合传播学相关理论考察高校突发事件的传播机制。通过拆解分析高校突发事件的传播要素——“传播角色、传播周期、传播特征”，从而能够更清晰地明确该类事件的传播主体与多方参与者之间存在的传受关系。传播角色包括作为社会管理者的政府、事件当事人的高校、传播把关人的媒介、事件活跃群体的高校大学生、围观争论的社会普通民众等。传播媒介则主要选取了传统媒介、门户网站和新媒体这三种类型。援引传播周期的经典理论方法，将高校突发事件传播过程具体划分为四个传播阶段——“潜伏阶段、生成阶段、扩散阶段、消散阶段”。指出高校突发事件由信息发布、情况突发等动因在多方传播主体的驱动下形成争议性议题，到新闻观念、利益追求、社会文化、意识形态等多方因素决定社会媒体的认知图式，从而影响新闻话语的建构和对事件的诠释，再到民众个体基于自身专业背景与经验、个人态度、价值观和信仰等因素形成对事件的解读，最后事件真相浮现、定论定调、注意力分散等结果令事件舆情逐渐消弭退散，产生纾解、妥协、认同、共识等社会行动的整个传播过程。基于以上建立的传播机制与新闻框架分析和结论，归纳总结，重新架构起更加适用于高校突发事件的传播模型。

修辞与认同：高校突发事件的话语运动。事件传播的话语与表达是高校突发事件传播过程中舆情导向的关键。如果说不同的话语文本是由一串文字组成的意义各异的符号，话语共识则是解读这些文本含义的词典和语法，即符码。可以说，当下所形成的某些话语共识建构了解读的部分规则，为我们解读事件提供了近似的，甚至是几乎一致的习惯视角，成为高校突发事件的符码。不同的框架类型往往会采取不同的话语表达方式，彰显了不同的媒体视角，同一框架类型下的话语表达则会呈现出相似的特征或是形成特定的范式。以话语内容为依照，区分高校突发事件传播所呈现的多种框架类型，分为冲突框架、事实框架、历史框架、对策框架、解读框架、合作框架、评价框架等，也可以认为是媒体新闻报道的主要类型。利用归类分析、区分对照的手段考察这些框架类型，全方位、多角度地认识其传播结构。再以词汇、文本结构、预设、隐喻四个角度为切入点，在微观层次上分析事件传播的话语文本建构，包括其争议的建构、语义的争夺、话语的叙事技巧等等，从文本中体现出来的更深层次的内涵。从认同逻辑、话语空间、共识机制等角度解码高校突发事件中所形成的话语共识，并探清这一共识形成的原因。

共识与焦虑：高校突发事件的社会影响。在前文充分把握传播规律的基础上建构出高校突发事件的传播模型，并对这一模型内在的传播机理进行阐释。结合实际案例分析分清低层次的话语共识、中层次的价值共识以及高层次的社会共识三种共识。通过政府、高校、民众、媒体等多方之间积极的话语互动，即从由争权到协商，由感知到叙述，由知觉到行动等常见的话语运动和话语博弈，以“被遮蔽的真相”“话语权的垄断”“集体无意识状态”“对主流权威的消解”四个部分，在具体分析话语实践的过程中揭示当前存在的问题与障碍，关注作为社会实践的话语，解读话语与共识所构成的含义。

治理与对策：高校突发事件的共识路径。基于已有的研究成果，为认识当前的高等教育社会语境提供新颖的视野与角度，关注高校突发事件舆情背后呈现的议题冲突，认识其与社会、文化、权力关系的相关性，探索公众舆论的根本原因，并认识到高等教育网络中公众舆论治理的必要性。在应对与治理上，参照前文建立的传播模型，提出政府、高校、师生、媒介、社会多元主体协同参与的发展模式，并以此提升高校网络舆情治理水平及能力。探讨如何从高校突发事件的传播要素和传播阶段等关键入手进行舆情干扰或引导，或是深刻理解和把握话语表达的框架结构与符号内涵，通过有效的话语实践，形成和深化相关的话语共识。

二、研究方法

在针对高校突发事件的研究中，厘清高等教育中的突发事件，需要结合新闻传播学、社会学、语言学、心理学等学科的理论知识，引入新闻框架理论、社会冲突理论、媒介赋权理论、话语分析理论等经典理论组织起知识理论图谱，运用多种社会科学方法对高校突发事件进行多维的、全面的分析和解读。本研究主要采用四种研究方法：

(一)文献法

研究者通过在国家数字图书馆、中国知网数据库、超星读秀等资源平台，检索与高校突发事件、高校网络舆情、高等教育舆情等与主题密切相关的文献，包括研究领域内的学术专著、硕士博士学位论文、期刊杂志文献等，进行研读和研究，并做了梳理与综述。引入框架的概念，通过对框架理论的溯源与当前研究成果的梳理，研读比较引入新闻传播领域中的框架研究，发现新闻框架与高校突发事件研究同样具有适配性。查阅多年度的中国高校网络舆情报告及网络新闻收集和筛选近年来的高校突发事件的案例用于案例分析，探讨高校突发事件的特性及传播过程，搜索官方新闻报道和政策发布讯息等，了解当前国内对教育舆情的官方态度、近年来教育舆情的状况、相关政策法规和实施举措，有助于厘清我国高等教育舆论的发展现状和治理水平。运用社会冲突理论，分析高校突发事件形成的社会情境与潜在风险，引用新媒介赋权捋清高校突发事件形成争议性议题的过程，解读高校突发事件对于社会的消极和积极意义，客观认识高校突发事件的社会价值。采用语言学中的话语分析，分析高校突发事件中参与互动的社会、高校、师生、政府之间所构建的话语文本，探究话语权之间产生的互动与博弈。

(二)案例研究法

案例研究法是定性研究方法之一，广泛应用于社会科学研究中，其研究对象非常广泛，可以是个人、现象、组织、特定的主题或事件等等，一般包括建立基础理论、选取一个或多个案例、收集资料及数据、整理和分析资料，撰写报告及检验结论等过程。可以研究一个案例，也可以研究多个案例。其中，多案例分析包括两个部分：案例分析中的“把每一个案例看成独立的整体进行全面的分析”和案例分析中的“对所有的案例进行统一的抽象和归纳，进而得出更精辟的描述和更有力的解释”①。

本书以2015—2021年的若干个国内外热门高校突发事件为案例，对高校突

① 孙海法，朱莹楚.案例研究法的理论与应用[J].科学管理研究，2004(01)：116-120.

发事件这一复杂的现实事件进行深入具体的考察。选取的案例囊括了这一类舆情争议话题所涉及的多个方面的主题内容，仅在2018年，就出现了与高校教师发展相关的“网红教授北大离职事件”[①]与高校校园管理相关的“高校腾宿舍给留学生事件”[②]、与高校师生权益保障相关的“考研科目直接发答案”[③]等具有代表性、高度关注性和争议性的高校突发事件，总共划分为“教师发展类典型事件”“高校管理类典型事件”“教育政策类典型事件”“人才培养类典型事件”“权益保障类热点事件”五种类型，每种类型均能在2015—2021年的热点案例中找寻到相似之处。主要目的是通过个案分析分类，以归纳和解释高校突发事件所具有的普遍特征及传播与发展的过程，既对各事件类型中的实际案例进行案例内部分析，又利用跨案例分析的方法对高校突发事件在扩散、形成、内容、主题等方面共同具有的特点进行归纳总结，最后再通过梳理这些过往案例的传播环节和发展阶段，抽象出高校突发事件的传播过程以解释该事件的内在传播机理。与单个案例研究对比，多案例研究法往往研究分析层次会更全面，还能够相互论证，结论有效性更高、普适性更强，通常也更加具有说服力。有学者认为，多个案例研究可以在案例重复中反复验证研究结论，并且能“更全面地了解和反映案例的不同方面，使研究所得出的结论更加完整”[④]。

类型划分既解决了“高校突发事件有哪些”的问题，又在具体的案例中给高校突发事件一个更加明确具体、容易理解的范围界定。在对这些案例的分析中考察归纳高校突发事件的普遍特征，则更进一步带领我们认识高校突发事件的本质与共性特点，明白何为高校突发事件，这些特征不仅反映着舆情发生形成的原因与传播过程中的部分要素，同时也可以视为是一个透视事件发生背后社会背景的窗口。对往年案例传播过程的探究则解答了“高等教育网络是怎么样发生和传播的”这一问题，是这部分研究论述的重点与难点，将着重进行分析，在此基础上借鉴经典的传播模型和模型建立方法，以此建构适用于高校突

① 王保华.中国高等教育舆情报告2019［M］.北京：中国传媒大学出版社，2020：141.

② 王保华.中国高等教育舆情报告2019［M］.北京：中国传媒大学出版社，2020：173.

③ 王保华.中国高等教育舆情报告2019［M］.北京：中国传媒大学出版社，2020：182.

④ 孙海法，朱莹楚.案例研究法的理论与应用［J］.科学管理研究，2004(01)：116-120.

发事件的传播模型并加以验证。

（三）文本分析法

文本分析法是一种基于研究需要，通过对文字、符号、图形、音视频内容的分析，以及对作者语言表达进行比较、分析、综合、提取和评论的研究方法[①]，是新闻传播学、文学、语言学研究中广泛使用的分析方法之一，包括“新批法”“符号学分析法”“叙述学分析法”“解构主义法”“互文、对话理论分析”“文本社会学方法”和“文化研究”。文本可以是篇章、段落，也可以是句子，文本分析既可以分析多个文本，也可以分析少量的几个文本。通过对表面的文本进行细究，不仅能够帮助我们发现文本更深层次的内在含义，还能窥见作者写作时的背景、情感、生活、立场与价值倾向等。本研究中选取了近年热门的高校突发事件作为案例，搜集相关新闻报道，从词意语境、文本结构、用语修辞、叙述口吻等方面对其中部分关键的新闻话语文本进行分析解读；在细致的剖析过程中，梳理这些新闻媒体所普遍使用的新闻报道框架与修辞手法，了解作者的情感倾向、价值取向和主要立场；再由此考察建构的新闻文本对高校网络舆情受众情绪、心理、认同等方面的影响，对社会舆论走向的干预与影响，对事件传播发展的推动作用等等；这不仅有助于把握高校突发事件传播的规律，也有助于了解事件参与者们之间是如何相互影响的，在舆情治理问题上也同样具有重要意义。

（四）话语分析法

20世纪60年代以来，话语分析逐渐发展成为一门独立的学科，也是一门尚未形成统一方法和理论的交叉学科。如今，话语分析已经广泛应用到社会学、新闻学、文学、心理学等领域，同时在教育教学、司法、军事、人工智能等领域都起着重要作用，具有非常广泛的应用范围。其中，首先关注到新闻话语特征的是梵·迪克，指出鲜少有人将研究目光聚焦在新闻话语文本本身。他撰写的《心

① 李佳音，郭锦辉.文本分析法在教育研究中的应用［J］.国际公关，2019(08)：102.

理、认知、话语》一书是“我国第一本跨学科的话语分析的译著”[①]。详细的话语分析的任务主要包括“(一)句子之间的语义联系;(二)语篇的衔接与连贯;(三)会话原则;(四)话语与语境之间的关系;(五)话语的语义结构与意识形态之间的关系;(六)话语的体裁结构与社会文化传统之间的关系;(七)话语活动与思维模式之间的关系等”[②]。该书对于高校突发事件的话语分析主要集中在新闻框架的建构与话语修辞的使用两个层面。研究高校突发事件新闻报道的框架是如何搭建的,在这之中窥探当前高校舆情所发生的社会语境,在话语修辞的剖析中考察参与事件的各方主体之间是如何使用话语进行沟通互动和话语权力的争夺博弈的。

三、样本选择

在样本选择上,选取了2015—2021年的若干个受到高度关注、形成网络舆情的高校突发事件。事件的来源包括中国传媒大学高教传播与舆情监测研究中心编写的《中国高等教育舆情报告》一书中的热点事件案例,主流网络平台、各大新闻网站中筛选的经典案例及这些新闻报道、评论转发等文本资料。为保证所选事件的覆盖面,依据高等教育舆情常见的主题内容划分了事件类型,分别是“教师发展类典型事件”“高校管理类典型事件”“教育政策类典型事件”“人才培养类典型事件”“权益保障类热点事件”5种类型。从2015—2021年每种事件类型下的相关事件中各取一个案例,不仅时间范围合适,且能够通过这种方式更加容易对比出高校突发事件的新变化,较为清晰地展现了高校突发事件的纵时性变化。同时,为了尽可能囊括多种事件类型论述其特点,每种类型均选择典型案例做具体分析。主要参考事件传播的信源、信宿、报道主体、舆论周期、热度等多方因素综合进行筛选,选取热度较高、多方参与、报道多元、舆论周期和传播演化过程各具特点的高校突发事件,以涵盖多种信息

① 胡春阳.传播的话语分析理论[D].上海:复旦大学,2005.

② 朱永生.话语分析五十年:回顾与展望[J].外国语(上海外国语大学学报),2003(03):43-50.

来源、多种沟通渠道和沟通情况为目的。在系统化地具体分析事件的传播过程，探究高校突发事件传播规律的同时，也通过现实事例佐证重新建构的传播模型的可行性。

四、研究创新点

采用新的研究视角。在以往的框架研究中，框架分析主要被用作理论工具来对具体个别热门案例展开具体分析，实际研究对象为所选案例。本书突破了这种观点的局限性。它以该框架为核心框架，并结合了社会学、心理学、符号学和其他学科的观点，联系传播学相关经典理论，从事件的传播要素与传播阶段切入，重新建构高校突发事件的传播模型，并且在框架的概念基础上延伸，结合事件的主题区分高校突发事件所呈现的框架类型，填补高校突发事件框架研究的空白。

选取多类研究样本。在部分高校突发事件的研究中，研究主题往往以某例个案为切入点进行分析，虽然这样的分析能够将这一事件的发生、传播、消失等的整个过程都探究得较为全面和细致，但是由于个别案例具有特殊性，部分分析或推断的结论可能并不适用于其他的高校突发事件，且分析过程中往往会缺少其他案例的辅助验证，存在普适性不够强、结论说服力不足等问题。本书采取的是多案例研究方法，选取的案例覆盖了可能发生舆情事件的大学校园生活、师生关系、教育和教学的各个方面。样本时间跨度较为贴合，能够透过时间这一轴线看到近些年我国高校突发事件的特点及发展变化。事件类型的划分使得所选样本的覆盖范围更加全面，层次更加分明，总体样本的选择更加合理科学。

建构新的传播模型。通过用框架概念重新解构高校突发事件的传播要素和传受关系，归纳和总结出该类事件的传播规律和传播扩散机制，建立起高校突发事件传播新模型。基于社会语境、传播机理、框架建构、话语互动等分析成果，结合多个实际案例分析总结和验证的传播模型，在整体上更具全面性、严谨性、适用性。

提出新的理论观点。研究论证框架不仅决定了传播者的话语建构模式，影响了传播机制的形成，也影响着受众的文本解读。传播机制、框架、话语文本三者之间是相互影响的关系，而框架恰恰是三者串联的纽带。话语共识的形成依赖于当下的社会语境、文化背景，受事件直接参与者之间的互动影响，参与者或者参与群体可以通过自己的话语体系建构话语从而影响他人，形成共识。

第二章 冲突与争议：现代性语境中的社会新景观

第一节 冲突与争议的理论维度理解

当谈到现在高校突发事件背后的争议时，其现实背景常被提及，但理论背景往往处于被忽略的状态。想要真正理解高校突发事件中冲突与争议的内涵与根源，需要先从历史的理论背景出发，结合不同学科领域内系统的理性认识，以达到对高校突发事件的深入探究。从目前梳理的文献资料来看，当代学者对争议性议题的研究主要聚焦在社会学、新闻传播学、语言学等学科，从这些学科视角出发，有助于我们探讨不同学科背景下对高等教育冲突与争议的认知与理解。

一、冲突与争议的社会学研究与取向

综观各大学科对争议以及相关议题的研究，社会学学科对争议的考察和研究是比较充分的，因为从社会学的角度来看，冲突和争执是社会发展的正常现象，冲突和争议甚至是促进社会发展的重要元素。总体而言，对争议的社会学研究和分析主要具有几个特点。一是注重对典型案例以及新闻议题等的实证考察。研究主题包括很多公共性社会问题，像是环境保护、性教育、同性恋或艾滋病患者的权益、老龄化社会的养老问题等富有争议的议题，研究范围广，研究成

果也相对丰富。二是在社会学观点中，学者常常将争议作为社会冲突的一种外在表现与象征。社会冲突、社会变迁、社会分层都与争议息息相关，社会冲突理论是社会学的重要理论之一，该研究集中于社会冲突的原因、定义、调控和影响，主要观点是：社会冲突是社会发展的重要因素。

社会冲突理论是研究网络公共事件常用到的一个理论，应用该理论来分析中国的网络公共事件时，国内学者往往将其视为一种集体行动或抗争行动。由于社会关系不同，这样的集体行动和抗争行动在我国多为没有组织参与的自发的抗争，主要局限于网络话语表达，最终目的是利益的诉求①。倘若研究抗争行动的根源与影响，首先要了解社会冲突理论的概念范畴，理解其功能意义，再结合现实事件予以应用。

20世纪40年代后期，美国国内经济繁荣发展，社会和谐稳定，结构功能主义应运而生。结构功能主义强调社会成员具有共同的价值取向。它认为“秩序”是社会融合的稳定器，“冲突”“矛盾”是病症和错误。在20世纪60年代，受西方资本主义固有矛盾的影响，美国内部矛盾激化，社会矛盾开始加剧，社会开始面临人权问题等各种动荡。面对社会上产生的各种现象，结构功能主义已无法应对这些新出现的社会矛盾，开始有部分学者质疑结构功能主义的作用，这时适应了社会条件的社会冲突理论应运而生。

现代社会冲突理论学派的主要代表人物有米尔斯、科塞、达伦多夫、柯林斯和李普塞特等，他们对社会冲突有不同的看法。本研究主要以科塞的社会冲突理论研究为视角。社会冲突理论认为冲突是社会结构的必要组成部分，认为社会上每个人追求的仅仅是个人利益，利益冲突时就会产生对抗。这种社会冲突引发的社会变革，将适度抵消社会冲突的负面影响。与结构功能主义的观点不同，社会冲突理论认为社会冲突是社会运作的正常状态。从不同角度分析和理解社会冲突，有利于解决冲突，维护社会秩序，维护社会和谐稳定。将社会冲突视作新一轮的发展机遇的观点，为审视高校突发事件冲突提供了新的理论视角。

与其他研究相比，科塞的社会冲突理论进一步强调了社会冲突的积极作用。

① 许鑫.十年来网络公共事件研究的进路、视角和框架[J].当代传播，2016(05)：35-39.

科塞强调，冲突具有普遍性，社会冲突不仅具有负面影响，也同时具有积极作用。由此，他提出冲突有“社会安全阀”的功用。冲突显示了人们对统治阶级和社会阶级的感受，并可能导致建立新的规范和新的制度。冲突具有平等的权利，因为它们创建并改变了双方都非常必要的公共环境条件。每一方都希望另一方具有相同的组织结构和技术地位，这样就可以重新评估相对的权力，并且有利于社会平衡。

科塞认为社会冲突的产生与资源、价值、权利等等因素密切相关，因为人们对这些元素的争夺，冲突成了社会常态。冲突产生的同时，原有的环境可能会被改变，人们开始重新审视这些资源、价值，进而引发对原有规则的修订或改正，产生对新的规则的需求。这样的情况循环往复，冲突不断显现，规则不断修正，需要不断被满足，社会整合不断进行。

在这样的背景下，社会结构的灵活程度将成为社会整合能否实现的重要因素。科塞认为，一个结构灵活的社会可以通过冲突不断地修改其规则，并不断适应新的变化，以便社会结构可以在不断调整的情况下得以整合和延续。但是如果社会结构非常僵化，冲突难以产生，新的规则新的需要无法被满足，那么社会难以整合，将会陷入僵局。从这个视角来看，冲突对于社会整合来说意味着新的机遇，这是一个关键点。

科塞的社会冲突理论观点集中突出了社会冲突的正向功能，认为社会冲突可以促进社会整合，有利于社会和谐稳定。但科塞并没有因此否认社会冲突所存在的负面功能，科塞承认社会冲突的负面功能会破坏社会团结，导致群体解散以及社会变迁，带来社会的不稳定。所以，为了消除社会冲突的负面功能带来的不良影响，科塞提出了“社会安全阀理论”，他认为，安全阀是一种社会处理冲突情绪的机制，是一种社会运行的安全机制。社会冲突可以提供一些正当途径，允许社会成员将其对社会的不满、敌对情绪以及个人间的怨恨加以宣泄和表达，从而解决社会冲突，实现类似安全阀的效应。

基于安全阀机制，科塞将敌对情绪与冲突区分开来。他认为敌对情绪并不等于冲突。“主要通过合理恰当的方式发泄敌对情绪，就不会引起冲突，就好像通过安全阀适当地排除锅炉里的蒸汽一样，就不会带来爆炸，这样做有利于社会的整合，促进社会良性运行。”[①]科塞关于冲突功能的观点并不在于否认冲突的消极功能，而是希望改进冲突的功能理论，然后强调冲突的积极功能，消除消极功能的消极影响，并弥补和改善冲突的功能理论。

本节所欲探讨的是，如何以社会冲突理论的理论视角看待争议性事件背后的内涵，了解争议性事件背后的矛盾因素以及这些因素为社会建设带来的积极价值。该理论为理解研究高校突发事件背后的争议性冲突提供了新的理论维度，提供了新的现实启示。

二、冲突与争议的新闻传播学研究与取向

在对冲突和争议相关的议题讨论之中，社会学者主要从社会学角度研究讨论冲突问题的传播与扩散，新闻学者研究的主要重点是对有争议事件的新闻报道，其中包括对新闻报道框架的研究、新闻专业性的考量以及新闻工作者职业道德方面的重大成就。其中有两位学者关于争议传播的研究非常值得关注，一位是德国学者格尔德·弗里茨，其在《争议传播的原则：历史的视角》一文中，详细梳理了相关研究者对争议传播研究的历史和观点，归纳总结了争议传播的24条原则，并分析了这些原则在实际情境中的应用。[②]另一位是澳大利亚学者西蒙·科特，他研究了现代社会的媒介化冲突现象，归纳和分析了媒体报道争议冲突的三种范式：制造共识范式、媒介竞争范式和媒介文化范式[③]。

作为新闻的争议性事件通常是由特定的新闻事件、社交现象或社会生活中的问题触发的，引发社会积极参与，牵动广泛争议或质疑，形成“争议场”的热点事件和议题。一般而言，这一类有争议性的新闻事件有着以下三个特征：第一，事件的具体内容是存在争议性的，这是有争议的新闻事件的本质和最大特征。有争议的新闻实际上是一个可以引发多方争议的问题。当出现此类问题时，人

① 侯均生. 西方社会学理论教程［M］. 天津：南开大学出版社，2001：64.

② F.H.van EEMEREN & B.GARSSEN. Controversy and Confrontation: Relating Controversy Analysis with Argumentation Theory［M］. Amsterdam: John Benjamins Publishing Company, 2008: 109–124.

③ SIMON COTTLE. Mediatized Conflict［M］. Walton Hall: Open university press, 2006.

们充满了矛盾和多样化的价值观。从这个角度来看，作为对新事物高度敏感的新闻记者，在报道新闻时，这些有争议的新闻事实将被公开报道。第二，事件内容具有新闻性。争议性事件能够上升到新闻事件，其内容必定是具备新闻的基本要素和重要新闻价值的，“某大学生学分不达标转本科”①、“博士生送快递”②以及“某高校女研究生发表辱华言论”③都是极具新闻价值的争议性事件。第三，事件内容具有显著性。一般来说，能够成为新闻事件的争议性议题都具有极高的社会关注度与话题热度，争议的主要内容是社会关注的焦点中心，引起整个社会的广泛参与和传播是很容易的，其社会影响甚至可能超过事件本身的新闻价值。例如，在“山东大学学伴项目”④引发争议事件中，社会及公众对事件的聚焦就远远超越了这一项目本身，其产生的社会影响是更广泛的。综合上述梳理和归纳，可以了解到作为新闻的争议性事件特征，了解此类事件的特殊性。

框架的来源有两方面的取向，一方面是微观层面的心理学属性。框架概念发源于认知心理学领域，贝特森最早采用了“框架”的概念，在其1955年发表的论文《一项关于玩耍和幻想的理论》⑤中首次被提出。该理论主要关注人们的认知和交流行为。它认为，由于主观认知的不同，人们对事物的态度也不同，不同的框架会引起听众对相关事物的不同理解。在认知心理学中，框架的概念也有着相似的表述，像是基模、分类、脚本等。

另一方面，它是宏观层面的社会学属性。社会学家戈夫曼于1974年将框架的概念正式引入文化社会学领域，在社会学理论发展中发挥了重要作用。戈夫曼定义的框架是指人们用来理解和解释外部客观世界的认知结构。人们对现实生活经验的归纳、总结和解释都取决于特定的框架。该框架使人们能够定位、感知和解释，了解和总结很多具体信息。在戈夫曼看来，“框架”有两个含义。

① 王保华. 中国高等教育舆情报告2019［M］. 北京：中国传媒大学出版社，2020：123.

② 王保华. 中国高等教育舆情报告2019［M］. 北京：中国传媒大学出版社，2020：201.

③ 王保华. 中国高等教育舆情报告2019［M］. 北京：中国传媒大学出版社，2020：210.

④ 人民网. 某高校就中外学生“学伴”项目致歉［EB/OL］.（2019-07-12）［2020-05-16］. http://edu.people.com.cn/n1/2019/0712/c1006-31231516.html.

⑤ 肖伟. 新闻框架论——传播主体的框架与被框架［M］. 北京：中国人民大学出版社，2016：1.

一方面，框架以某种知识系统或认知刻板印象的形式预先存储在我们的大脑中，这主要来源于人们对于过去实际生活的经验；另一方面，基于现有框架“构建”对新事物做出理解，换句话说，时常受到现有的社会及文化意识的影响。可见，不同学科背景下框架的概念是不尽相同的。同时，戈夫曼将框架分成了个人框架和组织框架两大类：个人框架指的是我们每个人在“关于存在、发生和意义这些问题上进行持续不断的选择、强调和表现时所用的准则”；组织框架指的是组织信息处理的认知结构或者定性标准。根据这种认知结构或这些标准的信息处理结果，它反映了组织对信息的性质及其动机和地位的基本判断、倾向和态度。

20世纪80年代，在已有的心理学和社会学的框架理论研究基础上，框架理论开始逐渐被学者们引用到新闻学及传播学领域，新闻学逐渐衍生出新闻框架和媒体框架的学术概念。媒体框架是用于媒体代理机构信息处理的组织框架。它适用于各种类型的媒体信息制作和传播过程，将媒体框架的概念应用到新闻选择、新闻处理和构建中。该框架已经发展成为一个新闻框架，这是媒体框架研究中最普遍的方向。在海量的新闻内容里，有限的新闻版面是无法对已发生的事实做出“镜子式”的完全还原的。新闻工作者会根据新闻价值标准以及新闻立场等进行信息的选择，对所发生的事实做出“窗子式”的选择、取舍以及加工。最后，新闻报道的构建也是记者构建的主观现实。在这种新闻制作过程中，新闻框架起着重要的作用。因此，新闻框架实际上是一个象征性的工作，是一个长期的过程，象征性工作者通过大众媒体组织其演讲，长期以来，形成了固定的感知、阐释和陈述形式，以选择、突出和消除社会事件。

新闻框架功能研究是新闻框架研究的重点之一，框架功能研究的重点首先是聚焦于新闻媒体如何呈现社会生活，也就是传播中的框架功能。有学者总结了新闻框架三个方面的认识功能[①]：一是对新闻信息进行设定的框限功能。因为新闻信息的筛选一般是在新闻人的认识基础上的，但认识具有主体差异性，因此，同一环境中不同媒体对事件的覆盖范围可能会有所不同。有的媒体会突出报道，而有的媒体可能并不会参与报道，这直接决定了新闻事件在公众视野

① 郭亦乐.党报经济新闻报道框架研究[D].广州：暨南大学，2017.

内的关注度。因此，传播主体自身对新闻事实有意识地取舍，传播者的决定权限定了新闻的事实以及意义构成。二是对新闻信息进行整理的规范功能。在现实世界中新闻随时随地发生着，尤其是传播权力下放的互联网环境背景之下，新闻的边界、内容不断泛化，在海量的消息网里需要一定的规范化新闻事实。在新闻制作过程中，新闻制作者将在新闻框架的影响下，主动采用新闻框架作为参考标准，对事实讯息进行选择、整理和分析，最终生成了具有标准意义的新闻内容。三是对新闻信息进行理解的阐释功能。新闻最后的产生其实是新闻客体和新闻工作者主体相互作用而来的，新闻其实是新闻工作者融入其自身解释的产物，在某种程度上让无意义变得有意义。上述新闻框架的几个主要功能通常可以反映在新闻传播活动中。在报道有争议的问题时，新闻媒体如何组织信息以及采用哪种新闻框架会影响有争议的问题的未来趋势以及公众对有争议的问题的认识。

本节所欲探讨的是，在媒介化的传播语境中，如何理解高校突发事件争议性议题的新闻属性，以新闻传播学的框架理论视角看待争议性事件的内涵走向，为理解争议性事件的内涵提供新的视角。

三、冲突与争议的语言学研究与取向

在语言学领域的研究中，本研究主要关注对争议及相关议题的语言叙事和话语分析的方面。争议意味着观点、意见的争论表达与协商冲突，而语言就是表达观点和意见的一种符号载体。在冲突与争议语言学方面的研究中，冲突社会中的话语研究，包括话语规则、话语策略以及修辞方式等是研究的主要内容，所使用的主要话语分析方法包括批判性话语分析和积极话语分析。媒介话语的分析是语言学对争议及相关议题传播研究的一个重要领域和实践应用性分析。除此之外，争议性议题传播中，有关媒介话语的话语结构与秩序、话语政治等的研究，也是冲突与争议的语言学研究方向。

话语指“语言在特定社会情境下的使用和表达形式”。“话语”一词，其概念最早是从语言学的角度确定为比语言小却比句子大，能够表达一定的含义和内容的语言结构，其在形式和结构上具有相对的完整性和严密性。而随着社会的发展，话语的概念运用开始逐步扩张，从而扩张到经济学、政治学、社会学和哲学等多领域的范畴，如经济话语、社会话语等。话语分析指的是在运用符号学、结构主义和语言学的分析方法来分析文本的结构与意义，对文本内容进行不断挖掘与发现，探索意义的不同解读方式和文本中所隐藏的意识形态力量。话语分析的理论来源十分多元，我国学者杨絮认为，话语分析在发展过程中吸纳了不同学科的理论和方法，其中有三种具有奠基意义的理论基础为符号学、言语行为理论、系统功能语言学。

符号学理论对话语分析的影响主要表现在两个方面：二元符号理论，为“话语”和“语言”概念的分离奠定了基础；语言符号的任意性，证明了语言符号对实体的重塑效果。言语行为理论对话语分析的重要意义是强调话语是人们改变世界的一种社会行为形式，话语必须在社会规则下加以实施。

话语与权力。大多数国内学者将话语定义为话语权，并从新闻学和传播学的角度来解释话语权。郑保卫认为话语权“是公民运用媒体对其关心的国家事务、社会事务及各种社会现象提出建议和发表意见的权利，是公民的一项不可让与和不可剥夺的民主权利”①。这是一种正当的合理要求，人们能够自由地言说和表达自己意见的权利，它是不可剥夺的。多数西方学者从话语与权力之间的关系来界定话语权力，以福柯为典型代表。“话语即权力”是法国哲学家和思想家米歇尔·福柯在就职演说《话语的秩序》中提出的哲学命题之一。他认为话语是一种支配和奴役社会实践主体的强大社会力量，并将这种力量定义为“权力”，从而得出了一个著名的哲学命题：话语即权力。福柯所指的“权力”是指一种“支配人体的政治技术”，它已经渗透到社会实践的主题中，难以为人们所理解，但却无处不在。这是正义的立法职能所支配的社会的力量。这种主导力量支配或奴役社会实践的主体，使其成为“合格的”的社会人。

因此，从政治角度来看，互联网上的发言权是指政治主体的权利，其构成要素包括权力和权利。话语权是在互联网上自由发表意见的权利。互联网时间和

① 贺卉．网络群体事件中的网络话语权研究［D］．福州：福州大学，2015．

空间相对不受限制，为个人意见的表达与传播创造了更多的可能。同时，网络话语权还具有权力的属性，即言语带来的有影响力和倾向性的观点的实际话语权。同时，话语权也是控制民意的力量。在当代社会中，有发言权的人更容易控制舆论的走向，从而获取同情和支持。正如韦伯所指出的那样，权力意味着即使在某种社会关系中遇到对立，也能实现自己的意志以实现某个目标的能力。郭太生较早将话语权概念引入政府应对突发事件的研究领域，指出话语权即国家、社会组织和个人通过话语表达及意义再造等方式，从而充分利用话语来实现自己意志和利益价值的对社会公共资源支配和控制的能力①。

第二节　高等教育的冲突与争议

争议性公共议题易引发社会矛盾，推动争议性的公共议题达到充分的、多元讨论的高度，才有可能实现利益各方的微妙平衡。伴随互联网和民意平台的兴起，社会各方对教育、医疗等议题的认知存在多元意见，即富有争议与冲突也被逐渐放大，并由此推动了高风险和泛争议社会的形成。公共议题这一学术命题的凸显，有其特定的社会背景与媒介语境。本节将从高校突发事件产生的现实背景出发，探讨议题产生的社会语境、媒介语境与教育语境，丰富对高等教育的冲突与争议的理解与认知。

一、高等教育争议性议题产生的社会语境

中国目前正处于社会转型时期，伴随着经济的快速增长，利益日益分散，社会迅速变化，也由此带来了一些深层次的社会问题。

---

① 郭太生，楚红梅.危机管理中政府话语权探析[J].北京警察学院学报，2010(04)：9-12，97.

(一)进入社会转型期

社会变迁时期是指从一种社会形式向另一种社会形式的转变，是社会发展和变化的过程，通常是指从传统向现代社会的社会转变。“社会转型”是来自西方现代化理论的一部分，它的英文翻译为“social transformation”，借助了生物学领域转型“transformation”的概念。台湾地区社会学家范明哲是中国第一个将“social transformation”翻译为“社会转型”的学者，他在其《社会发展理论》一书中将社会转型与发展相联系，他认为“发展就是由传统社会走向现在社会的一种转型与成长过程”①。社会变革从来都不是一蹴而就的，而是一个长期且持续的社会转变过程。对于社会来说，转型是为了促进社会的进一步发展，对于社会公民来说，转型是为了提高人的生存空间，更好地实现个人价值。

总体而言，我国的社会转型过程可以大致分为三个发展阶段。一是19世纪40年代的鸦片战争到1949年新中国成立前。这段时期，清政府的封闭政策受到外界的压迫，外国殖民者入侵了中国领土。我们社会的性质从几千年的封建社会变成了半封建半殖民地社会。二是从新中国成立到改革开放前的时期。在这个阶段，我国正处在社会转型发展阶段。相比前一阶段而言，这个阶段我国社会的城市化和工业化速度明显提高，对社会主义建设规律认识更加深入，对生产与生产关系的辩证关系有更为清晰的认知。三是我国改革开放以来的时期。在这个阶段，我国正处于社会转型的快速发展阶段，转型正在深化。十一届三中全会明确提出了以经济建设为中心的发展需要，提出了发展市场经济的计划。这次会议标志着我国社会转型的第三阶段的开始。在这个阶段中，我国社会发生了巨大的变化，并出现了新的社会现象与问题。

在我国社会转型的整个过程中，消解与建构并存。最直接的反映是在我们社会的政治、经济和文化方面。首先，从经济层面而言，我国已转变为社会主义市场经济。改变了原来的单一公有制经济，建立了以公有制为主体，多种所有制经济共同发展的基本经济体制。改变了集中吃大锅饭的计划管理模式，确立了社会主义市场经济体制，为我国经济发展开辟了新的广阔空间，增强了我国

---

① 范燕宁.当前中国社会转型问题研究综述[J].哲学动态，1997(01)：19-22.

经济发展的活力。其次，在政治上，我国已经从封建中央集权发展为社会主义民主政治体系，通过制度体系确保人民是国家的主人。再次，从文化的角度来看，我国在继承、弘扬、发展中华优秀传统文化的同时，不断进行改造和创新，使中华优秀文化不断发扬光大。

事实上，作为一个具有数千年悠久历史的农业大国，要想彻底转变为工业国家并不轻松。传统文化对我国有着根深蒂固的影响，在此背景下，我国实现社会转型无疑是一次巨大的挑战。同时，可以说由于清朝的闭关锁国，我国已落后西方社会几百年，如何吸取西方社会转型的经验、摈弃糟粕是一个复杂的问题，时代落差也使得我国实现社会转型充满着复杂性。社会转型过程漫长曲折，转型之路复杂，这就是高等教育争议性议题产生的社会转型背景。

（二）我国社会转型的特点

一是社会转型期的社会多元价值观。价值观是基于人们特定思维和感觉而做出的认知、理解、判断或选择。它们也是人们识别事物并区分是非的一种思维或价值取向。学术界对价值观的内涵具有相对一致的理解。广义上讲，价值是指人们根据特定的思想对某件事的理解和判断。学者陈章龙对价值观的定义是“在改造世界、创造和享用价值的过程中形成并确立的相对稳定的观念模式，是人们以价值关系为反映对象，能够规范人们价值关系的观念”①。学者李德顺认为：“价值观是观念形态的意识价值，它是指人们关于价值的信仰、信念、理想的观念系统，是人类特有的一种精神态。”②学者吴向东则是明确将“价值观”界定为“人的生存的意义以及人们对生存意义的观点、态度和看法”③。简单来说，价值观是人们看待事物的一种标准，人们通常以价值观为基准去判断是非对错，从而采取实际行为，做出决策。

---

① 陈章龙. 冲突与建构——社会转型时期的价值观研究[M]. 南京：南京师范大学出版社，1997：8.

② 李德顺. 价值论[M]. 北京：中国人民大学出版社，2006：27.

③ 吴向东. 重构现代性——当代社会主义价值观研究[M]. 北京：北京师范大学出版社，2006：31.

在社会转型期间，社会利益主体角色也越来越多元化，再加上外来文化，人们也开始不同程度地接受外来的价值观，人们各方面需求的不同导致价值导向也随着改变，整个社会价值关系也更加多元化。在这特有的冲击下，因为价值和基准的不同，多个价值通常会导致观念上的冲突。一般会出现两种情况：一种情况是价值观念间的完全排斥，一方完全否定另一方的价值基准，彼此竞争；另一种情况是价值观念间的分歧矛盾，双方对同一事物有着不同的评判标准与评判态度，彼此存在着异议。在我国极具变化的社会转型时期，每个领域都发生着日新月异的变化。社会原来的传统价值观念已不再占主导地位，其他多元价值观念更加活跃，社会价值观念领域的争端和冲突也越来越明显。具体来看可以体现在以下几个方面：一，传统观念与现代观念之间的冲突。在我们的传统社会中，儒家文化占据着主导地位。儒家文化主要提倡观念文化，强调个人的仁慈、道德。随着我国市场经济的深化发展，不少人在追求经济效益的同时开始“走捷径”，违背传统道德、失信逾越伦理的现象越来越常见。二，全球化进程与区域发展的冲突。各国之间的距离越来越近，文明与冲突并存。

此外还有集体主义与个人主义之间的价值冲突，效率与公平和保守的平均之间的价值冲突。总体而言，在社会转型期多价值的社会争议与冲突是不可避免的。

二是社会转型期的社会阶级阶层结构分化。社会阶层是指由具有相同或相似社会地位的社会成员组成的相对持久的群体。社会阶层在阶级社会中是普遍的，无论它是古老的还是现代的。社会阶层标准是通过综合考虑个人教育背景、职业、收入等来确定的。同一社会阶层的成员在态度、行为、方式和价值观上存在相似之处。同时，一个人的社会阶层不是一成不变的。一个人的社会阶层可能会变成更高的阶层，也可能会下降到更低的阶层。

不同的社会形式具有不同的社会结构，也有不同的社会阶层。纵观整个历史，我国的社会发展经历了以下几个阶段[①]：以鸦片战争为节点，鸦片战争之前

---

① 吉宏，杨太康.略论社会转型期我国社会阶级阶层的嬗变及其矛盾[J].经济问题，2007(10)：11-13.

的封建社会，社会阶级结构相对稳定，主要是地主阶级和农民阶级。鸦片战争后，社会性质变为半殖民地半封建社会，社会阶级也随之发生变化。除了传统的地主阶级和农民阶级，还出现了新的社会阶级——无产阶级和资产阶级。新中国成立后，我国又进入了新民主主义社会的过渡期，这时的社会阶层包括工人阶级、农民阶级、城市小资产阶级以及民族资产阶级四个阶级。社会主义社会建立后，民族资产阶级以及城市小资产阶级被消灭，这时的中国形成了“两个阶级一个阶层”的社会结构，即农民阶级、工人阶级和知识分子阶层。改革开放政策实施后，传统的社会内部结构分裂加剧，出现了一些新阶层，社会阶层结构发生了巨大的变化。原有的农民阶级队伍萎缩，工人阶级队伍明显壮大；知识分子队伍迅速壮大，阶层内部发生严重分化。社会阶层多样性的发展必然导致各种矛盾的扩大，不同阶层之间的利益冲突带来各种冲突和纠纷。现阶段，我国各个社会阶层之间的分歧和分化正在扩大。

三是社会转型期的多元文化与意识形态激烈碰撞。关于意识形态的定义，国内外学术界尚未达成概念共识。但是，学术界普遍认为，“意识形态”一词最早是由法国思想家和哲学家德·特拉西在其《意识形态原理》中提出的。意识形态是“思想的科学”，强调人类的主观能动性，突出人的主体性地位。该观念对意识形态研究具有一定的理论贡献，但意识形态是在马克思的助推下真正进入人们视野的。马克思认为意识形态是社会发展到一定时期的产物，并提出了意识形态的三个层次。截至目前，马克思的思想理论为思想研究提供了指导性参考。后来列宁在马克思的思想基础上提出了“科学的意识形态”的概念，再次丰富了其内涵。在国内，也有许多学者进行相关研究。中国学者俞吾金指出，意识形态是“形成于阶级社会，适合一定社会的经济基础和建立在其基础之上的法律和政治的上层建筑而形成发展起来的，并代表统治阶级根本利益的情感、表象和观点的综合”[①]。主流意识形态扩展了意识形态的定义，它是指在社会上占主导地位的意识形态。主流意识形态具有很强的社会交往能力，与此同时，主流意识形态也将受到社会变革的影响。

---

① 俞吾金. 意识形态论[M]. 上海：上海人民出版社，1993：129.

文化与意识形态之间有着密不可分的密切关系。意识形态是文化，文化同时具有独特的意识形态。在社会转型阶段，我国意识形态的碰撞相应地反映了我国多元文化的冲突与融合。新自由主义、民主社会主义、消费主义、民族主义等各种文化思想都影响了我们社会的主流意识形态建设。在全球化的进程之中，西方文化涌入中国，西方的意识形态、价值观念以及生活方式慢慢渗透进人们的日常生活，潜移默化地进行文化扩张。主流文化和主流意识形态的主导地位受到冲击影响，一些人甚至已经将个人的享乐、拜金主义作为人生追求。不光是西方文化，还有外来涌入的后现代文化的思潮。后现代文化对社会发展持消极态度，并认为未来世界将是一个虚无主义的时代，社会秩序混乱，具有明显的“去中心化”和“意义深度的解构”。后现代主义的批判价值观会影响社会成员的三观树立，不可避免地在人们理想信念追求方面带来消极影响。同时，大众文化也对我国的文化思想体系建设产生了一定的影响。大众文化是市场化和工业化的结晶。大众文化本质上是一种以物质和娱乐为主题的世俗文化。它具有生产标准化，形式娱乐和日常美学的特征。一般而言，某些大众文化忽视了文化产品的社会效益，排斥了高雅文化，并造成了文化人文精神的丧失。随着网络时代的飞速发展，网络文化紧随网络时代的发展而飞速发展。网络文化深刻变革了现代人的交流通信以及生存生活等各个方面，一方面网络文化代表着崭新的思想与文化表达，是公众文化创新的表现；另一方面，由于互联网的自由性，一些反主流和非主流文化也将以网络文化的形式呈现。网络文化极为复杂和多面，这也对我国网络舆论空间治理提出了要求。总的来看，我国在社会转型期文化形态和其表现出的意识形态属性多样复杂，不同文化持续碰撞、摩擦、融合中。

二、高等教育争议性议题产生的媒介语境

随着互联网和数据技术的普及，传统媒体的主导地位似乎随着时间的推移而发生了变化，辉煌不复存在，新媒体异军突起。且随着数字信息化浪潮的席卷，媒体环境和模式已改组。舆论生态环境发生变革，“情感在前、事实在后”的后真相时代背景之下，社会舆论也非常容易陷入争议的旋涡。

(一)媒介与新媒介

麦克卢汉曾说"媒介即讯息"。关于媒介的定义,有广义和狭义之分。广义的媒介指的是所有能使人与人、人与物、物与物之间产生联系或者发生关系之间的物质,范围十分广泛,这样的媒介可能是一辆车也可能是一瓶水。狭义的媒介指的是利用媒介储存和传播信息的物质工具,像报纸、手机、电脑等物质载体。人与人之间的信息传递自人类诞生就从未停止过。媒介发展至今大致经过了以下几个阶段:一是口语传播阶段。处于远古时代,主要传播媒介是口头语言和肢体语言,通过这二者来传递信息和表达情感。二是文字印刷传播阶段。在公元前五千年,古埃及和美索不达米亚地区及其他地方制作了图形文字。最初,文本是使用竹签、动物骨头、青铜器或布或丝绸作为载体进行传播的,后来它们通过纸传递信息。文字印刷术的发明提高了交流的效率。三是电子传播时代。随着广播、电视和电影等电子媒体的出现,大众传播已发生质的飞跃。然后,随着互联网的普及和电子通信技术的突破,人类社会进入了一个前所未有的新信息社会,除了媒介语境、整个社会和人类文明都发生了巨大转变。

新媒介不是一个绝对的概念。在印刷传播时代,广播电视就是新媒介;在电子媒体发展的时代,互联网和数字技术则成为新媒介。在邵培仁教授看来,也就是"以现代技术为先决条件,利用互联网、卫星等渠道将信息传达给受众的一种方式就是新媒介"①。所以,对于已有的传播条件来说,眼下身处的互联网数字传播语境,就是如今的媒介语境。

(二)传播的新媒介语境

第一,新媒介语境下的传播构成特征。随着互联网信息技术的发展,移动媒体网络媒体快速发展,数据信息化的浪潮席卷之下,媒介环境正在发生巨大的变革。

由于互联网、移动智能媒体的普及,传播门槛的降低,新媒体环境下传播主体的去中心化现象愈加明显,传播的主体也更加多元化。在传统媒体时代掌握

① 邵培仁.传播生态规律与媒介生存策略[J].新闻界,2001(05):26-27,29.

在专业媒体机构人手中的传播权已经分散到个体手中，普通的个体也拥有利用媒体传播信息、表达自我的机会，出现了“万众皆媒”“人人皆是传播者”的景观。学者彭兰提出“万众皆媒意味着，每个人都有可能成为信息来源，或成为内容的传播者，每个组织或机构也能拥有自主的信息发布渠道”①。大量“自媒体”散户涌现，它们以庞大的数量和广泛的分布往往成为新闻事件最初的曝光者，有时他们所记录拍摄的内容，也会成为新媒体环境下专业媒体新闻生产素材和资源的补充与延伸。同时，如今传播的主体已经没有了所谓的传者与受者之分。

从传播内容角度来看，由于传播主体和渠道的增加，信息产生的数量大大增加了。技术的便捷性和内容的数字化形态，也极大地降低了信息内容生产的成本，缩短了生产的速度与频率，因此我们所面临的媒介环境是一个有着海量信息内容的环境。然而也因为传播主体的多样化，以及媒介专业素养差异较大，新媒体环境中充斥着大量未被核实验证的信息，内容质量良莠不齐，情绪性表达较多，谣言与事实满天飞，信息过载、信息爆炸等现象在新媒体环境下表现突出。

同时，在新媒体环境中，信息传播的主要渠道已从离线转移到在线。为适应新的传播环境，传统媒体也成为活跃的合作伙伴，通过平台整合、渠道整合和内容整合实现媒体转型。搭建自主可控的媒体平台，或者在互联网商业平台创建媒体账户发布内容，实现多终端、多渠道的传播。此外，物联网等技术的发展，驱使着媒介形态泛化，万物皆媒的时代正式来临。

综上所述，大众具有多种角色，例如信息生产者、发布者和接收者。在新的媒体环境中，传统的“魔弹论”中将大众视为被动的接受者的受众观已经不再适用，大众的主体性和能动性特点在当前的媒介环境中表现得更加明显。

第二，新媒介语境下的舆论新生态。舆论是大众对于现实社会以及社会中的各种现象、问题所表达的信念、态度、意见和情绪表现的总和，具有相对的一致性、强烈程度和持续性，其中混杂着理智和非理智的成分，会对社会发展及有

① 彭兰.万物皆媒——新一轮技术驱动的泛媒化趋势［J］.编辑之友，2016(03)：5-10.

关事态的进程产生影响。[①]为了应对我国媒介环境的变化，整个舆论环境也表现出许多新特征。一是大众在舆论的形成、传播中的地位和作用变得越来越重要，大众逐渐成为舆论传播的主体。二是舆论传播碎片化趋势发展明显，表现在发布的信息和发表的意见的碎片化上。三是人群喧嚣已成为舆论的普遍现象，网络媒体为发布信息和见解提供了平等、开放和庞大的平台，大众可以自由表达自己的见解。四是社会舆论变得越来越难以控制，舆论领域充满了许多无序的表述。这对我国的舆论引导提出了越来越严峻的挑战。

根据皮埃尔·布迪厄(Pierre Bourdieu)的观点，作为社会元领域的一个子领域，舆论领域必将受到大型媒体、政治和文化环境的元领域的影响。后真理时代的到来使得舆论领域话语空间发生了前所未有的转变，进入了舆情新时代。[②]何为后真相？后真相指的是一种“观点在前、事实在后”的现象，信息传播过程中真相有时变得并不重要，重要的是情感和立场。后真相使得传统信息传播格局发生了根本性变化。学者胡泳对后真相的新看法是“在影响工作态度，形塑公众舆论方面客观事实影响较小，而诉诸情感和个人信仰会产生更大的影响”[③]。在后真相思维模式的影响之下，网络舆论也有着鲜明的传播偏向性。首先，是网络舆论信息的模糊化。后真相对信息的消费导致信息并不能达到消除不确定性的功能，反正在谎言与事实不分的情境下，信息更加模糊。其次，流言和谣言充斥着舆论领域，并成为一种正常现象。后真相时代，流言与虚假信息相伴相随，流言往往富有争议性，常常能够放大话题，引爆舆论。在这种环境下，信息的真实性受到质疑。最后，网络舆论的传播非常明显。在后真理时代，公众经常表达自己更大的偏见，因此在线公众舆论在交流中表现出情感偏见。最终，民意的分层和同质化变得更加明显。在后真相时代，公众被置于圈子之间。群体中的个人通常具有相似的价值观。表达意见时，一些声音常常会在压力下被迫选择沉默。最终，多数人的意见越来越多地传播开来，成为整个群体的在线意见，而舆论的螺旋效应是显著的。

---

① 丁柏铨.略论舆情——兼及它与舆论、新闻的关系[J].新闻记者，2007(06)：8-11.

② 李彪.后真相时代网络舆论场的话语空间与治理范式新转向[J].新闻记者，2018(05)：28-34.

③ 胡泳.后真相与政治的未来[J].新闻与传播研究，2017，24(04)：5-13，126.

三、高等教育争议性议题产生的教育语境

自改革开放以来，中国高等教育改革发生了很大的变化，高等教育资源丰富，高等教育水平提升，高等教育人才激增。高等教育发展如今进入了新阶段，我国高等教育体系不断发展的期间问题也逐一展现，不可忽视的争议性议题成为新难题。

（一）高等教育发展现状

教育是一个国家发展的基础。公民的教育水平越高，国家的科学技术就越发达，国家就越强大。公民的教育水平也是衡量一个国家人口素质的重要指标。

高等教育是在完成中等教育的基础上进行的专业教育和职业教育，是培养高级专业人才的主要社会活动。高等教育是相互联系的教育系统的重要组成部分之一。20世纪下半叶是高等教育史上一个不寻常的扩张和质变阶段。社会对高级专业人才的需求快速增长，以及个人获得高等教育机会的迫切需求，使高等教育以前所未有的速度发展。当前我国高等教育的入学率不断提高，在高等教育普及方面取得了巨大成就。2020年，我国共有各级各类学校53.71万所，其中，普通高校2738所，本科院校1270所(含本科层次职业学校21所)，高职(专科)院校1468所。教育作为有关国计民生的重大公共性事业，始终关系着国家中长期的发展方向，关于国民教育的议题热度始终只增不减。

当前我国的高等教育教学发展有两大鲜明特点。一方面，是信息化手段应用的普及推广，2017年教育部科技司司长雷朝滋指出如今我国“三通两平台”建设与应用加快推进，各项指标基本实现了翻倍增长。“三通”分别指的是宽带网络校校通发展迅速，优质资源班班通不断普及深化，网络学习空间人人通呈现跨越式发展。“两平台”指的是教育资源公共服务平台和教育管理公共服务平台的全面应用。可以看出信息化成为当前高等教育教学发展中的一个鲜明特色。[①]另一方面，是教学主体的多元化，师生之间的角色转变。传统的以教师为

① 杨云娟，邵永杰.高等教育的发展现状及其思考[J].教育现代化，2019，6(82)：191-193.

中心向教师与学生互动甚至以学生为中心转变，形成多个教学主体共存，共同实施教学任务的多元化形式。传统的教学主体往往只有教师，忽略了学生作为主体的积极作用，而教学主体从以教师为中心到以学生为中心的转变是高校适应新时代需求的必然。

随着高等教育的普及，我国的高等教育也面临着不容忽视的挑战，具体来说表现如下。一是部分高校教学质量的挑战。近年来，高等教育实行扩招政策，我国高等教育的招生规模越来越大。但是，随着教育规模的扩大，这也意味着降低了高级人才的录取标准，高校教学质量也有所下降。特别是一些大学的教育资源和水平落后于高等教育的发展。二是一些大学缺乏教育资源，高等教育地区和学科的发展不平衡。高校扩招，校园中学生的增加使得教育资源更加紧张，学生宿舍、食堂、图书馆等资源的人均分配不足，这将影响学生的正常校园生活，并影响他们的学习热情。同时，我国东部和西部地区的教育资源具有很大的区域分布差异。三是一些大学的"学术漂移"现象。近年来部分高校有向研究型大学转型的倾向，但发展过程中没有按照自身实际情况设定办学目标，导致教学管理出现问题。教学目标设定不合理，出现"学术漂移"现象。①四是部分高校办学同质化的问题。在现在的高等教育发展中，不少高校缺少改革创新的思想，沿用老旧的教学模式，导致教育模式趋于一致，教育同质化现象明显。办学特色不突出，高校缺少教学活力，如此一来阻碍了高校向高层次的发展。总的来看，我国高等教育在教育理念、教学质量等方面还存在一定的问题，在培养精英人才方面依旧面临很大的挑战。

（二）政府职能与高等教育

政府职能是一个完整而统一的系统，从通俗的意义上讲，这是一个不断规范政府应该做什么和如何做的框架。它是国家行政机关在管理国家和社会事务中承担的责任和职能。主体是政府机构，对象是国家和社会的公共事务，其主

① 焦磊.一流本科教育需规治"学术漂移"倾向[J].内蒙古教育，2019(32)：1.

要方法是依法行政。政府基本职能分为政治职能、经济职能、文化职能、公共服务职能和生态职能等。在1993年《中国教育改革和发展纲要》中，中央政府提出政府在教育中转变职能的理念，从直接行政管理转变为通过立法、拨款、规划、信息服务、政策等间接行政手段进行管理。《中华人民共和国高等教育法》也将政府高等教育管理职能的范围深入渗透到高等教育规划、高校的设立与审核、体制和教学改革、资源投入和配置机制等方面。

近年来，政府加大了高等教育领域的职能转变，取得了一定成果。政府在政策上大力推行简政放权，支持扩大高校办学的自主性，逐渐扩大放权范围，并且出台了法律发展纲要，提供了明确且具体的政策指引。它为我国建立现代大学和提高我国高等教育机构的办学效率提供了支持。在“放”的同时“管”也要继续进行，“放管结合”是放权与管理相结合，该放的权力一定要放，该管的事务一定要管，在高等教育领域内既要加强党的领导又要兼顾高校自治。近年来，我国在资金方面仍然支持增加对高等教育的投资，《国家中长期教育改革和发展规划纲要》中提出2020年要实现教育财政性经费支出占国内生产总值4%的目标，2012年已经提前达到该水平，可见国家对教育产业发展的重视。2020年全国教育经费总投入为46135亿元，比上年增长8.39%，占GDP比例为4.54%，连续九年保持在4%以上。同时，全国财政一般公共预算教育支出、全国生均一般公共预算教育支出均只增不减。同时我国服务型政府的建设也直接体现在了高等教育的建设上，近年来我国政府作为服务供给主体，将高等教育作为客体来优化政府对高等教育的服务质量，具体包括提升服务效率、取消繁杂的办事流程、为高等教育提供优良的政策环境等，提升了我国高等教育办学效率。

然而，高等教育管理也存在矛盾冲突。虽然我国政府的高等教育管理日益现代化科学化，整体管理水平正在逐步提升，但仍要正视高等教育管理中存在的问题。一是高校定位的不明确。定位的含义是确定方位，找到准确的位置。当前，中国大学的发展中存在着偏离了人才培养的初衷和目标的现象，办学定位不明确，过于追求专业上的多种类、学科上的广范围和办学上的大规模等问题，忽视了社会经济发展需要。二是资源分配不足。政府对高等教育的资源分配仍处于不足的阶段。目前，国家财政教育经费占GDP的4%的目标已连续6年达到标准，但不同类型大学之间在资源提供方面仍然存在较大差距。从“985”“211”工程到建设“双一流”大学和学科，政府仍将研究型大学作为重点发展和改革目标，提供较为完善甚至超前的政策资源并且积极呼吁社会投入丰富的经费和资源，应用型和职业技能型高校相对享有较少且较为固化的资源。同样，区域之间的资源分配不均也比较严重。西部地方政府收入相对东部较低且地处偏远，市场经济发展速度较慢，教师水平及待遇存在劣势。东西部高等教育质量相差较大，招生数量以及人才流失严重，如不及时调整和优化资源配置模式，这种差距会愈加突出，严重影响高等教育公平发展。三是高校评估体系过于依附政府，目前高等教育院校的评估主体仍是教育部、各级政府及相关行政组织机构、附属于教育部和各级政府的社会组织，这些主体背后的行政权力牵制过度，其他主体介入通道较少。行政指标在评估中的比重较大，甚至会弱化学术指标，高校在教学学术评估结果不理想时会出现试图使用行政政绩来弥补的不良现象，高校“重行政轻学术”的现象与提高我国高等教育质量的发展目标背道而驰。

第三节　高校突发事件概述及类型梳理

在梳理完高等教育争议性议题的理论背景以及现状之后，本节内容将聚焦于高校突发事件本身，结合我国近年来发生的高校突发事件典型案例，归纳梳理近些年来高校突发事件的类型，了解高等教育争议性公共事件的类型特征，挖掘议题背后的社会景观。这在分析高等教育的发展和高等教育改革中有不可替代的作用。

一、理解高校突发事件与争议性议题

在了解高校突发事件的方向类型之前，有必要对高校突发事件以及争议性

议题的定义进行了解，对其有了清晰认知后方便后续的进一步研究。近年来，我国的高等教育规模越来越大，目前，我国已经建立了世界上最大的高等教育体系。随着我国高等教育体系的不断发展，与高等教育有关的争议事件日益增加，特别是一些负面事件通常伴随着更多的单边情感观点甚至谣言，从而引发高校舆情管理危机。

（一）争议的定义与概念解读

《现代汉语词典》中的“争”意为力求得到或达到，“议”则有“意见、言论”的含义。1956年，外国学者加利提出“属于本质上争议的概念需满足评价性、内在复杂性、多重描述性、开放性等七个条件”[①]。争议一词现在常被广泛使用，但可能是由于往往越常识性的东西越难以界定，其实很少学者对“争议”一词的内涵进行深度的界定与分析。在理解争议性议题之前，有必要先梳理“争议”这个关键概念的含义与相关理论。争议的释义有两种：一是作为汉语词语，争议一词在《后汉书·左周黄列传》《王昭君》《南史·刘师知传》《孽海花》中都有出现，此时争议指的是尚有争论，经常未达成一致结论的情况。二是作为合同法名词，争议常常在经济和法律领域中被涉及，指因交易的一方认为另一方未能履行合同的全部或部分职责而引起的商业纠纷，内容主要包括但不限于合同是否成立、是否构成违约、违约的责任与后果等。常见的纠纷案件主要包括劳资纠纷、合同纠纷、商标纠纷和人事纠纷，其中劳资纠纷最为常见。

当谈及争议时，往往会伴随“争论”“辩论”“纠纷”“论述”等等词汇。学者马塞洛·达斯卡对争议以及相关词汇进行了比较和解读。他认为争议的目的是理性地说服，力求的是普遍意义上的认知和解决争议问题的方法，这个过程中没有胜负之分，寻求的是可能存在的共同理解即共识。[②]而学者奥斯卡·卢德勒则从哲学与科学的变迁角度出发，主要考察的是争议的空间及其结构，他

---

① 戴维·科利尔，费尔南多·丹尼尔·伊达尔戈，安德里·奥利维亚·玛休斯努，等.本质上争议的概念：争论及应用［J］.比较政治学前沿，2014(01)：225-243.

② MARCELO DASCAL.Dichotomies and types of debate.［M］.Amsterdam：John Benjamins Publishing Company，2008：42.

认为，争端意味着理解上的差异，对争端的解释和认识应具有多元性和多样性。关于对争议的本质解读，卢德勒表示争议是辩证对话的本质，对话是争议的实质，没有对话就不能构成争议。[①]的确，很多争议性事件的爆发都是源于对话，特别是随着互联网传播权的下放，对话可以凝结共识，同时对话也可以产生争议。许多情况下，争议往往就发生在网民们的对话或者沟通中，最后情况总是会从对事件的讨论上升到对某人、某事、某种现象的争议。

（二）高校突发事件争议性议题的多重内涵

一是作为社会冲突的高校突发事件争议性议题。本书在前面提到了社会冲突理论，该理论将冲突视为社会结构的重要组成部分，并认为冲突是现代社会中的普遍现象。了解高校突发事件争议性议题的内涵，首先需要将争议性议题放置于社会冲突的现实背景当中。不难发现的是，争议和冲突二者之间有着微妙的关系，有学者认为争议是社会冲突的一种象征和表现形式。[②]二者都包含着意见、观点等方面的不统一，但从程度上来说争议的对立程度是小于冲突的。在泛争议社会中，有争议的问题的出现有两个特征。第一，它们是公众关注和聚焦的中心，或者是与公众利益密切相关的问题；第二，社会大众对该类议题的认知与解读存在多元意见，也就是含有冲突。从以上两个特征中可以看出，争议性议题的形成原因与社会冲突的产生原因存在很大一部分的重合要素。

以科塞的社会冲突理论视角来评判，作为社会冲突的争议性议题在充满不确定的同时还有推动社会前进发展的正面功能。争议性议题中作为社会冲突的争议，从最初的争议阶段到最终共识的形成阶段，其实就是社会冲突缓解或化解的过程，整个过程有助于社会的整合和秩序的恢复。就像一直引起广泛关注的社会争议性问题，包括就业、医疗改革、教育改革、环境保护和退休安置等，其中不乏我国失地农民养老和城镇职工养老之间的冲突、城市发展和绿色环境

---

① OSCAR NUDLER.Controtersy Spaces：A model of scientific and philosophical change[M]. Amsterdam：John Benjamins Publishing Company，2011：20.

② 陈刚．共识的焦虑：争议性议题传播的话语变迁与冲突性知识生产[M]．北京：人民出版社，2016：60.

之间的冲突、医疗资源分配不均与医患冲突等。也正是这样的争议性议题，激发了社会关注重视，成了推动问题解决的动力。正如马克思和恩格斯的唯物辩证法观点，人类社会是一个由许多矛盾构成的复杂矛盾体系，矛盾是推动社会发展的动力。

二是作为话语事件的高校突发事件争议性议题。英国学者诺曼·费尔克拉夫在《话语与社会变迁》一书中有多次提及“话语事件”这一概念，但作者没有下达明确的定义，也未对此进行论述，只是指出：“这种有关话语和话语分析的思想具有三个向度：任何话语‘事件’都被同时看作是一个文本，一个话语实践的实例，以及一个社会实践的实例。”①在费尔克拉夫的笔下，只要是话语的实例它就能作为一种话语事件，好比老师和学生在课堂的对话，也能作为一个话语事件而成立。它所涉及的范围非常广，是一个泛泛的概念。我国学者曾庆香在受到费尔克拉夫的启发后，有意识地去除了“话语事件”这一符号过于宽泛的“任何话语实例”的所指，而让其意指特定的、较大的话语实例。②这样的话语事件会引发公众的火热探讨，甚至对社会和历史的进程有所影响。在曾庆香的观点里，公众话语的参与是否对事件推动有重要的影响是定义话语事件的要素之一。

从某方面来看，争议性事件也是如此，许多的争议性话题在对话中产生，公众的对话参与让争议不断发酵，产生舆情讨论，甚至影响事件的走向。作为话语事件的一个有争议的话题，不同的话语主体参与了讨论和表达，过程中形成了话语竞争和纠纷的局面，在竞争和纠纷中形成了对纠纷的不同理解和含义，导致公众的分歧，影响着社会对争议的认识。同时，在竞争和争论中，话语也建构和影响了对争议性问题性质的定义和认识，影响着社会共识的形成。

三是作为新闻的高校突发事件争议性议题。我国新闻界学者陆定一曾对“新闻”一词做出过定义，他认为“新闻是新近发生事实的代表”。新闻是现代社会反映生活、记录社会、传播信息的重要表达方式之一，新闻事件可以说日日

① 诺曼·费尔克拉夫.话语与社会变迁[M].殷晓蓉，译.北京：华夏出版社，2003.

② 曾庆香.话语事件：话语表征及其社会巫术的争夺[J].新闻与传播研究，2011，18(01)：4-11，109.

都有发生。尤其随着互联网传播权力的下放，即传即发即曝光网络线索成了新闻产生的重要因素，新闻的泛化愈演愈烈。但一则消息、一场事件成为新闻的标准依旧是与其自身的新闻价值相关，能否构成一条新闻还是要依据其新闻价值。新闻界学者李良荣在《新闻学概论》一书中将新闻价值标准划分为五大要素，即时新性、重要性、接近性、显著性、趣味性。一方面在主题上，高等教育的争议性议题主要围绕着我国高等教育展开，而教育事业是人类社会性行为的重要组成部分，高等教育体系在整个社会和文化体系中占据着非常重要的部分，高校突发事件的重要性是不言而喻的。另一方面，高等教育具有公共性，涉及社会公众、公共利益以及社会资源的部分，高等教育的话题也与国民关联性极高，"高考""大学"等话题是我国许多家庭的讨论热门，高校突发事件可以说与国民的接近性、亲近性非常高。因此，从新闻价值的角度来看，高校突发事件的要素与新闻选择是一致的。

根据不同的新闻标准，美国社会学家塞伦·麦克莱在考察新闻媒体与社会关系时指出，新闻的另一种选择依据，即"客观存在的，能引起争议的事件和现象是最值得报道的"[①]。直接点出了争议性在新闻选择中的重要性，这种争议性议题夹杂着各方不同意见的纷争，可以记录高校突发事件从产生、冲突、协商到最后走向共识的全过程。仝卓高考伪造身份事件[②]中公众对高考公平的争议，高校宣传片被指抄袭事件[③]中公众对高校文化创意的争议，大学生坠亡事件[④]中公众对高校权益保护的争议，等等，这些事件的争议性议题都引发了线上线下的广泛讨论，从最初的消息引爆为新闻事件，引发各大媒体的跟踪报道。同时，不是所有高等教育争议性事件都能上升到值得全民关注的新闻事件。虽然争议能让事件得到一定的关注与曝光，但最后新闻的形成离不开争议性话题本身的新闻价值、内容含义以及冲突点。

---

① 塞伦·麦克莱.传媒社会学[M].曾静平，译.北京：中国传媒大学出版社，2005：27.

② 人民网.关于仝卓以伪造应届生身份参加高考等问题调查情况的通报[EB/OL].(2020-06-12)[2022-05-18].http://fanfu.people.com.cn/n1/2020/0612/c64371-31745088.html.

③ 中国新闻网.某高校就"抄袭门"事件启动调查[EB/OL].(2015-06-01)[2022-05-18].https://www.chinanews.com.cn/sh/2015/06-01/7312695.shtml.

④ 王保华.中国高等教育舆情报告2019[M].北京：中国传媒大学出版社，2020：232.

二、高校突发事件类型梳理

据人民网舆情数据中心案例库统计数据显示，2020年全国涉高校重大舆情数量较2008年增幅已达到133%。在这种情况下，迫切需要深入研究和分析高校突发事件。本部分将结合实际典型案例进行评析，从不同角度对各大事件进行多方面的评析分类，梳理并总结高校突发事件的类型，多维度考察我国近年来高等教育界的前沿动态与争议指向，以期对回顾和思考我国高等教育有所启发。

表1　30件高校突发事件典型案例

序号	年份	30件典型突发事件	类型
1	2015	高校宣传片涉嫌抄袭	权益保障类
2	2015	南科大首届本科毕业生去向引关注	人才培养类
3	2015	高考取消加分鼓励性政策	教育政策类
4	2015	校园足球改革事件	教师发展类
5	2016	培训班借高校自主招生敛财	高校管理类
6	2016	山东考生高考志愿被篡改	权益保障类
7	2016	名校生送快递引发热议	人才培养类
8	2016	韩春雨撤稿事件	教师发展类
9	2016	英国脱欧对中国留学生影响	权益保障类
10	2017	教育部公布“双一流”名单	教育政策类
11	2017	高校教师辞职信走红网络	高校管理类
12	2017	女硕士章莹颖在美失踪	权益保障类
13	2017	90后博导刷屏朋友圈	教师发展类
14	2017	国际生面试入名校，国际学生招生简章惹争议	教育政策类
15	2017	澳大利亚多所高校发辱华公告	权益保障类
16	2018	高校研究生坠亡事件	权益保障类
17	2018	高校强制使用多个APP	高校管理类
18	2018	高校研究生发表不当言论受处分	高校管理类
19	2019	翟天临学术不端事件	权益保障类
20	2019	高校学生腾宿舍给留学生	权益保障类
21	2019	高校“学伴”项目	教育政策类
22	2019	退档河南考生事件	人才培养类
23	2019	食堂凭步数打折，浙工大食堂获网友点赞	高校管理类

续表

序号	年份	30件典型突发事件	类型
24	2020	农家女陈春秀被顶替上大学	权益保障类
25	2020	高校疫情校园管理引发争议	教育政策类
26	2020	高校学姐社交性死亡事件	权益保障类
27	2020	仝卓高考伪造身份事件	权益保障类
28	2021	北大保安成校长事件激发正面教育舆情舆论	人才培养类
29	2021	新冠病毒疫苗免费接种的舆情动员	高校管理类
30	2021	中科院博士论文致谢走红	教师发展类

以上时间范围在2015—2018年的案例均选自《中国高等教育舆情报告2016—2019》①，时间范围在2019—2021年的案例选自社会公众广泛关注和熟知的新闻时事。本书采用发生在2015—2021年近7年的若干个高等教育高热度事件作为样本，根据采用样本事件内容属性的不同，可以大致将我国高校突发事件类型分为五大类，分别为教育政策类、高校管理类、教师发展类、人才培养类以及权益保障类。下面将结合具体案例，对所呈现的争议种类和焦点进行分析分类。

（一）教育政策类典型事件概况

教育政策是党和政府制定的有关教育的方针和行动准则。高等教育政策是关于教育深化改革和长远发展的重要举措，它的制定和出台时刻牵动着社会大众和广大师生的目光。近年来，围绕高等教育政策和管理事务生成的舆情不断出现，由此给高校管理工作带来了危机公关和形象提升等内容。一般而言，高等教育的教育政策事件分为两个方面：大学教育制度和大学教育政策。“国际生面试入学”事件、高校“学伴”事件、“双一流政策”出台就是典型的教育政策引发的争议事件。

《十年寒窗不如一纸国籍？网传“老外不用考试上名校”究竟是怎么回事》，

① 王保华．中国高等教育舆情报告2016–2019［M］．北京：中国传媒大学出版社，2017–2020.

2017年2月16日载于“澎湃新闻精选”搜狐号，3300个网页刊载相关新闻。某高校公布的《2017年国际学生(本科)招生简章》，由于录取新规从“笔试—面试”的方式改为“申请—审核”制，这一取消的“笔试门槛”成为外界质疑并热议的焦点。这一热点，无疑触动了大众对高考公平的敏感神经。对此，社会各界纷纷提出了三类具有争议的论点[①]：第一，国内生与国际生入学门槛不一，引发人们对于公平性的强烈质疑。尤其是在国内高考竞争如此激烈的背景下，无数父母对优质教育资源的渴盼与国外留学生轻而易举进入名校形成强烈的反差和对比。第二，新的教育政策只会造成贫富教育资源更大的不公平，有条件的家庭可以通过移民等方式享受优质教育资源，引发网友广泛关注。第三，“申请—审核”制并不以降低入学标准为代价，相关高校应重新思考国际生的招生培养的方案。面对汹涌的舆情，相关高校也及时做出了官方解释，并承诺国际生招生并不挤占国内学生名额，加之后期媒体理性引导，舆情才渐渐平息。

(二)高校管理类典型事件概况

在中国高等教育发展历程中，管理涉及高校组织机构、权力运行机制、治理体系的方方面面。[②]通常来讲，高等教育的高校管理类事件大多为高校后勤事务管理以及高校教学事务管理这两类。发生在河北的高校天价公寓事件，属于高校后勤事务管理的典型案例。

2019年8月26日，人民网发布《河北一高校天价“宿舍”1万6一年 当地市场监管局：系社会力量所办》一文，称某高校双人间开出16640元/学期的天价，其中服务费就超过了14000元。这一事件引起了社会的广泛议论[③]：首先，学生宿舍费用是否存在过高，费用缴纳不合理的问题？其次是天价学生宿舍收费问题该由谁来解决？事件发生之后，面对各种质疑，当地市场监督管理局工作人

① 王保华. 中国高等教育舆情报告2018［M］. 北京：中国传媒大学出版社，2019：118.

② 王建华.高校管理事务的专业性与院校研究的制度化［J］.高校教育管理，2018，12(01)：7-12.

③ 人民网.“天价”学生宿舍收费问题谁来解［EB/OL］.(2019-08-29)［2022-05-18］. http://industry.people.com.cn/n1/2019/0829/c413883-31324101.html.

员“与大学无关”“不由市场监督管理局负责”等说法，把公寓跟学校、监管局的关系抛开，甚至缴费没有票据，饱受争议。最后，公寓所属公司的法人曾为人大代表，提案和建言能否代表广大群众的意见和呼声？这又引发新一轮的质疑。

（三）教师发展类典型事件概况

高校教师作为高等教育的主要参与者，与其发展相关的议题是高等教育研究的重要部分。对于高校教师发展类事件进行深入分析，了解媒体与公众就教师发展方面所关心的热点话题。一般而言，高等教育的教师发展类事件分为高校教师评估和高校师生关系这两类，舆论聚焦于教师职称评审、职业发展、师德师风等问题，如“网红教授北大离职”①、“90后博士刷屏朋友圈”②、“骚扰学生教授长江学者称号被撤”③等案例，直接促进了相关政策的出台。

《科研论文非硬杠 浙江一高校“破格”选拔多名“教授”》，2017年3月14日载于中国新闻网，22个网页刊载相关新闻。高校“破格”选拔多名“教授”，倡导高校建立多元职称评审制度。接着，澎湃新闻、网易教育、新浪教育等媒体进行了广泛报道，开始引发讨论。该事件舆论关注的焦点主要集中在创新化的职称评定制度方面，主张对于多样化的人才类型，选用合适的人才评定选拔规则，以不同标尺衡量不类型的人才。对于该事件争议点主要有二：其一，以往的唯论文的评审机制，能否真实促进教师发展？破格制度能否真正带来人才选拔机制的创新？其二，破格制度又是否损害公平的选拔机制？这样的人才评聘制度究竟是改革创新还是背离人才选拔的初衷？长此以往会给高校带来什么样的影响？这形成了新的争论和思考。④

（四）人才培养类典型事件概况

高校作为人才培养的主体，人才培养的质量和水平成为评价高校教学质量

① 王保华.中国高等教育舆情报告2018［M］.北京：中国传媒大学出版社，2019：141.
② 王保华.中国高等教育舆情报告2018［M］.北京：中国传媒大学出版社，2019：198.
③ 王保华.中国高等教育舆情报告2018［M］.北京：中国传媒大学出版社，2019：50.
④ 王保华.中国高等教育舆情报告2018［M］.北京：中国传媒大学出版社，2019：192.

的重要标准，也成为支撑高校持续发展的内在动力与核心。通常来讲，高等教育的人才培养类事件一般分为高校人才培养策略以及高校学科专业设置等类型。博士生送快递引发热议，属于高校人才培养方面的典型事件。

《博士生送快递就一定是大材小用？》，2018年11月9日载于搜狐新闻，240个网页转载相关新闻。关于博士生送快递事件，其实早就被媒体报道过，但因为“双十一”的到来，快递行业的薪酬待遇进入社会公众的视野。本事件就是在这个时间节点得到关注并引发了热议，并且得到了较长时间的发酵和讨论。

2018年11月7日，《中国青年报》最先发布了题为《博士生送快递是浪费学历?他怼回去了》的报道，对博士快递员事件“历史经历”进行了回顾。[①]由于话题本身与时下环境契合，该文章经重新编辑发布后引发了各媒体对这一事件的重新讨论。存在的争议纷纷聚焦于社会职业的刻板印象、社会分工等角度，并引发了社会对这一事件背后所折射的关于就业、唯学历论等社会问题的讨论。11月14日，《南方都市报》对该事件进行了跟进报道，并发表了题为《博士生送快递8年将面临失业 称打算去高校当教师》的文章，跟进报道该博士生现状，反映该博士未来打算到高校去当教师等情况。此文章一经发布，也将该事件推至舆论的顶峰，同时也引发社会对高校人才培养体制机制的探讨。

（五）权益保障类典型事件概况

在高校管理体制机制运行的过程中，师生权利的维系和保障是重要命题。由于管理方和被管理方之间的出发点的不同，师生维权事件时常发生。典型的有“高校强制使用多个APP”[②]、“考研科目直接发答案”[③]、“高校研究生坠亡”[④]等事件。

2018年11月10日，新华社发表文章《打热水一个记学分一个，这些强制使

① 王保华. 中国高等教育舆情报告2019［M］. 北京：中国传媒大学出版社，2020：210.
② 王保华. 中国高等教育舆情报告2019［M］. 北京：中国传媒大学出版社，2020：178.
③ 王保华. 中国高等教育舆情报告2019［M］. 北京：中国传媒大学出版社，2020：182.
④ 王保华. 中国高等教育舆情报告2019［M］. 北京：中国传媒大学出版社，2020：54.

用的APP是服务还是裹挟了大学生？》[①]，指出现在高校强制使用APP的现象泛滥，不仅没有提供便利，反而给学生生活带来了许多负面影响。学生在商业利益面前成了被瓜分的“唐僧肉”。此事件争议之处在于：其一，对高校强制学生使用APP的现象究竟是否变相侵害学生权益，损害了学生自主选择的权利？其二，针对APP使用乱象是否有明确的监管部门进行约束？目前这一块领域尚处于监管空白。其三，从法律角度而言，强制使用APP的行为是否违反了《消费者权益保护法》？[②]教育和科技的结合是时代的趋势，大学生群体是使用手机APP的主力军，但是违背市场经济秩序和学生自主意愿的行为也必将引来争议。

三、高校突发事件争议性议题特性

社会冲突理论强调对事件的社会权力和冲突进行分析，认为冲突是社会进步的动力，经过研究发现高校突发事件的争议性议题一般含有以下几种冲突特性：

（一）文化性冲突

文化是一个具有广泛定义的术语。通常认为文化作为一种社会现象，是人们经过长期精神和物质劳动创造的产物，同时它属于一种历史现象，是社会历史的积淀。更确切地说，文化是在材料中凝结又与材料分离的。

如何理解高校突发事件存在的文化性冲突？从宏观角度来看，高校突发事件的文化冲突是高校在发展过程中高校文化和其他社会文化在交流碰撞中发生的冲突。而从微观角度看，高校突发事件中的文化冲突是指，因高校内部意识形态、核心精神、评判标准和价值取向的不同而产生差异，各种文化相互碰撞和对立，最终形成文化冲突。从性质上来看，高校突发事件的文化冲突具有两个特征：一方面，是文化性冲突的群体性。文化冲突的对象可能发生在教师与教

① 新华网．打热水一个记学分一个，这些强制使用的APP是服务还是裹挟了大学生？［EB/OL］．2019-03-16［2022-05-18］．http：//www.xinhuanet.com/politics/2018-11/10/c1123694507.html.

② 王保华．中国高等教育舆情报告2019［M］．北京：中国传媒大学出版社，2020：181.

师之间，比如教师在教学时和科研时所体现不同理念和观点的矛盾，教学文化与科研文化之间的冲突；师生之间的冲突，例如价值观的差异导致师生文化与学生文化之间的冲突；由于文化和利益关系，在教师职位和行政职位之间产生冲突，从而引发教师文化和行政文化之间的冲突。由此看来，对校园内不同文化背景下的群体而言，都有可能产生文化性冲突事件。另一方面，文化性冲突具有复杂性。高校突发事件一般涉及的对象广且杂，产生的原因也并不受制于特定的因素，往往取决于多样的因素，再加上上文所提及的高校突发事件群体内部的复杂性，最后，它可能导致不同类型的冲突，因此结果通常很复杂。

总体而言，高校突发事件中文化冲突有两种主要类型。一种是外部冲突，主要包括本土文化与西方文化之间的冲突。在高等学校的多元化文化格局中，各种文化元素会随着国内高等教育国际化的进程不断推进，在高校工作的外籍人士也变得越来越多，本土文化与西方文化在教学、校园生活过程中摩擦与冲突也逐渐显露。非常典型的有熟知的“名校免试留学生入学”“高校给留学生腾宿舍”等事件，引发社会强烈关注。另一类则是内部冲突。首先是传统文化和现代文化间的冲突。传统文化表现形式相对陈旧，讲究的是礼义与仁爱，强调集体价值；而现代文化展现新时代要求和社会风尚，更具创新性与大众性，强调个人价值与尊严。相反，传统的“唯古是法”的认知价值取向，阻碍了当代大学生个性化的发展，甚至于在一定层面上可以说束缚了其发展。其次是学术文化与行政文化间的冲突。学术文化强调追求学术和真理的过程中形成的良好文化氛围；行政文化的核心是行政取向，它本质上是一种权威文化。学术文化与行政文化之间的冲突主要表现为行政权力对学术权力的干扰甚至替代。大学的行政管理部门应为学术研究提供服务，并通过规章制度，工作程序和绩效评估标准确保实现学术目标。但在实际操作中，“部分高校管理‘机关化’色彩浓厚，‘重行政轻科研’，行政权力对学术事务介入过多，学者缺少影响行政决策的制度化保障，学术权力在大学的地位没有得到充分保障”[①]。还有部分高校由于教师整体素质水平的限制，教授治校的前提不足，不得不依赖于行政治校。“高校

① 罗丽娅.高校文化治理：冲突与融合[J].法制与社会，2019(34)：174-175.

教师辞职信走红网络”事件[①]就充分体现了某些高校学术文化和行政文化的冲突矛盾。

再次,还存在教师文化观念与学生文化价值之间的冲突。由于价值观不同,学生和教师之间也存在不一致之处。传统文化强调尊师重道,教师文化非常具有主导性和权威性,尤其是在高校教学的课堂,教师是主要的把控者,主要的发言人。但随着强调个人尊严的现代文化不断发展,师生之间的文化冲突性可能随之愈加增大,学生不再是言听计从、按部就班的被动角色,学生开始积极争取自己的权利和自由,而老师开始倾向于发挥服务作用。近些年屡屡曝光的师生冲突事件,甚至学生伤害教师事件,都反映了如今教师文化与学生文化间的矛盾。

(二)公平性冲突

公平是人类社会一个永恒的目标。“公平”一词指的是不偏不倚的,是法律所奉行的最基本价值观之一。公平是学校管理中的重要因素,公平性也是高校突发争议性事件中的一大冲突。

高校突发事件的公平性冲突指的是高校在发展过程中遇到的由不公平待遇而引发的冲突矛盾,影响到了高校体系内生存与发展的冲突。高等教育的公平性冲突长此以往,可能会带来高校的管理问题、未来发展问题,甚至影响社会系统的正常运转。

总体而言,高校突发事件中的公平性冲突主要有两大类表现。一方面,是教师绩效、晋升、激励层面的公平冲突。教育公平关乎这个社会的稳定,教师管理的公平关系到组织的效能和竞争力。据调查研究,不公平的感觉是当前学校管理中被提到的最频繁的引起工作不满意感的根源之一。美国心理学家斯达西·亚当斯最早系统地提出公平理论,公平理论是他在《工人关于工资不公平的内心冲突同其生产率的关系》《工资不公平对工作质量的影响》《社会交换中的不公平》等著作中提出来的一种激励理论,侧重于研究工资报酬分配的合

① 王保华.中国高等教育舆情报告2019[M].北京:中国传媒大学出版社,2020:139.

理性、公平性及其对职工生产积极性的影响。其中，教师管理的公平性不仅仅体现在亚当斯公平理论中所提出的工资报酬分配公平这个方面，还包含教师工作、生活以及外部激励、个人价值观等综合的复杂因素。近年来，随着绩效工资制度进入我国各大高校，高校的管理制度与师资队伍得到了进一步优化。但是，效率与公平之争不免出现。教师管理的公平性是造成高校公平性冲突的重要因素之一。

另一方面，是与学生有关的教育公平冲突。教育公平是指国家分配教育资源的合理性的规范或原则。这一原则必须符合社会的整体发展和稳定，必须符合社会成员的个人发展和需要，并且必须从两个统一分配教育资源之间的辩证关系出发。经济合作与发展组织曾经将教育公平定义为“第一个含义是公正，就是要保证性别、社会经济地位和种族等个人和社会因素不妨碍人达到其能力所允许的教育高度。第二个含义是覆盖，就是要保证所有的人都受到基本的、最低标准的教育”。高校间存在地区公平冲突。我国不同地区的发展差异较大，特别是东部沿海地区与中西部地区之间的经济差异，导致高等教育阶段的高校建设经费区域差距较大，经费很大程度上来自于地方政府又导致了高等教育资源的不公平分配。有的高校能够获得充足的资金来培养优秀学生，而有的高校却没有资金来引进教师、建造教学楼和改善环境。

高校间存在配置公平冲突。为了提升高等教育的整体水平，国家启动了“985”“211”等一系列重点高校和重点学科建设工程，根据项目的需要为部分高校提供重点支持。近年来，出于建设一批重点高校的需要，国家为北大、清华等几所大学提供了大量资金，但同时，其他一些大学则承担着“扩招”的重任，实际上这些大学更缺乏资金，资金来源也比较狭窄。

其次，造假舞弊也是影响教育公平的一大行为。2019年爆出的“翟天临学术不端”，2020年爆出的“山东高招冒名顶替”“仝卓高考伪造身份”事件，都将教育公平的底线打破，加深了人们对教育公平的思考和关注。

（三）权利性冲突

权利是指法律赋予人们维护和实现其利益的权力。从通常的观点来看，权利是法律授予权利主体的许可，识别和保护法律所规定的作为或不作为。众所周知，建立和谐的师生关系是提高学生培训质量的重要保证。近年来，高校与学生之间的纠纷屡见不鲜，高校现实管理过程中存在许多权利冲突。

什么是高校突发事件存在的权利性冲突？高校突发事件的权利性冲突指的是高校在发展过程中遇到的由权利分配不公而引发的不和谐状态，如果不允许对高校的权利进行管理和控制，那么高校就将面临管理风险。

整体而言，高校突发事件中有两种主要的权利冲突类型。

一是教师和学生之间的权利冲突。近年来，高校研究生权益受损的事件时有发生。从调查结果来看，其中许多与教师和学生之间的冲突直接或间接相关。其实，教师应该时刻提醒自己作为教师的责任并且去避免明显的或实质的利益冲突。同时，高校频发的教师性骚扰学生事件其实也反映出了师生间权利的不对等。

二是高校管理的服务水平与师生的实际需求存在着较大差距。高校里，因为管理者和教师存在较高的重合性，教师的权利较容易得到保障，但是学生的权利，却常常有意无意地被压抑和忽视，这就造成事实上师生在许多应同等享有的权利上的不平等。管理的目的是实现"善治"。一直以来，高等教育的浮躁现象饱受批判，学校内部管理制度的不健全，高校服务水平与师生需求之间的切实差距，最终要靠学生各方面合法权利的伸张来解决，而高校学生权利伸张的过程，也正是高校民主化、法治化、管理服务化的转型升级过程，在这一过程中冲突与争议难以避免。

第三章　传播与建构：高校突发事件的传播机理

各类媒介与社会议题两者之间存在着密切互动的联系。当公共性议题经媒介赋权到网络，也参与到新闻内容生产和话语意义生成的考察过程之中。在社会转型期的特殊语境下，风险社会的媒介化色彩愈加明显，网络场域的扩张使新闻生产发生了革命性的变化。当今，有必要重新审视突发事件传播机制的有效性及合理性，从社会传播过程与系统结构等深层次，重新阐释和研究当下的新闻生产和话语权利变迁过程。

第一节　框架范式：高校网络舆情风险的新关注

高校网络舆情是对高校治理体系和治理能力现代化的一场大考，其本质指涉认知传播系统，涉及多学科多领域、多维度的学科之间的对话。在中国社会转型的特定背景下，“框架” 研究将传播媒体事件视为与社会互动形式密切相关的重要过程，不仅诠释了传播过程中多元主体如何认识、再现、建构话语符号世界的过程，也充分回应了新闻实践和话语实践需要面对的基本问题。因此，也被视作社会转型复杂语境下形成的跨学科综合考察过程。

一、框架的概念

我们生活在一个媒介冲突日益频繁的时代环境中，时常爆发的争议现象以及社会的变迁活动成为当下的主要景观。同时，考察剖析社会关注和争议现象变得非常困难，其中既有较低层次的利益观念冲突，也可能涉及深层次文化、价值观的激烈碰撞。面对这些关键问题，框架研究可作为个人对其周围事件的认知、理解、识别和标记的“解读程式”，并逐渐进入交流研究的主流范式。

（一）框架定义的脉络发展

框架概念起源于社会学和心理学领域，是受众将日常生活的真实写照结合到框架中以理解和反映社会情况的一种方式。然而究竟何为框架？“作为一种基础的认知结构能引导人们感知和重现现实”，加拿大裔美国社会学家欧文·戈夫曼在《框架分析：论经验的组织》一书中曾有描述：“社会生活取用于我们对它的理解，并将这些理解凝固到自身之中。”新闻框架研究所生成的理论图景一经问世就备受学界的关注，并被研究者视作研究视角和方法的“重要范式”。

通过将现实生活中的现实画面融入框架，人们可以理解和反映社会状况。作为类似装置，人们可以使用框架来重新识别和理解社会事实，并赋予社会行为一定的意义。在此过程中，框架的作用类似于意义建构和内容生产。戈夫曼曾经提出“拟剧论”，即社会是一个舞台，作为舞台上的表演者的社会成员致力于在广大观众面前塑造自己的形象。这些社交舞台表演的基础或脚本是“表演框架”。还有，凯尼曼提出个人认知过程的假设建构，也就是“基模”，认为人们可以通过“心理基模”来了解、判断、诠释外界事物，并形成了认知心理学范畴的框架效应。

在戈夫曼的启发下，“框架分析”在不同学科领域上获得拓展。传播学领域对其有重要的借鉴和吸收，并逐渐延伸出了“社会运动”“媒介研究”“话语建构”等不同研究内容，这为新闻学以及与其他学科的交流开辟了新的视野。与其他学科相比，新闻框架研究无疑是最富有成果，最频繁发生和广泛使用的理论，其使用频率甚至超过了使用与满足、第三人称效果等理论，对跨学科领域研究起到了重要的借鉴作用。

（二）框架内涵的本质探析

长期以来，不同学者对“框架”的定义与使用不尽相同，存在相当程度的概念混乱现象。但借助这些定义，至少可以对新闻框架形成以下的共识：

第一，新闻从业者基于框架对新闻事实做出理解与定义。如同李普曼《舆论学》中提出的“外在世界”与“脑中图像”的概念，新闻从业者将日常生活中偶然的事实或事件，通过加工和生产变成了具有社会影响力的文本和故事，进而影响受众的“脑海中的意义生成”。新闻框架是新闻实践的产物，符合新闻生产的基本规律，但不同的是它更强调不同价值观念的传递与竞争，并由此影响社会活动中主体与客体之间的互动行为。

第二，框架的本质是人为创造并加以组织化而形成的理解方式。人是框架的动物，依赖框架的“逻辑体系”而获得意义。在这个过程中，强调了传播主体和二次创作的重要性。框架是修辞建构的产物，在框架的生成过程中存在接合机制，即建立元素与元素之间、要素与要素之间的关系。

第三，框架的文本呈现具有特定的主题思想和话语特征。在新闻制作过程中，新闻从业人员将使用相对稳定和规定的框架来传达和报告媒体问题和事件信息，并受到意识形态、社会制度、文化观念、生产经营等因素的影响制约，使得媒介事件的呈现伴随偏见、歪曲和精英阶级价值观等。因此，一些学者认为，新闻框架的实质是政治阶级主导的框架，在霸权体系的约束下自治。这种观点略显悲观，但在国际传播的话语体系中，框架造成的传播障碍，也确是学界研究重点之一。

第四，新闻框架与社会运动密切相关。新闻框架和社会运动框架是最广泛使用的两个领域。新闻活动中的多个主题从他们自己的想法、兴趣和需求开始，并为同一事实形成不同的框架，对争议性议题展开框架竞争，保障不同的社会群体在媒介框架中的话语权。对新媒体环境中媒体事件的研究强调了新闻框架与行动框架之间对话的必要性。从动态系统的角度来看，研究者可以集成公众的认知框架、新闻报道框架、参与者行动框架、政府响应框架和受众理解框架，这样才可以拓展框架研究的想象力。时至今日，新闻媒体的运行方式与公众民主权利的保障息息相关，公众正在愈来愈踊跃地参与到新闻活动中，也日益成为更加重要的新闻活动主体。

社会冲突形成的争议性议题在进入网络场域后，在新闻框架与认知框架、行动框架的固有联系中形成网络公共性事件的传播机制。本章所欲探讨的，正是分析这种机制如何作用于新闻呈现和话语建构过程并发挥其功能效用。

（三）框架考察的三个维度

作为传播建构认知的一种方式，新闻框架与风险舆情之间存在一种适配关系。在理论研究和实务操作中，框架理论与传播现象的适配问题一直被热议。框架理论与舆情分析不仅要考察“是否适配”，更要考察“何为适配”及“如何更适配”的问题。对新闻框架应用的考察，对新闻框架与新闻现象诠释互动关系的构建，可以从跨学科思维、传播要素结构、话语文本等三个方面展开讨论。

1. 公共场域：跨学科的综合考察

作为一种广受认可的理论和研究方法，框架研究无疑又是运用最为广泛、成果最为丰盛、“出现频率最高”的理论，从创建之初，“框架”研究就被赋予了跨学科综合考察的使命，研究者试图凭借对它的阐释突破传统学科难以阐释的新闻实践。

在多元复杂的学科视野中，框架以一种整合方式将跨学科概念融入认识框架，置各方观点容纳在广场上以供百家争鸣，如同其他所有社会事件解读一样，创设出与突发事件相关的情境，引导受众建立适宜的认知框架。自媒体时代，网络变成一个为自由对话和公共交流的场所，意见就像商品一样被搁置随意“贩卖”。德国思想家尤尔根·哈贝马斯在其著作《公共领域的结构转型》中将“公共领域”定义为“首先意指我们社会生活的一个领域，在这个领域中，像公共意见这样的事物能够形成。公共领域原则上向所有公民开放。公共领域的一部分由各种对话构成，在这些对话中，作为私人的人们来到一起，形成了公众。公民们作为一个群体来行动；他们可以自由地集合和组合，可以自由地表达和公开他们的意见”。

舆情争议共识的过程与公共领域对话何其相似，在高校这个开放性的场域中，不同学科都能在其中找到一席之地。延续至今的跨学科传统，将框架理论引入网络舆情与网络治理研究，能够对网络舆情与网络治理的机制、结构、作用方式、心理动力做出深入阐释，为解释移动互联网时代高校突发事件的起因、特性，并为网络舆情与舆论治理机制提出可行性的理论路径。

2. 信息场域：传播系统的结构化分析

从传播学角度分析，突发事件是一种特殊的信息传播活动，是以表现争议现象和达成共识过程为形式的信息传递与交流活动。高等教育领域争议性议题一经媒体报道，便立刻成为全社会的焦点，进入传播学的研究视域中。例如，"名校国际生免试入学"这一事件，所体现的绝不仅仅是一个个体的维权事件，同时也反映了意见从聚焦到争论，再到共识维权的传播过程。这一过程，由于涉及社会高度关注的教育问题，便会引发社会各界对此不同的解读和认知。

传播研究框架基于拉斯韦尔的5W模型，即传播者、媒体、内容、目标和效果。对于任何突发事件，从文本的创建到解释，再到受众认知的产生，在交流过程中很难避免以下基本要素：who(谁)、says what(说了什么)、in which channel(通过什么渠道)、to whom(向谁)、with what effect(有什么效果)、where(情境)和why(动机)。在依托于互联网的网络舆论时代，传播者与受众之间的界限逐渐模糊。受众不单纯是信息被动的接收者和使用者，他们还可以通过各种方式参与内容的制作和传播；过去表现为"不定量"的"多数"的"群体(众)"，开始演变为个性化需求凸显的"个体"。同样，以框架视域阐释高校突发事件全貌，也需要建立在传播内容(文本)、传播受众(舆情受众)、传播渠道与媒介、传播环境、传播者(舆情主体)及传播效果和传播目的(达成争议共识)等要素上。这些要素或多或少已反映在过去的突发事件中。

3. 话语场域：媒介文本的预设解读

话语冲突的本质是框架冲突。如何建立成熟的框架应至少包括三个部分：

一是关注生产过程。在新闻文本制作过程中，新闻从业人员将使用相对稳定和规定的框架来传达和报告媒体问题和事件信息，并受到意识形态、社会制度、文化观念、生产经营等因素的影响制约，使得媒介框架的预设解读常常伴随偏见、歪曲和精英阶级价值观等。在突发事件中，各种有争议意见的对抗已成为常态。对媒体的预设解释已成为对抗的主要对象，因为它触及公共利益、传统伦理、文化多元性或社会的基本价值观和行为准则。

二是考察文本。新闻框架是“个人头脑中的认知结构”，又是“媒介话语中的互动、象征符号组合”，其文本呈现具有特定的主题思想和话语特征，不仅分析了内容与效果之间的互动关系，还进一步拓展了传统的文本叙事交流的情景。在新媒体突发事件传播的过程中，受众对文本的加工和补充构成了二度创作，为高校突发事件提供了与之匹配的分析模式。

三是具有主观能动性的受众和文本之间产生的复杂的互动关系。媒介文本是沟通传播主客体之间的重要媒介，其媒介的主题、修辞、内容直接影响到后续的传播效果。因此，对于框架传播机制的研究不能仅仅停留在传播要素层面，更应该在框架争议与合法性争夺、修辞隐喻和话语实践等层面进行深入探析。

在对高校网络舆情的研究中，学者较多关注高等教育的现代性反思的问题，这是因为在高等教育学府中，高校所发生的舆情关涉到每一个家庭的切身利益，其自带的议题和事件难以避免地受社会的广泛关注，这种特殊性导致了不同传播主体——接受主体对事件处理应对存在异化或误读。当前理论上的困惑和实务错乱皆源于此。即便如此，学界和业界在风险舆情传播中广泛对框架的分析和使用，也说明框架作为理论和实务的参考，对实现网络的良序治理有其重要的契合之处。

二、网络舆情与框架分析的适配关系

新闻框架的主要目的是揭示新闻生产、议题建构以及话语变迁的过程。近年来，突发事件的研究边界与社会运动、集体行动、公民社会与公共领域、社会风险与社会冲突存在紧密联系，国内对大规模事件、危机事件和紧急情况的研究不可避免地利用了这些变化。将框架理论应用到突发事件的研究中，不仅是讨论以网络为平台或中介的舆论和行为影响现实的途径，而且是对全新的交流环境和环境的全新思考。

(一)适应优化：传播框架解读演化过程

互联网是一种集成了多种通信的复合媒体。从沟通方式的角度来看，突发事件包含了人际沟通、组织沟通、群体沟通和群众沟通等多种媒体沟通方式，各种沟通方式已经形成了复杂的交织、渗透和互动关系。在交流形式上，将网站、客户、电子邮件、即时通信、论坛、博客、微博、微信等连接并渗透，形成与社交网络紧密相连的三维交流网络。从传播过程和结构的角度来看，突发事件的传播可能跨越多种形式的通信，并且在多个通信通道中进行多级传播。因此，突发事件可以被视为一种复杂的舆情传播现象，许多研究者从分析传播机制、演变规律、意义生成和话语阐释等入手，将突发事件的传播作为一个独立且完整的系统，对其进行分析、研究和讨论，并探寻其规律性的内容。

拉斯韦尔提出的经典传播模式虽然考察研究突发事件的传播过程的基本面，但其研究视野仅仅局限于传播的基本要素研究，难以跳出局限考察其他问题，也使得其对传播过程的研究失之偏颇。众所周知，网络已经赋予大众传播众多特质与功能，单靠5W模式未必能揭示传播双向互动的性质。对媒介的结构以及内涵的深层社会心理、制度、文化有待进一步探索和解构。

作为传播学研究的一种基本范式，框架涵盖了社会事件中的争议性议题、新闻获得者内容的生产以及受众认知解读框架等种种要素，不仅强调了新闻的信息属性和再现功能，同时也指出了新闻的政治属性和社会治理等内容，具有非常高的研究价值和意义。《新闻理论教程》中专节讲述新闻传播的主体机制，将“新闻选择图式”与“框架”等同使用，也充分说明了框架在传播主体机制中的重要地位和作用。从媒体强效理论出发，媒介传播具有强大的社会扩散功能，可以通过议题建构形成对受众认知的影响颠覆，并揭示了其心理作用和社会作用的发生机制。

框架对突发事件的传播周期进行了重新阐释。突发事件从生发到大肆传播再到消散，基本遵循了议题生成期、舆情扩散期、危机反复期、话语建构期、事件消弭期的传播周期，体现出聚合、扩散、极化、妥协等迥然各异的周期性特点。依据这些周期性特点，媒介的框架呈现也形成了不同的类目及特征。比如武汉理工大学在读研究生陶崇园坠楼身亡这一事件，主流媒体、微博、微信在不同时间阶段对事件报道、深度解析、呼吁诉求的媒介表达有较为明显的区分，其背后还是隐藏有较强的传播动机与目的。框架映照出传播主体在突发事件中的主体性与能动性，契合了新闻再现与文本建构的整体演进轨迹。

值得注意的是，在突发事件中，新闻框架的形成虽涉及传播与新闻事实、新闻文本等主客体关系，但是，这种研究取向缺少多学科的视野，单从传播角度去寻求对策，易忽视突发事件频发的深层社会根源和社会心理机制。

(二)超越突破：公共框架主导社会行动

社会学视域下的框架理论是将传播系统置于一个较大的社会系统中进行调查，以发现传播与社会、历史和文化之间的深层关系。赖利夫妇在《大众传播与社会系统》中提出，任何一种交流过程都表现为某种系统活动，而多种结构是社会交流系统的本质特征。这种结构的多样性和广泛的联系反映了社会交流是一个复杂而有机的整合系统。社会传播系统的各个类型既具有相对的独立性，又与其他系统处于普遍联系。在国内，网民借助网络参与网络群体性事件是社会转型和新媒体迅猛发展两种力量交互作用的产物，在现实层面表现为政府精英、利益团体、社会运动组织、媒体等共同行动者，共同参与到新闻话语过程和框架中来。中国的网络公共事件，将其视为“一种集体行动或抗争行为”，同时，它也着重于网络公共事件的动态机制、动员机制和抗争策略。不过，中国的突发事件还是迥异于西方社会行动，并未纳入“国家—社会”的制度化层面，国内突发事件更多还是一种话语建构，网民之间的人际社会网络在网络公共事件的组织动员中发挥了关键作用，被视为社会行动者框架竞争的场域和平台。甚至可以定义为互联网就是网络公共事件的组织者。意识形态、文化资源、受众喜好、协商过程虽然可以解释突发事件的社会根源及表达机制，却解释得过于笼统，对媒介、受众、议题三者之间的关系模棱两可，对微观层面的媒介动员、传播机制模式也未有涉及。

在突发危机和灾难面前，维护社会稳定和纾解公众舆情亟需政府职能与社会各方的共同参与，政府主导的“媒体建构”，往往必须借此展现并加强其合法性，一方面淡化危机的风险，避免社会恐慌；另一方面则彰显应对危机的成效，建构民众对国家的信赖，维护国家的强势地位。社会则因信任“政府权威”而形成共识。通过“国家—社会关系”视角可以比较不同新闻框架的优劣之处，最终促使多元主体形成利益互惠和意义分享，重建彼此共处、共持的事实世界和价值世界。如今，应该看到新闻框架与传播民主息息相关。突发事件“从根本上反映出社会个体成员与国家的权利义务关系的微妙改变”，这一改变常常伴随着社会转型期的矛盾凸显，还有市民社会的发育和网络社会的崛起，网民的公民意识和公共精神增强。在公共领域的框架建构中，网络扮演着极其重要的角色，民众正是通过新闻活动的改善才促进了社会行动及改革。因此，新闻框架的优化就是题中应有之义。

（三）效果影响：认知框架带来的强传播

话语认知系统研究话语框架和认知心理学，并使用定量的实证研究方法来衡量新闻文本对受众的影响。在传统的传播模式中重点关注的是传播的成效及结果，但对于文本组织方式是如何发挥作用的，又是如何通过符号世界建构带给受众强效果的，却没有给出明确的回答。

勒庞的“乌合之众”概念、詹姆斯·斯托纳的“群体极化”理论等社会心理理论常被心理学者应用于分析网络公共事件参与者的心理动机。勒庞认为理性的个体一旦聚集在一起，随着群体规模的扩大，其思维模式和行为方式就会变得非理性和极端化，从而变成“乌合之众”；斯托纳则提出一个群体中多数人的倾向性意见经由群体间的讨论会变得更为坚定，而原先群体所反对的意见，经由群体讨论会更为反对，最终使意见变得极端化，这就是网络公共事件中反复出现的“群体极化”现象。对于突发事件中的受众而言，传受关系绝不仅仅是被动的，他们具有一定的协商和对抗的能力。在认知框架中，受众的知识文化水平、教育经历、所属职业以及家庭因素等都会对新闻框架的最终效应产生影响。

此外，“话语分析”常被用于解释网络公共事件中网民参与的效果研究。话语不仅仅是单纯的文本语言，其背后隐藏着权力身影的实践。按照福柯“话语即权力”的视野思考，突发事件中的“话语”体现了新闻内容的生产和加工。这一点与框架的意义不谋而合。作为争议冲突的突发事件，其本质就是一个解读行为，框架则如同解读的一种装置，它决定了受众如何去理解话语文本以及决定采取何种后续行为。不同的参与者由于利益立场、知识结构以及动机的差别，会从不同的视角以及其他参与者的行为理解和解读突发事件，形成了不同的话语竞赛和话语框架，进而影响了社会共识的形成。

第二节 框架结构：高校突发事件的传播机制

上一节探讨了突发事件中的框架内涵以及二者之间的适配性，可以看到框架理论作为突发事件研究的范式，有其合理之处。然而，在高校突发事件的新闻框架中，传播者及其模式机制在整个社会传播系统中扮演何种角色？是积极的建构者、被动的受限者、能动的社会责任承担者，还是认知中的强力影响者？无论何者，作为教育型的特殊网络公共事件，高校突发事件以其自身的重要性和特殊性，要求对其传播的主体客体进行解构。

一、高等教育舆情构成要素分析

框架不是实质性的存在，而是个人对实践对象的理解的反映，即主体对对象的反映。从传播主体的角度看，高校突发事件的形象是由突发事件的传播者再现和建构的。这也意味着传播者是突发事件生成的重要发生源，不同的传播主体将导致新闻框架产生显著的区别。作为一种工具性的存在，网络媒介对现实所持的认知，从根源上而言，更像是一种从事实到价值的反映。依据突发事件框架传播中的角色意义，可以将突发事件的主体分为：传播主体、收受主体、信源主体、控制主体和影响主体。

(一)传播主体辨析

舆情的生成与演化过程中夹杂着不同主体基于自身立场和情感的互动与博弈。对高等教育舆情而言，卷入参与舆情的主体主要包括管理者、当事人、把关人，三者在高等教育舆论的发酵和发展中起着不同的作用，它们的态度和立场对舆论的发展具有重要的影响。

1. 媒介——把关人角色

高等教育舆情信息发布者主要有事件的参与者以及各种媒体。媒介的定位是官方与民间两个舆论场之间的桥梁。一方面媒介自始至终都要受到其背后政治力量和利益考量等因素的影响，另一方面媒介又须臾离不开受众的口碑与关注。在高校突发事件出现之后，媒介必须全面了解信息当事人的需求情况，根据自身定位确立框架目标和传播内容，以便更有效地传达官方信息，告知潜在受众事件的原貌；与此同时，媒介也会接收自媒体带来的反馈。在这一传播过程中，媒体在此传播过程中不单是传播的主要方，同时还是接收信息并达成反馈的一方，具有双重身份。

“媒介不可避免地要构造世界”，这一点早已为人所熟知。无论是“媒介即信息”还是“媒介即人的延伸”，都强调了媒介强大的功能效果。麦库姆斯和肖曾公布了一项研究成果：媒介议题会影响公共问题，这就是众所周知的议程设置假说。该理论认为，大众媒体不仅使用“把关人”的角色来选择、过滤和修改新闻信息，以告诉人们世界上正在发生的事情，更为重要的是通过突出告诉人们什么是重要的，什么是应该关注的。在大众媒体时代，讯息的传递布满了“把关人”，只有符合“把关人”的世界观、政治要求、利益诉求的讯息才能通过媒介传输，才能流入普通民众的视野之中。在此机制下，那些不符合“把关人”审核要求的讯息则被统统过滤了。

但是，自媒体的发展直接影响了习以为常的舆论引导模式，“把关人”不再局限在传统的记者和编辑这两重身份中。在网络中，每个人都有可能不受政治、意识形态、技术、文字和逻辑能力、经济能力的严格限制，真正实现个人的表达自由和言论自由。但是实际上，引导媒体舆论的权利仍然集中在少数人的手中。

尽管“意见领袖”只是众多网民中的一小部分，但是，他们的观点经常得到大量网民的支持，这些“意见领袖”将对网络舆论的形成和传播产生巨大影响。

大众传媒具有环境监测、文化传承、协调社会和娱乐工具等意义，是社会传播系统中至关重要的一个环节。如图4所示，网络舆情所带来的社会风险，需要“把关人”扮演更多的角色，其中环境监测功能决定了大众传媒在应对社会风险时，必须发挥环境预警的作用，以减少和缓解社会冲突。在当前，从事新闻生产和传播的专业人员在“人人都有麦克风”的时代受到了新的挑战。如微信公众号发表某种曝光性质的文章，它立即点燃了网民的愤怒和恐惧，并在互联网上引起了热烈的讨论，随后被证实是子虚乌有。高校突发事件的各种反转新闻，不仅降低了信息质量的把关门槛，也直接影响了媒体的形象。自媒体时代特有的“把关人”，不单是在对信息的解释及分析上发挥作用，并且在社会的协调过程中也产生影响。媒体行使舆论监督、督促社会行动、申诉公众诉求的形式和能力更加多元。可以说，当今时代的“把关人”已远远超越过去讯息过滤者的范畴，逐步提升成为一个信息互动者。

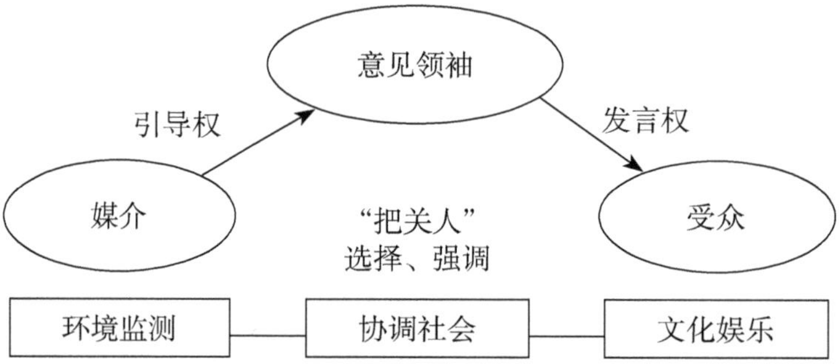

图4　媒介议程影响受众示意图

2. 政府——管理者角色

在一个充满风险隐喻的网络社会中，政府与媒体之间的关系发生了重大变化，政治生存方法和运作逻辑深刻影响了媒体的变化。大众传播是一个具有强大影响力的社会信息系统。任何国家和社会都将其纳入社会体系的轨道。因此，大众传播也是一种制度化的传播。在客观公正的新闻立场背后，进一步深查显然就会看到新闻媒介背后的权力。

官方对高校突发事件的回应与对待舆情的态度、公信力和舆情引导水平有重要关系。在舆情重视程度方面，政媒关系始终扮演着重要的角色，全国高校的宣传部门、主管教育部门都相继建立了较为规范的舆情应对机制，建立与媒体部门的密切联系和监督机制，开展规范化的舆论应对和处理工作，以提高适应、生存、发展和决策的能力。虽然技术在进步，政府的围墙在消失，然而面对错综复杂的高校问题和师生矛盾，政府和媒体协同治理的良性互动关系仍有很长的一段路要走。主要表现在以下两个方面：

一是政府对媒介的控制在不断减弱。政府管理者作为执政者固然能发出比其他主体更具优势的权力话语，但在网络中其他主体享有的话语权并不逊色于执政主体，甚至比政府管理者拥有更加广泛的话语权。政府管理者的媒介话语越来越需要寻求一定的支持和策略，在突发事件和风险事件中转危为安，妥善处理好争议性事件带来的挑战。从这个角度出发可以认为，政府管理者所要承担的媒体风险是可转变的、破坏性的和建设性的。

二是政府对媒介的依赖在不断加深。依赖媒体是现代治理的深刻体现。面对错综复杂的国内外环境，政府管理者必须具备现代意识和媒介意识，增强工作的原则性、系统性、预见性和创造性。政府管理者通过完善社会沟通机制，利用媒介议程设置，在民众与媒介的互动中动员民众督促舆论适应形势，是政府管理者实现社会治理的重要形式。

政府需要借助媒介来塑造一个具有公信力的良好形象。这对政府管理者所应有的媒介基本素养提出了更高的要求。尤其当政府执政生态与媒介传播场域重合的时候，政府应将网络作为新兴的执政话语空间，这种网络问政的形式更值得推崇。

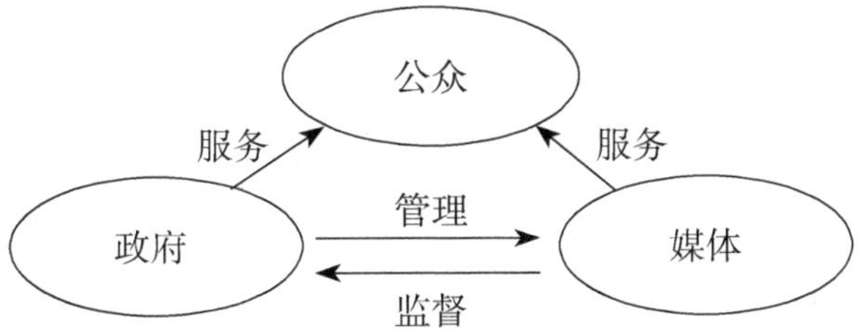

图5　政媒关系图

从图5可以看出，政府作为社会治理的主导者，与媒体和公众等多方一道参与网络舆情的引导和治理之中。在协同社会治理中，政府要实现对网络舆情的“善治”，必须处理好与媒体之间的关系，促使两个舆论场之间形成统一共识，提升政府执政能力水平，发挥媒体舆情引导、诉求表达和建言献策的协同治理功能。

3.高校——当事人角色

在自媒体时代，具有广泛主体的高校已然是突发事件中不可忽视的主角之一。从宏观来看，高等教育仍然是稀缺性资源，社会各界都对高等教育有着较高的期望。但长期以来，高校以其自身存在各种各样的问题，人才培养、教育模式存在诸多不尽如人意的地方，人才创新发展问题屡屡被提及。受这两个因素的影响，一旦高等教育领域出现民意聚集，它将成为社会关注的焦点。

从微观来看，高校管理存在着诸如师德师风败坏、学术不端、校园安全隐患、教育质量行政化导向等问题，是高校舆情频发的根源。近年来，高校舆论危机频频提醒我们，高校舆论应对策略不合理、处理不当会加速高校舆论的裂变式传播，非但原生舆情没有解决，还会因为引发新的舆情而加剧演变。

近年来，对高校突发事件响应问题的探究主要体现在以下三个方面：一是舆情回应不够及时，导致谣言滋生，后续事件处理复杂化。二是舆情回应针对性不强，导致公众情绪不断反弹，高校在舆论追问下不断发布消息，造成舆情处置周期过长。在舆情爆发期，高校的处理依然遵循的行政化方式是“顾左右而言他”“层层报批”，回避或拖延回答核心问题，这将会导致网络舆情再生波澜。三是与师生互动不足。大学生是一些热点突发事件的主体，但他们也是高校问题的主要揭露者。大学生群体的社交参与度更高，活跃性更强，交流范围更广，更喜欢将意见发布在网络上获取关注和支持，因此隐匿在校园深处的一些问题就可能被曝光，这在一定程度上增加了高校问题的曝光率，也相应地促进了高校的自我改革。自媒体时代以来，舆论传播的主体具有分散性，打破了传统舆论传播模式的局限性，使传统的倒金字塔传播方式瓦解了，学生可以自由接收信息、阅读信息并扩大信息。受众能够传递信息，对社会新闻做出评价，甚至可以左右舆论，因此对高校突发事件的引导与治理也更加迫切。

(二)舆情涉事客体辨析

新闻事实和新闻文本是所有新闻活动的共同对象。作为框架对象的新闻事实是客观存在，新闻活动的构成和内容的产生都源于这一客观存在。新闻事件是舆论的现实原型。人们使用该框架来理解和分析高等教育领域中的突发事件。高校突发事件之所以能够成为突发事件，是因为事件的性质、卷入群体的范围、伤亡人数、暴力程度以及被关注度综合而成的影响力等因素。新闻事实和有争议的事件为新闻框架的形成提供了内容支持。可以说，没有新闻事实，新闻框架就成为无源之水、无本之木。

那么，传播者对新闻事件的认知如何转化成文本框架以及对受众造成影响呢？如图6所示，框架是建立在社会认知基础上的，是传受之间沟通交流的平台。在这个平台基础之上，运用某种语言在具体的语境中说话或写作，形成的口语或文本即“话语”。新闻是新闻本体的呈现。框架是话语建构的过程，是对社交事物的感知、记忆、理解、推理、沟通和协商的过程。社会组织、媒体行业或职业受到诸如社会利益、意识形态等因素的影响，使用自己独特的语言系统来叙述和重建最新新闻事实的活动就是所谓的“新闻叙事”。话语就是围绕着特定语境(context)中的特定文本(text)所形成的传播实践和社会实践。因此，新闻事实是一种客观存在，新闻文本是主体对新闻事实的相应符号表达，新闻话语是这种表达在一定语境和社会关系中的实现。话语研究不再关注事物的本质，而是关注各种关于事物本质的论述的可能性。在一个突发事件的传播框架关系中，事件、文本、话语三者是处于新闻传播过程不同环节的客体。

高校突发事件传播过程中主客体之间存在着认知—选择—建构的一般逻辑，但不同的是网络媒介能强烈地影响社会各界的认知和反映，特别当涉及一系列正在进行的高度公开化和具有相关性的事件时，足以影响传播内容和架构元素的选择、突出、阐释等，并成为网络框架传播、环节架构、意义生成的中心环节。

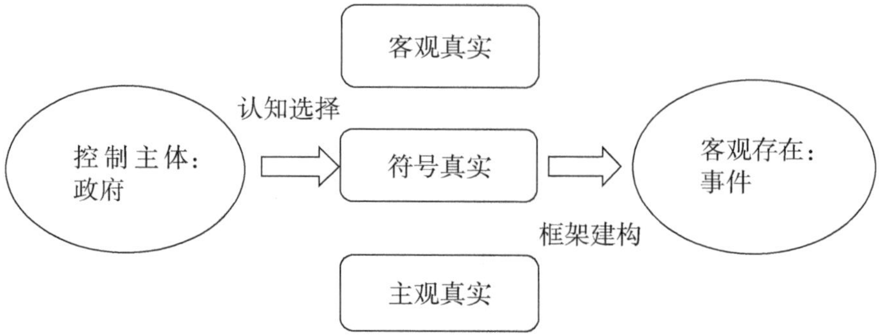

图6　高校突发事件传播主客体作用逻辑图

（三）舆情事件的传播路径

在快速发展的网络时代环境中，议程设置的模式早已与传统媒体时代大相径庭。窦锋昌、李华曾将热点事件的传播梳理为三个时期：传统媒体时代、门户网站时代、移动互联网时代。高校网络舆情同样也经历了这一过程。传播媒介既为有关社会议题提供竞争和协商的场所，也在采纳、互动、对话的过程中成为建构“自我”和话语共同体的重要路径。

如图7所示，在传统媒体时代，媒体拥有采访和发表突发事件报道的权利。这一时期争议事件的传播路径表现出“控制与被控制”的典型特征。传统媒介成为衡定争议事件能否进入传播流程呈现于受众的重要驱动力量之一。它的传播路径呈现出一种线性传播过程，该过程起源于传统媒体，经过社会讨论，然后又回到了传统媒体。

这一路径虽然看似简单，却是由国家和社会制度主导的新闻意识形态影响的结果。专业新闻从业人员及其背后的权力代表提供了何种新闻事实可以报道传播的价值标准，媒介方针、编辑方针既遵循社会运行中的意识形态和政治形态，也要遵循新闻专业的理念和意识，媒介不仅告诉受众想些什么，还要通过报道框架影响受众怎么想。当高校出现争议性事件，除了少数信息进入人际传播路径中，大多数的受众只能通过编辑、编辑室成员选择和播发新闻，获取事件的信息和原貌。换言之，受众对某个议题的理解是建立在该议题是如何被媒体建构（框架）的基础之上的。因此，“通过媒体反映了社会话语建构过程中的经济、

图7　传统媒体时代的争议事件传播路径

政治和意识形态的价值观”，也绝非虚言。

随着传统媒体向新型媒体转型，以门户网站为代表的网络时代来临。这一时期公众的意见在门户网站、BBS、论坛上呈现井喷。以提高传播力、指导力、影响力和信誉为目标，网络媒体中争端传播的起源、途径和形成体现了施拉姆提出的“循环模式”的特点，逐渐形成主体和客体之间的关系双向影响和互动。在这一传播路径中，虽然网络媒介在话题制造以及线索引发方面作用明显，但传统媒体依然发挥着不可或缺的重要作用。

与之前的传统媒体时代不同，门户时代的互联网已成为有争议事件的起点和发酵池，并且已经具有自洽的议程设置功能。传统媒体的深入报道仅扩大了有争议事件的传播强度和范围，而不再是热点事件形成必不可少的部分。这一趋势是市民阶层崛起以及传统话语权被分散带来的时代之变。网络媒介形成了社群化的虚拟社区，并在草根中产生了极具号召力的“意见领袖”。最为典型的是BBS(网络论坛)的出现，它被设定为一个熟知的网络社区。在BBS的鼎盛时期，几乎每一所知名大学都成立了自己的BBS。自由、开放、包容等特性，使BBS汇聚了大量匿名的高校内外人士参与话题讨论，“灌水”“挖坑”等词耳熟能详。全盛时期，BBS拥有站务组、仲裁组，还有站内版主，具有相当完善的组织结构。站内版主根据自身的主观判断，可以将帖子设定为精品帖，或者置顶、删除帖子。对于有争议的问题，版主将积极调解。由于早期BBS匿名的特点，无数论坛网友在论坛上发表意见和留言，致使高校舆情持续发酵。网络社区的形成进一步加剧了意见的冲突和整合，有助于传统媒体介入促使事件最终解决。在此传播路径中，高校突发事件由本校的论坛、贴吧开始讨论，逐渐引发传统媒体和社会各界的广泛关注。随着实名制的到来，高校BBS由开放的公共论坛，转变为校内交流平台，由此失去竞争力逐渐式微，但是很长一段时间以来，BBS一直是突发事件中冲突和舆论与思想融合的重要枢纽。

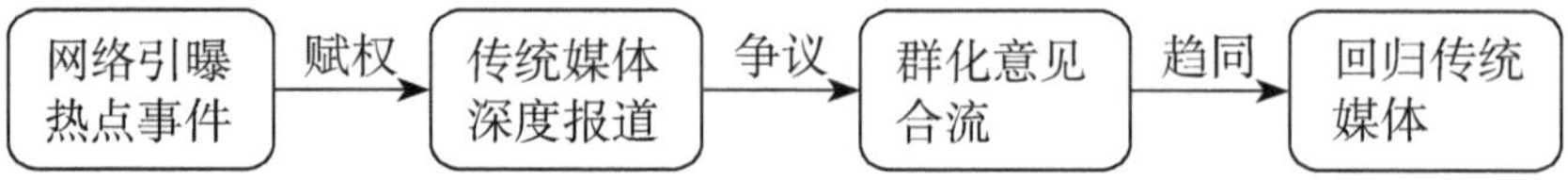

图8　网络门户时代争议事件传播路径

伴随移动互联技术和智能手机的普及，自媒体、新媒体发布的争议性事件成为引发突发事件传播的第三条路径(见图8、图9)，具有高效及时性和全面开放性的互联网新媒体平台已是热点事件的首发地。新媒体平台具备了相当成熟的议程设置的功能，并且具有完整的新闻生产和话语建构的能力。根据第50次《中国互联网络发展状况统计报告》显示，截至2022年6月，10—19岁、20—29岁网民占比分别为13.5%、17.2%，学生群体仍是网民主力。高校中的大多数年轻教师和学生都是“互联网原住民”。他们接触到微博、微信、QQ等社交平台，以及知乎等问答平台，这些已成为学习和生活的常态。也是由于契合了师生的信息接收习惯和表达诉求，新媒体平台成了高校突发事件传播更加适合的生存环境和载体。

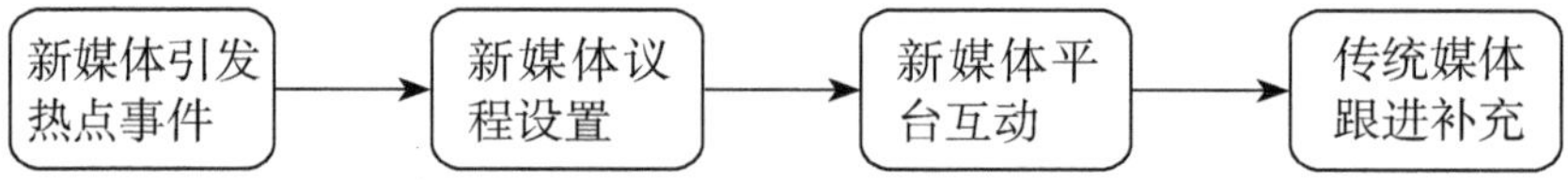

图9　网络门户时代争议事件传播路径

作为社交媒体的典型代表，微博因其便携性、原创性、传播性等特征，仍然是高校舆情影响力最大的平台。[①]微博作为一种强调基层突出特色的社交媒体，在社会结构中凝聚了政治态度、情感和愿望。对用户身份、知识、教育水平等没有任何限制，参与变得平民化，它彻底颠覆了传统媒体的“垄断”传播方式，形成了纠缠冲突的舆论领域。例如，在网络上引起广泛热议的“高校研究生坠

① 成俊会，李梅.全过程视角下基于扎根理论的微博舆情传播行为参与机制研究[J].情报杂志，2020，39(07)：114-118.

亡”①、“高校系主任辞职信走红”②都选择了公共事件讨论的最佳舆论场域——微博，设置的话题具有很强的煽情性，知道如何用关键字词吸引关注，迎合大众传播心理，并导致平台大量传播、转发，引爆网络舆论场。微博以其快速的传播速度和广泛的影响力，即时收集了大量信息，加上用户可以自由讨论的功能，可以迅速形成强大的舆论中心。后经《新京报》《澎湃新闻》等传统媒体介入，进入媒体和公众的视野。

以“知乎”为代表的知识和问答平台，由于其回答的专业性和对知识的需求，提出问答在社区传播后，再通过微博、微信进行转播，和其他社交媒体一起，迫使政府和学校解决问题，促进问题和平解决。这也导致了所谓的“知乎治校”现象。例如，在新冠疫情防控期间，一些大学生通过网络对学校的透明度、不合理的管理方法以及预防措施发表不满意见，纷纷在知乎等平台发帖“如何评价高校封闭式管理”③，以及“如何看待大学因为疫情错峰放假迟迟不给出放假具体安排”④等，都是对高校管理体制和治理能力发泄的不满。

如图10所示，高校网络舆情传播路径大致可以分为内部传播以及跨媒介传播两类。通过梳理不同阶段的高校突发事件传播路径，不难发现，随着新媒体、自媒体平台出现，舆情演化的路径更加复杂，信息源可能会出现在任一媒介之中，进而引发其他媒介的连锁反应，形成舆情生成及演变的链条。从高校突发事件中舆论的爆发和传播的角度来看，微博、知乎、微信等社交媒体仍然是舆论的主要来源和舆论发酵的主要渠道。社交媒体讨论紧急事件、社会民生、环境保护等热点事件，并具有很强的即时传播能力。传输的数量、传输的范围和频率都超过了传统媒体。同时，传统媒体通过深度报道加以跟进和补充，发挥了舆论的“压舱石”作用。当网络出现重大舆情时，传统媒体会第一时间深度报道解析，求证事实真相。新媒体内部存在传播路径，其传播沿着人际传播和大

---

① 王保华. 中国高等教育舆情报告2019［M］. 北京：中国传媒大学出版社，2020：54.

② 王保华. 中国高等教育舆情报告2018［M］. 北京：中国传媒大学出版社，2019：139.

③ 知乎. 如何看待大学封闭式管理？［EB/OL］.（2020-10-01）［2022-05-20］. https://www.zhihu.com/question/423390170.

④ 知乎. 如何看待高校因为疫情迟迟不给出放假具体安排?［EB/OL］.（2020-06-21）［2022-05-20］. http://www-quic.zhihu.com/question/438999424.

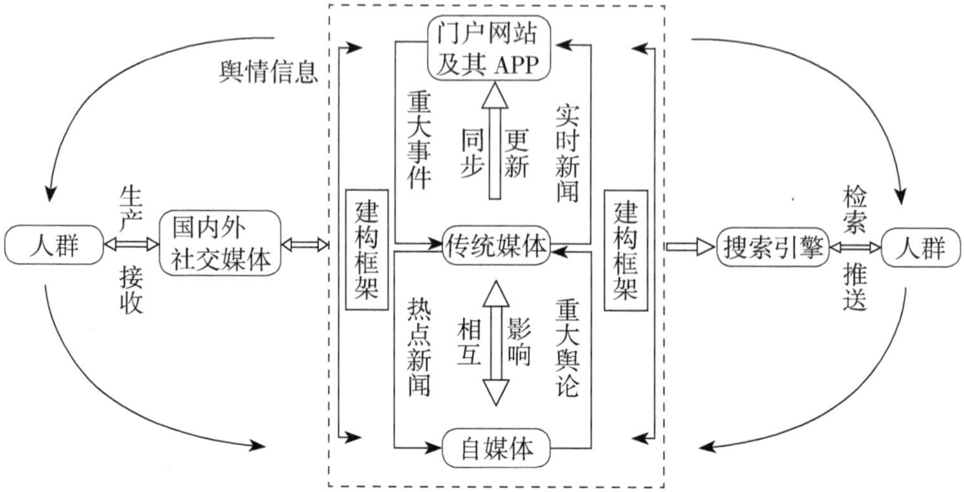

图10　高校突发事件跨媒介传播关系图

众传播的路径传播，不仅再现了新媒体内部自身存在的传播路径，也充分展现了网络媒介的互动和竞争机制。

二、高校突发事件的过程分析

高等教育舆情的演化符合生命周期理论，其演变有着大致相似的过程，即“潜伏期、生成期、扩散期、消退期”四阶段(见图11)，“涨落、序变、冲突和衰退”四阶段，“潜伏期、萌动期、加速期、成熟期、衰退期”五阶段，“潜伏、成长、蔓延、爆发、衰退和死亡”六阶段模型。①无论何种，基本上都揭示了网络舆情从生成到消亡的阶段周期。突发事件在网络媒介助力下进入公共空间，成为社会关注的公共现象。传播的主客体之间意见竞合趋于一致，推动公众情绪爆发和社会结构性压力释放，高校、涉事部门的官方回应、干预与引导推动舆情逐步平息。

① 骆敏，王轶群，伍婵提.高校网络舆情的传播阶段及危机管理机制[J].青年记者，2019(03)：46-47.

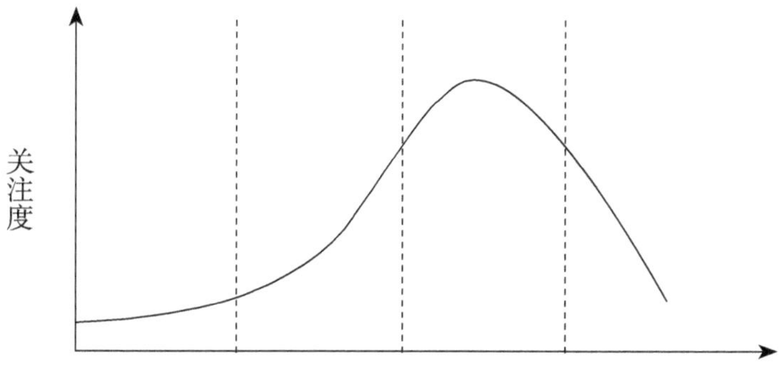

图11 高校突发事件传播阶段分析图

(一)媒介赋权：权力在传播中生成与发展

美国社会学家塞伦·麦克莱在考察新闻媒体与社会关系时，曾指出媒体在选择报道对象时"客观存在的，能引起争议的事件和现象是最值得报道的"①。正如并非所有事实都是新闻一样，并非所有有争议的问题都可以成为新闻。一个有争议的问题如何成为新闻？福柯在社会关系网络中生产与再生产权力论述中指出，权力构建、解构于社会关系网络之中。争议性议题因为自身所具有的新闻价值和社会影响，使作为社会冲突的争议性议题成为媒体选择和报道的重要内容和议题。

赋权从主体上划分可以分为自我赋权、群体赋权、社会赋权与组织赋权四种。②媒介赋权是通过信息的获取，参与者能在互联网空间中进行自我组织、经济行动、社会参与，甚至获取政治权力的方式。媒介赋权在很大程度上体现为连接与动员。新媒介赋权正是大众传媒对事件选择性报道的凸显，在高校突发事件中，公民意识在舆论场的觉醒，始于媒介的赋权及议题的生成。社交媒体参与者的评论、互动和传播以及信息交换行为，如点赞、评论、转发、私信等功能，

① 塞伦·麦克莱.传播社会学[M].曾静平，译.北京：中国传媒大学出版社，2005：27.

② 李旭.微观政治与新媒介赋权：数字媒介场域中的微文化[J].文化与传播，2020，9(06)：71–75.

不仅满足了信息获取的需求，也在虚拟的网络空间实现了个体聚集、社会连接，并有助于形成共同的身份认同。

新媒介的确增加了民间与公权力博弈的力量，推动媒介赋权到政府放权的转变，直至影响公共政策，推动改革。以“国际生免试入学”这一事件为例，媒体对这一事件的关注的核心和焦点是国际生的“超国民待遇”，呈现的是该政策实施后可能产生的积极和消极后果。同时，因为该事件富有争议，社会各方聚焦事件的同时，也促使高校还有相关部门围绕教育公平、人才培养重新研究，使一个全社会广泛参与讨论的公共事件逐渐演变成公共利益的政策调整，观点、冲突争论之后，最终还是回归到事件的冲突根源上加以化解。在这个过程中，社交媒体已成为网络话题和社会问题的主体，率先设置议题形成舆论，并深刻影响着高校突发事件的传播环境。

（二）群体传播：网络舆论争议的心理机制

舆论的根源在于社会矛盾，但社会矛盾并不能直接产生舆论。媒体是各类意见交流的平台，并非意见的生产者。意见的来源是每个人的头脑，这个认知过程很大程度上依赖于人们头脑中的图式，但是在现实中人们头脑中的图式往往会受到观念、情感、思维方式的影响出现偏差。在转型期的高等教育领域，社会心理的自我中心化和物质中心化对公共社会和精神世界的消解尤为明显。从形成机制来看，舆论是社会心理和社会现实共振的结果。主要表现在以下四个方面：

一是基于情绪宣泄的“群体极化”过程。群体是生产舆论的基本单位，也是舆论形成的重要机制。[①]加布里尔·塔德在《社会心理学研究》《模仿律》两本书中提出了“模仿论”，即个体的创造发明是个体和社会互动中激发出来的，自我是个体意识到自己同世界区别时所表现的一种意识。传播主体在网络媒介对争议性事件进行公开讨论形成公共舆论的过程中，也是自我表现寻求社会认同的一种形式。社交媒体打破了时空限制，人们可以更自由地参与虚拟表达，

① 曹茹，王秋菊．心理学视野中的网络舆论引导研究[M]．北京：人民出版社，2013：78.

网络空间的自我表现在很大程度上是本我冲动而抒发的，网络空间的自由性、匿名性和超链接功能激发和形成了网民的游侠心理。在对民主参与和平等权利的强烈认识下，听众倾向于话语的极端表达，这导致了由互联网上的情感表达引起的舆论混乱。突发事件触发了网民在互联网上的唇枪舌剑，这恰恰说明，网络舆论不可避免地在社交媒体环境中产生消极情绪，并为舆情治理带来新的挑战。

二是基于社会认同的心理补偿过程。“新媒介激发了被赋权者的内在动力，增加了他们的独立性与自主性，给予了他们意见表达的权利，同时也赋予了他们自我意识和自我审视的能力。”[①]高校突发事件实现最终的妥善解决，归根结底仍需要传播主体内在的自我意识与行动的提升，以及社会对话沟通理念氛围的形成和调适。社交媒体具有开放性、参与性和互动性的特征。本质上，社交媒体包含了个人之间的互动和传播的社会性质，人们通过自己的特定需求参与表达在线意见和公众舆论。在某种程度上可以说，这种表达是出于公众的自私欲望，而不是出于构建公众舆论的目的。但是，随着事件的发展，由冲突引起的争议性问题及其强烈的替代意识很容易引起公众的同情，实现群体共同的诉求表达，发泄共同的情感，而社交媒体为此提供了绝佳的平台。在中国网民阶级中曾经火热一时的“草根”一族，弱势群体的“草根”阶层通过互联网实现集结。网络不仅使他们集聚起来，也不断增强他们的群体认同，去积极争取他们的权益。如近年来对导师与研究生等议题的关注与追求公平正义心理契合。网络争议之所以愈演愈热，是由于网络环境使师生的“自我表现”“认同心理”等有着更为突出的表现。

三是基于聚合扩散的迭代变化过程。当前，突发事件具有很高的热度、影响力，这与社交媒体对舆论的强大聚集和促进作用是分不开的。社交媒体降低了公众的言论表达门槛，通过议题设置，分散在网络上的民意聚合时间大大缩短，舆情内容有时几乎呈碎片化的特征，其形式的完整性、内容的全面性和事实的客观性广受质疑，容易成为谣言滋生的温床。因而突发事件中信息聚合变化，

① 师曾志，胡泳. 媒介赋权及意义互联网的兴起[M]. 北京：社会科学文献出版社，2014：48.

舆情迭代周期短，舆情变化和反转频度加快。在舆情聚合过程中，个人的从众心理、趋同心里、共情心理，社群中的群体极化、情绪感染以及邻避效应等因素发挥着至关重要的作用，在现实中表现为观点、碎片信息、情绪及行为等的聚合放大。

四是基于舆论自净的“反沉默的螺旋”过程。相较于传统媒体时代和以论坛、社区为代表的web1.0时代，在社交媒体时代，“网络舆论的自我纠错与自净化能力日渐凸显，各种流言会被真相和理性观点‘纠错与自净’”。近年来，作为舆论自净化理论基础之一的“反沉默的螺旋”理论越来越受重视。在网络及新媒体时代，由于受众在“技术赋权”下民主参与意识的提高以及网络虚拟性等因素的影响，“中坚分子”和“意见领袖”等使得多数人支持的“强势意见”向“弱势意见”转变，出现“反沉默螺旋现象”。这一现象恰恰与认知建构、意见合流有着相似和共通之处。

（三）解读对话：形成共识的话语实践过程

话语是争议的表征和对话的实践。围绕争议形成的对话是一种特定的联合性的共同活动，常常是达成共识和实现目的的一种手段。对高校网络舆情中争议性议题的传播，透过案例的解读，考察和分析其传播过程中媒介话语的生产、变化、变革、社会结构与分化，社会阶级认同与权力再生产之间的关系和相互作用。

高校网络舆情是一种社会实践，促使和保证了围绕争议性议题的对话实践的展开。高校网络舆情是借助话语方式来表现和呈现的，其话语实践所体现的也是有关意义的表达、竞争与争夺。面对相同的事实，不同的群体通常具有不同的解释框架，这导致了为意义而展开的激烈斗争。在解读的过程中，个体和群体对议题的解读决定了舆情的最终走向和实际发生进程。不同的话语主体参与表达和讨论，形成了竞争和意义争夺的局面。更为重要的是透过这种竞争和争夺，在一定程度上建构和影响了社群关于议题的认知和界定，进而影响社会共识的达成。例如对名校学子卖猪肉、送快递这类事件，至少产生了三种对人才培养情况的解读：一是高才生从事送外卖这些行业是资源的浪费；二是职业没有高低差别，所有职业都可以成为追求；三是社会对名校、高才生有过度的崇拜，应该正视这一问题。显然，话语的解读和实践，对公众有关争议的认知和社会共识的形成产生重要而关键的影响。

三、高校突发事件过程解读

自媒体与传统媒体不同。在自媒体环境中，高校突发事件中的舆论内容时常是零散的，有关其形式是否完整、内容是否全面和事实是否客观都受到了广泛的质疑。在各种力量相互交缠对抗的背景下，高等教育舆论的发展背景更加难以把握，致使许多传播对考察和分析高等教育争议性事件转变为突发事件的规律和过程知之不深。一般而言，大致可以划分为以下几个时期：

（一）议题生成期：受限范围内的个体讨论

冲突事件的出现往往都源于一系列政治、经济和社会变革因素。突发事件是社会性问题的缩影，许多已经发生的突发事件均可以在社会结构的变迁中寻找到根源。在此阶段，演变为网络舆论的紧急事件必须在高校师生群体中引起高度重视。由于信息不对称，学生群体很难区分事件的真实性。事件越有争议，就越容易跟踪、推测和讨论。此外，新的网络媒体平台为舆论的发酵提供了空间。这群大学生活跃、敏感、好奇，乐于接受新事物并表达不同意见。互联网平台具有更大的自由度，可以自由表达不同的意见。事件发展往往是负面情绪越多，就越有可能引起大学师生的共鸣，越能激发他们通过网络平台跟帖和转发的意愿，进而形成事件舆情。

现实情况是，在某一高校突发事件出现之前，相关热点及话题早已存在。如考研泄题事件，在高校相关类型的负面新闻中屡见不鲜，而这些浮出水面的案例只是道德失范的冰山一角。一般而言，事件进入舆情阶段前往往存在较长时间的萌芽期。以“某高校考研科目直接发答案”[①]为例，起初，事件可能只是

① 王保华．中国高等教育舆情报告2019［M］．北京：中国传媒大学出版社，2020：182.

在微信朋友圈和微博等社交媒体上零星地评论了相关问题。但是，当参加讨论的学生聚集在一起时，潜在的公众舆论将演变为“舆论声讨”。这一时期，是议题从个体性走向公共性的重要时期，也是高校突发事件即将进入互联网场域的潜伏期，遗憾的是部分高校的舆情监测、研判并没有把握这一黄金处置期，致使舆情发酵扩散。

（二）风险生成期：网络媒介介入舆论场形成

个体讨论达到一定的关注度，网络舆论的意见基本统一，新媒体平台也会同步跟进，突发事件也就暴露在了大众传播的视野之内。高校以外的关注人员将参与其中，使得网络话题持续受到人们的热烈讨论。“意见领袖”会根据自己的主观判断和公众的意愿将网络舆论进行处理。在“某高校考研科目直接发答案”事件中，由于工作人员失误导致考研学子利益受损，遭受网络内外的指责。网友纷纷评论“电视剧都不敢这么演”“拼着命考试，闹着玩出题”[①]，舆论参与者对突发事件的质疑逐渐增多，负面情绪愈发高涨。该事件被《新京报》《人民日报》报道，引起社会各界对考研学子的同情与关注，一时间关于“考试乌龙”的话题成为大众讨论的主要内容。由于大众的迅速围观，微博舆情的社会效应也随之急剧扩大，产生“蝴蝶效应”般的社会影响。

（三）互动竞争期：意见领袖接力，持续扩大传播范围

随着舆论话题的不断深化，越来越多的媒体介入，在线上和线下、新媒体和传统媒体争相报道，一起事件的网络舆论达到了新的高潮。这时，不同的看法和见解经常会分裂，通常会形成两个有不同见解的阵营。经过不断地辩论和对抗，形成了一定的话语文本倾向和主流观点。这一阶段，不少“网络大V”和营销号也进行了参与，甚至有可能设置假媒介事件，意图操控舆情的发展走向。

典型的舆情竞争互动的案例如“某高校学姐社交死亡”“高校教师辞职信走红网络”等事件都是从小规模舆论，经过自媒体、“大V”和网友的转发，事实

① 王保华. 中国高等教育舆情报告2019［M］. 北京：中国传媒大学出版社，2020：183.

真相混杂着谣言成为公众热议的焦点。由于之间存在的信息差，屏幕前的民众已经难以了解事件真相。与此同时，截然相反的两类观点在网络这个舆论战场上互相拉扯对抗，甚至出现谣言、谩骂、网络暴力，使得这一阶段的突发事件变得不可控制，且极具风险。

（四）对话和解期：官方澄清达成各方共识

在这一阶段，高校网络突发事件的舆论呈现逐渐消散的态势，一般伴随着事件官方辟谣、定性或者出现反转，会导致某一观点占据明显优势，促进事件的意见达成合流，如“考研科目发放答案”乌龙事件中高校的即时发声、所属教育厅的及时处理，又或者是“某高校学姐社交死亡”事件中官方通报的监控视频等，都是促使突发事件意见竞争产生结果的重要因素。

消散期的到来通常伴随着两种情况。一是高校突发事件得以妥善处理，网络舆论态势得以控制；二是舆情的产生分散了公众和媒体的注意力，但突发事件出现了新的次生舆情。新的事件被热烈讨论和广泛关注，而旧的突发事件则被暂时搁置了。在消散期，公众对事件的注意力被极大分散，情绪得以舒缓，但是，一旦出现新的舆论触发因素，情绪将再次引燃，尚未完全解决的突发事件，将形成一个新的网络舆论周期。

第三节 重塑舆论：框架视域下传播机制构建

在新闻传播领域，新闻框架在高校突发事件中逐渐形成。以框架建构为核心的传播机制，不仅使传播者基于各自利益主体表达出的“东西”易于为人们所接受，同时也对争议中的个体或群体进行关注，在某种程度上，它折射了传播人们的价值观、话语表达方式和时代影响的方式。当新闻框架建立起一种稳定的认知结构时，其传播主客体、传播路径、传播过程、传播周期之间存在何种联系，又是如何具体呈现的？要弄清这些问题，我们有必要将其放在复杂的传播系统中加以运行，以发展变化的系统性眼光加以考察呈现。

一、高校突发事件中的框架呈现

新闻框架有着多样化、多层次的类型表现。比如维瑞塞将框架分为特别议题框架和通用框架，西方媒介与受众常用的通用框架有冲突框架、人性冲击框架、经济后果框架、道德价值框架等[①]。不同学者对框架所做的定义分类，是新闻活动主体和认知在新闻传播过程中建构意义并做出决策的结果。通过对当前高等教育舆情的新闻报道，可以发现四种具有代表性的框架——冲突性框架、和解性框架、关联性框架、裹挟性框架。冲突性框架是高校争议性事件的基本框架，呈现了舆论场中对抗主体之间的话语权力此消彼长的变迁；和解性框架是出于解决争端目的而设置的解释性框架，彰显话语权优势一方的舆情引领力、影响力；关联性框架是对事件前后关系的延展、对比，代表了一种历史性视角的阐释和分析；裹挟性框架则是大众媒体平台引发热烈的围观与狂欢，其实质是被商业利益裹挟的营销和炒作的认知图式。

（一）冲突性框架——高校舆情传播的基本框架

在社会转型时期争议性问题的传播和社会化过程中，新闻媒体通过纠纷的框架和处理方式，为公众讨论建立了多元化的空间和领域，可以合理地指导公众的理性参与和认知，从而影响相关的公共政策制定。在现代泛争议社会中，网络舆论关注与公众密切相关的公共领域，而高校突发事件以其公共性，涉及众多家庭学生的利益，不可避免地会受到社会各界的广泛争议。

高校突发事件的形成常见的是观点冲突框架。

网络空间是一个对公众开放的相对自由空间，因网民个人教育经历、生活经历等不同，在对某一事物的判断上常常会发生意见相悖的情况。“争议的传播不只是一种简单的信息传递，更多是多元化自我实现的过程。”[②]借助媒介传播，网络意见与社会行动形成了复杂而又紧密的关系，在一定外力的助推下，演变为影响巨大的社会运动。社会转型期关于高校的议题往往会带来较多的关注

① 肖伟.新闻框架论——传播主体的框架与被框架[M].北京：中国人民大学出版社，2016:1.

② 埃里克·麦格雷.传播理论史：一种社会学的视角[M].刘芳，译.北京：华夏出版社，2009:190.

与冲突，观点相悖或是涉及不同群体之间的分歧，或是呈现当代中国现代性思潮的典型特征。作为网络原住民的大学生，对信息和知识有着天然的敏感性，往往会以某个代表性事件的发生为事端，借助新媒体和自媒体平台发表意见、看法或是宣泄情绪。在这个过程中，“意见领袖”的作用带来了更为强势的意见合流，致使舆情的扩散聚合远超预料。官方或是传统媒介虽然在努力调和这种舆情带来的影响和冲突，但在实际应对和操作过程中往往忽视对事件真相的探寻，缺乏消息来源和多方印证，导致官方回应成为导火索，引发舆情进一步扩散。

对冲突双方截然相反观点的客观陈述，有助于受众理解和还原事件的真相。一般而言，在争议性事件中，媒介对双方意见报道的过程显示了对冲突的弥合和引导。与传统媒体的理性引导不同，新媒体对突发事件的建构聚焦于主要呈现“分歧”。这是由新媒体自身特点所决定的，“愈争议愈传播”代表了一大部分自媒体平台上观点冲突框架的特征。但是这种观点冲突的框架却也并非完全是客观的，有时看似在客观陈诉两种意见的对抗，但实质却是为了吸引眼球，过度渲染情绪地制造新闻，即经常说的“伪新闻”或“新媒体事件”。一种被社会高度关注的议题，其背后蕴藏的吸引力和流量价值是非常巨大的。任何机构和部门，都有可能出于自身利益的考量成为事件背后的“赞助方”，选择性建构与呈现事实，使新闻事件为舆论裹挟，实现自己的目的。在这种情形下，媒体虽看似在传达民意实际是在传播“伪民意”。

（二）和解性框架——试图消弭事端的官方策略

近年来，在众多的网络舆论事件中，高效舆论事件在其中占据了相当一部分比例。不论是学生自身问题还是学校管理或其他方面，高校在这些突发事件应对上的漏洞和问题被放大了。为降低事件的负面影响，缓解舆论压力，无论是政府、校方还是事件的责任人、当事人都试图通过和解性框架消弭事端。

和解性框架是一种寻求解决问题、达成共识的有效性框架。在官方和媒体应对舆情过程中，大致有这么几类：

一类是采用客观报道框架，不做过多探究和评价，却通过事实呈现讲述一个人所共知的观点，即常说的事实背后往往隐藏着观点。从客观角度来分析，新闻传播不是作为一个单独的个体脱离于其他社会行业的，它或多或少会因为社会利益集团而受到影响。从主观思维出发，新闻报道不存在绝对的客观性。任何一个传播主体都是存在于特定的文化背景下的，它依存的文化背景必然会让主体产生“合法的偏见”。网络报道也摆脱不了这种局限性，尽管它有时候会被刻意地隐藏起来。相关涉事高校和部门通告说明公之于众，用以说明校方已介入，正在用公正调查回应舆论关切。这是一种典型的官方回应舆情的手段和策略。

第二类媒体策略是转移焦点，引申联想，避谈核心问题。媒介有其选择新闻事件时的职业判断标准，对社会事件的发生难以做到“有闻必录”，其中隐含的是新闻场域内的竞争逻辑。而选择什么样的事实加以呈现，加以凸显，相应地，就会有部分事实被隐藏、被忽略，传播主体在这个过程中占领了主导地位，框架选择的倾向性也由此产生。

第三类媒体则出于大局稳定，呼吁理智冷静处理问题。有不少的媒体基于社会稳定、人性良善、道德品质进行广泛呼吁。在互联网时代，对于富有争议性话题的过度关注往往导致大众狂欢，这个时候具有较高权威和影响力的媒体发声，从客观权威的角度分析事件，有助于还原事件真相，并为事件做出一个相对完整的结论。

第四类媒体则将高校管理与具体政策进行切割分离，将事件归因于个人或部门的失责，以此希冀平息事端。

值得注意的是，和解性框架不仅仅出现在大众媒体前。针对新媒体和自媒体消息短平快的特点，官员和媒体通过新的媒体平台迅速回应了公众舆论，并主动规避了公众舆论的风险。但是，由于校方的含糊其辞，态度难以捉摸，往往会造成网民的大量围观，引发二次负面舆情。当前，多数传统媒体以及高校，都建立了专业的舆情应对团队，确保发生突发事件时，能第一时间予以回应。

（三）关联性框架——社会性认知建构与话语修辞

隐喻作为话语表达的重要修辞策略，是形成关联性框架的重要基础。无论何种新闻事件，其评述体现的都是社会现象问题的隐喻。语言学家对“隐喻”的解释是：用一种概念域来类比另一种概念域，即借助已知的事物和已有的语言形式来认知和命名新事物的能力。[①]由此可见，隐喻是一种重要的表达手段和修辞策略。而在实际应对突发事件的过程中，使用隐喻是官方或强势媒体的惯用手段，以此转移公众视线或者吸引公众的围观。

在语言修辞中，隐喻的功能效应十分强大。2020年1月23日，新华网发表《以非常之役迎战非常之疫》，其中首次提出了“战‘疫’”的概念。[②]在高校关于疫情的新闻框架中，也基本上都沿用了这一隐喻。许多高校在致师生的一封信、致学生家长的一封信、新年献词、志愿服务先进典型选树等宣传中营造出一种特殊的动员氛围，将开学返校、线上线下混合课程、云就业、云服务等比喻成了一场场攻坚克难的战役，形成了志愿在前、展现担当、全员配合、共度时艰的认知，并逐渐与官方的管理治理理念合流。

通过使用修辞，媒体可以从根本上重新定义社会环境，从而实现认知与话语之间的联系。从新闻框架到隐喻修辞，它可以被视为建构话语和意义的过程，其策略的使用也深刻地影响了公众对社会环境的感知。高校突发事件中，传播主体之所以惯用隐喻修辞，不仅是因为它是一种强化公众认知的有效手段，更通过对立语境中“他者”与“我们”的塑造重新唤醒了不同群体的心理认同。

著名的语言学家乔治·莱考夫在他的著作《我们赖以生存的隐喻》中指出：“隐喻不仅是语言中词汇的问题，还是人类思维的重要手段，它直接参与人类的认知过程，是人类生存的基本方式，并在传播学上揭示了媒体建构与公共危机的关系。”[③]毫无疑问，善用隐喻能够极大增强传受双方之间的身份认同，这一点也被多数的媒体所认同和使用。

---

① 乔治·莱考夫，马克·约翰逊.我们赖以生存的隐喻[M].何文忠，译.杭州：浙江大学出版社，2015：58.

② 秦瑜明，周晓萌.再造现代性：风险社会的媒体传播与社会治理[J].现代出版，2020(05)：52–57.

③ 乔治·莱考夫，马克·约翰逊.我们赖以生存的隐喻[M].何文忠，译.杭州：浙江大学出版社，2015：58.

（四）裹挟性框架——被驱动操纵的大众狂欢

在新媒体和大众媒体平台引发热烈的围观与狂欢的突发事件多是被商业利益裹挟的新闻炒作，此类操作多出现在新媒体和自媒体平台。新媒体平台提供了一个个性化恣意生长的环境，受众基于自己的文化背景和生活方式对公共议题选择相应的解读框架，依托于社群功能塑造自身的文化圈层。圈层具有较高的文化底蕴，其组成的社群会对自己文化圈层的观点、看法大力支持，甚至会因突发事件的发酵而愈加难以控制。久而久之，各圈子之间将出现障碍和分歧。不同圈子之间的距离越明显，沟通越困难，有争议的问题和事件越无法得到妥善解决。

一些自媒体平台正是利用了大众传播。在部分突发事件中，通过不同社群之间的观点对抗，增强媒体平台自身在网络受众中的曝光度，以此增加流量，吸引眼球。"某高校学伴"事件，是一个典型的例证，自媒体传播时使用吸引眼球的擦边内容，在社交媒体中产生了极为强大的传播力。

与传统媒体相比，新媒体平台并未显示出更多的理性和批判，反而在猎奇性和娱乐价值的追求上过犹不及。裹挟性框架带来的大众狂欢已经成为社会各界必须重视的一个现象。以"某高校学伴"事件引发舆情为例，其媒介报道至少呈现出三种框架[①]：

一是从中外交流的角度对学伴制度合理性进行申辩。这种框架主要从事件亲身经历者现身说法进行辩护，澎湃新闻在《某大学师生谈"学伴"：总体评价较好，增强友好交流》[②]中报道，"报名积极，学生反馈也比较好""冬天一起包饺子的活动，办过学中国书法的活动，这么弘扬中国文化的活动，到了一些网民口中怎么就成了崇洋媚外？""因外国留学生与中国在校学生比例悬殊，并且部分中国学生希望与英语母语者共同学习"等。但同时，也有不少网民对其学伴制度不足、不合理之处展开激烈的抨击，将之视为污名化标签。

---

① 申金霞，张伟佳.来华留学教育舆情中自媒体报道框架的多元分析［J］.现代传播(中国传媒大学学报)，2020，42(07)：163-168.

② 澎湃新闻. 某大学师生谈"学伴"：总体评价较好，增强友好交流［EB/OL］.(2019-07-12)［2022-05-20］. http://news.cctv.com/2019/07/12/ARTILgIxlJj6imbqYWtuWgon190712.shtml.

二是从心理想象的角度妄加揣测，引用部分未经证实的数据或截图证实学伴制度、中外合作交流中的乱象。这种源于“黄色新闻”的报道框架不仅满足了部分大众的情色幻想，还吸引了外界的眼球，以猜想博人眼球的标题党诱发谣言，隐晦地将色情与事件相勾连。当道德丑闻的主体是高校学生时，在一定程度上甚至满足了受众隐藏的窥私欲以及某种代偿心理，舆论的发酵愈演愈烈。

三是对高校中外合作交流的理性分析和批判，该框架对留学生的超国民待遇提出理性质疑，事件发生后，不少人相继关联出了国内学生为国际学生搬宿舍的事件，国际生的超国民待遇遭到批评。《新京报》的《别脑补“学伴”制度，但留学生也不宜样样“特殊”》①，提出“事件所折射的民众对一些高校‘特殊对待留学生’的不满情绪，值得认真对待、理性分析”。报道所采取的理性客观的态度，既有助于缓解社会各方不满情绪，也促进了类似事件的反思和解决。

在媒介市场竞争异常激烈的当下，追逐商业利益的最大化是市场化媒体的天性，潜藏在突发事件背后的商业价值使它们趋之若鹜。这类事件迎合了网民的心理需求和想象空间。这种“脱轨”看似是个人行为的结果，但类似的“丑闻”在现实生活中已变得司空见惯。综合来看，以娱乐化方式去跟进报道无疑是媒体的理性选择，运营成本和商业价值已使突发事件从网络披露演变为新媒体和自媒体的合谋，在相互跟进和助燃中，舆论中包裹的商业利益是自媒体的唯一追求。

二、高校突发事件中的框架考察

在高校突发事件中，新闻框架是传播者持有的相关新闻事实、新闻文本的认知模型。框架传播是传播主体构建以新闻框架为核心的新闻话语的过程。在该模式的要素解构过程中，我们可以清晰地观察到，在高等教育这一社会公共领域，议题、事实、文本、话语是处于新闻传播的不同环节的客体，并在一定语

① 新京报. 别脑补“学伴”制度，但留学生也不宜样样“特殊”[EB/OL]. (2019-07-12)[2022-05-20]. http://epaper.bjnews.com.cn/html/2019-07/12/content_759614.htm?div=-1.

境和社会关系中结合在了一起。结合这一逻辑，我们可以进一步对高校突发事件的框架传播机制进行考察。

（一）框架传播的内涵特征

框架传播以建构新闻话语的这一过程，并不能等同于真正的新闻框架。框架认知只是框架传播过程中的一个环节，在这个过程中涵盖了议题赋权、社会语境、认知结构、话语分析、心理机制等多个层面。在我们理解不同新闻框架呈现，界定描述框架传播的时候，除了社会冲突和社会建构的宏观语境，还需在不同显性或隐性要素之间进行功能性链接和阐释。

一是以争议性事件为事实来源。美国政治学者罗斯强调，争议与冲突是解读性行为，理解冲突和解读以及化解冲突需要立足文化价值观、政治制度以及社会现实等。[①]框架传播正是建立在冲突—传播—话语这三个维度上考察和解释争议的阐释体系。新闻关注的是突发的、异常的和冲突的事件，而争议也往往由一个具体事件问题发端，很快扩散到其他问题，显示更多更深层的分歧和问题。争议性议题来源于高校日常管理和偶发事件中暴露出的深层次的问题，涉及招考、环境、资源配置、道德理论、人身安全以及教育政策等问题。争议的产生，在一定程度上是源于社会结构性的不匹配和冲突。从文化结构来看，争议与冲突更多地涉及文化传统、文化习俗、伦理道德、社会规范、价值观念以及社会正义公平等。现代社会进入一个泛争议时代，其中既有议题自身的因素，也有外部因素如手机、网络等因素的影响。有争议的话题高度依赖媒体，导致高等教育领域的问题进入公众和社会视野，并成为公共问题。这个过程与构建新闻框架、媒体主题选择和组织实现过程密不可分。这种泛化导致的结果是，议题产生的来源和领域被大大拓宽，使生活中的个案成为具有社会影响和吸引社会参与的新闻事件和公共议题。另外，框架建构过程中的媒体参与提供了意见竞争互动、协商共识的平台和渠道，公众、媒体等不同主体通过框架传播机制参与到社会化沟通的过程中来，这也为共识的形成创造了条件。

---

① 马克·H 罗斯.冲突的文化[M].刘萃侠，译.北京：社会科学文献出版社，2013：6.

二是以媒介话语过程为互动视角。当媒体以一定价值观念的框架解释争议时，往往难以离开新闻话语的生产过程。如前所述，当不同的主题在不同的阶段中面对不同的对象时，会具有自己的特定新闻框架。如要链接不同主体框架之间的链接和传承关系，就必须通过话语和文本来实现。霍尔曾指出，编码和解码之间没有必然的一致性。①

框架传播要达成共识的最终指向，首先要解决的就是各种主体新闻框架汇集、竞争、固化的问题，其依托的介质就是各种新闻文本。从编码的角度来看，各方主体寻求共识的话语都会被纳入新闻文本之中，新闻框架充当了新闻事实与话语文本之间的装置。例如，"国际生免试入名校"的政策本是高校在招生制度方面所推行的一项改革，却在当下高考公平与内卷的社会语境中，成为各方关注的话题。这项政策一经宣布，媒体及公众围绕此政策展开了有关教育公平、人才培养的讨论，各种媒介意见竞争合流之后，最终还是回归到国际生超国民待遇这一问题上。

高校舆情传播是基于融媒体和新媒体的复杂性突发事件，互联网时代媒介之间的界限被技术进步逐渐模糊了。如同麦克卢汉预言般，媒介即人的延伸，一切人与自然环境产生作用的工具、符号和互动形式都纳入媒介的范畴。②融合媒介的盛行以及新型新闻文本的出现，致使许多研究者开始重新使用话语分析探讨突发事件中个体以及各种社会与文化因素是如何介入文本生产过程，如何发生作用并产生了何种作用的。从这个意义上说，框架传播将研究的切入点和侧重点放在作为话语生产之客观实在结果的文本本身，通过对文本的结构、修辞、风格等的分析，来观察文本生产者到底要通过这些形式因素表达怎样的创作意图，这些形式因素又受到了哪些主观或客观因素的影响。伴随着媒介融合的不断深入，脱胎于文学范畴的"文学文本"经历由"传统新闻文本"向"新型文本"形态的转变。这种转变的特征主要有三个：

---

① 童兵.科学发展观与媒介化社会建构——新闻传播学视角的研究[M].上海：复旦大学出版社，2000：7.

② 韩明莲.从"文本分析"到"理解媒介"——麦克卢汉媒介理论的发展[J].东岳论丛，2010，31(11)：99-101.

第一，线性叙事模式被改变。传统新闻文本主要是以记者、编辑为主导的传播框架，其内容编辑方针就是不设隐含深意，力图构建一个避免合理想象的“封闭意义世界”。如此，受众对于传统新闻加工的空间和余地被大大降低了，对自身认知和外在世界的勾连缺乏有效手段，对事实的了解很难借助文本以外的信息。而新型文本因为传播技术的突破，实现了图文声像、虚拟沉浸多样化的效果体验，受众对事实的理解阈被极大地丰富和拓宽了。

第二，文本之间的竞争和互动更加频繁。传统媒介的新闻文本是一家之言，在那个时代很少有读者能够与媒介产生互动，融媒体时代传播媒介更加注重受众的感受，在不断拓宽受众对文本的解读阈值的同时，也在竭尽全力地对受众的发文发帖、戏谑恶搞、影视娱乐、知识传播等进行回应。网络媒体在对传统新闻进行转载的同时，通常会一并附上相关的背景文字加以补充说明。通过加工完成的媒体新闻内容在这个时候便与受众在某种程度上产生了互文性。

第三，涉事舆情的对话性生产。现代对话性生产在突发事件和解过程中占据重要地位，媒介选用何种解释性框架和话语文本去阐释事件原型和演变机制，受众又基于何种认知模式和心理机制对各种语言、沟通、对话、修辞、象征等符号性论辩予以反馈？作为一种“意义媒介”，文本在争议性事件的传播中除了所表达或宣称出来的“意义”之外，更重要的是与社会关系的弥合状况。在特定的历史与社会情境中，新型文本构建虚拟世界时借助的主客体不同的立场、认知与意图，将会对同一社会现象生成截然不同的解读，因而建构出在不同理解下产生的社会“现实”或“问题”。

潘忠党将这一过程描绘为媒介话语的生成过程。[①]符号文本自身携带着广泛的社会契约型解读。这些约定和联系通常不会出现在文本中，而是伴随符号文本，隐藏在文本之后、文本外部或文本边缘，但积极参与文本含义的构建，严重地影响着意义解释。这同时也说明了不同主体框架之间存在链接关系，一个新闻文本与其他文本之间，构成了文本的互文性特征。换言之，传播主体所携带的解读框架与文本意义的生成演化有着密不可分的联系。

---

① 潘忠党.架构分析：一个亟待理论澄清的领域[J].传播与社会学刊，2006(01)：12.

三是以心理作用机制为转换过程。舆论引导必须善于通过舆论利用现象，善于利用“隐形力量”。舆论是民众对社会事件的共识，从中我们可以看到人们的价值观、道德、知识，以及其需求和期望。舆论的载体往往是具有争议的社会事件，社会舆论是从公众对有争议的社会事件或问题的感知开始的。而这种感知在互联网的助力下得以广泛地联结、渗透与互动。这种影响表现在三个方面：

第一，影响受众的社会情绪。作为一个内部过程，社会心理学始于社会知觉。这是形成社会印象、社会判断、社会态度和社会情感的前提和基础。从这个角度来看，新闻框架是主体识别的结果，而在框架分布中选择信息也是新闻趋势。比如“某高校学伴”事件，其用意本身是加强国际交流的一种学生政策，但是公众从长期的“国际生超国民待遇”的印象中生成了舆论态势和舆论走向，也成了一种广泛的社会心理。知觉本身所具有的选择突出功能、认知图示、群体效应、集体无意识等等，在某种程度上与框架传播的内在发生机制是契合的。无论何种意见的认知还是表达，最终要达成共识进而转变为集体行动，都必须在心理层面进行转换。因此社会心理是高校突发事件传播中不可或缺的一环，同时也是框架传播机制得以发挥现实效用的重要组成部分。

第二，影响受众思考问题的方式。对待同一个争议现象，受众在接受“冲突框架”和“和解框架”的两种报道时，可能会产生截然不同的心理反馈和态度评价。比如在疫情防控期间高校管理举措引发了不少师生的不满情绪，如果采用“冲突框架”，会使师生不满情绪进一步扩散引发新一轮的舆情。然而，如果采用“公共秩序”框架抑或“战争隐喻”框架，则会使在校师生对疫情防控政策的认可度增加。这足以说明：新闻框架对报道对象截然不同的描述，对受众的议题感知也产生相当程度的影响，并最终影响他们的意见表达。

第三，影响事件的逻辑归因。因为框架的选择性和呈现方式的不同，媒介对事件描述的事实也可能呈现不同的结果。这种情况下，受众会自动调动起自己的知识和经验经历，对事件做出相对应的评判，这就是受众的“既存框架”。基于已有的知识和经验阅历，既存框架非常容易调动和整合已有的框架要素，建构属于自己的话语模式。比如针对高校采取推进保障就业的举措，一些有过类似经历的受众，会因为对官方的刻板印象认为是“面子工程”，从而无意识地将事件的责任归因于校方。

（二）框架传播的功能效应

无论采用何种框架，新闻活动主体传播意图最终还是要通过框架建构现实达成共识。不同形式创造出来的新闻框架之所以能够对受众产生影响和改变，是因为框架传播带来的功能和效应。因此功能问题的研究，是框架传播的核心问题。对框架功能和效应的考察，得以让我们进一步探究高校突发事件中框架的作用机制。那么，框架传播机制究竟会产生什么样的功能和效果呢？

一是认识功能。新闻框架就是新闻活动主体用于认识新闻客体的图式，它的直接功能表现为认识功能。在新闻制作活动中，无论主体如何了解对象，它都必须依赖新闻框架。当个人了解对象时，通常会经历三个步骤：(1) 选择和确立对象的不同。在社会背景相同、传播条件允许的情况下，一些媒体选择事实突出报道，另一些媒体却不置一词，这是因为框架设定具有主体性，反映了不同主体的利益考虑和传播意图。对于高校突发事件而言，也是如此。校方和师生有时对同一争议事件基于同样的选择，比如有校外势力的时候，会形成统一战线予以澄清。但有时，校方和师生是高校管理的矛盾体，观点意见存在尖锐对立，根本上是因为他们的短时利益出发点不同，考量不同所导致。(2) 整合加工信息导致的不同。框架传播中的接受主体对信息的反馈并非一成不变的，认识是一种积极的创造活动。在自媒体平台上，网友对高校舆情的跟帖发言，既是一种认识反馈，也是对原有文本的二度加工，对后续跟帖者而言，浏览别人的留言发帖同样是了解事件文本的一部分。因此，在整合加工过程中，根据新闻框架的不同，传播主体会有意识、无意识地按照自己的既存框架去整理客观事实信息。(3) 文本阐释作用不同。传播主体用特定结构和符号将突发事件的信息整合成文本，这个过程就是框架传播的核心过程。其结果就是受众在文本框架的影响下感知信息、判断意义、处理信息、进行决策。从这个层面进行思考，媒体可以向人们很好地传播思想，并且在某种程度上改变了人们理解现实和世界的方式。

二是建构功能。框架建构功能依托于文本，因为文本是不同主体携带框架的汇集和承载。如若考虑到客观新闻的事实以及新闻框架提供的派生功能，各种新闻活动的主题都具有共识或自己的框架，可以共同构建话语，由此形成新闻文本其中事实信息景观不同的排列顺序与时空转换，会产生不同的定义。对于框架功能，恩特曼总结了新闻框架的四大功能："界定问题；确定问题成因；作出某种道德判断；提出解决方案或改善方法。"[①]（1）界定问题和确定问题成因。框架建构现实的首要条件，是如何认识正在运行的现实世界。框架的作用在于它引导舆论朝着预设的目标前进，将某种事件归因于某一方。（2）做出道德判断。框架对文化的建构，主要体现在它建构了一系列"文化符号"，足以激发和影响全社会对其认知和影响。"我爸是李刚"在事件结束很久之后依然为人们所记得，一旦在高校突发事件中出现官二代、富二代，"李刚事件"就会被旧事重提。这种符号旧事被媒介建构出一种稳定、有秩序、有意义的符号体系，并促使受众做出道德判断。（3）提供解决方案。框架的主要作用是消弭舆论，寻求共识。但往往激烈的舆情会使管理方采取相应的手段，改善管理和治理水平。可以说，框架为解决大学问题和提出建议提供了各种指导。比如国际生超国民待遇事件曝光后，不少学校都重新调整了国际生和国内生的待遇，试图通过政策解决教育资源不公平的问题。

三是带来偏见。在框架带来的效果研究中，"偏见"是经常容易被提到的一个话题。尤其是在世界范围的国际性报道中，与中国相关事件的不实歪曲报道。同样，在高校网络舆情中，对大学生特定群体的报道也会时常存在偏见。比如，在"学伴"事件中，关于女大学生作为学伴，舆论中充满了"联想""想象"，这种偏见涵盖了刻板印象和歧视成分。尼文曾区分框架带来的三种偏见：（1）扭曲偏见。新闻有意歪曲或假造现实。（2）内容偏见。媒体因其性质而过分倚重在冲突的某一方，从而造成舆论的不平衡。（3）决策偏见。主体的动机和思维观念。[②]框架传播会携带偏见，也会产出偏见，舆情偏见往往影响到整个社会观念的走向。

---

① 侯修平. 系统功能理论框架下对新闻编译的批评话语分析[D]. 上海：上海外国语大学，2017.

② 许靖. 偏见心理学[M]. 北京：北京理工大学出版社，2010：6.

第四章　修辞与认同：高校突发事件的话语运动

本章是本研究理论阐述的话语核心部分，从厘清“话语”这个基本概念入手，在吸收和借鉴关于话语与权力关系的既有研究成果基础上，提出了本研究关于治理机制形成不同阶段中话语与权力之间相互影响的话语分析模式；话语意义体系的竞争和互动会促进权力关系的改变。这里我们重点对媒介话语生产过程进行描述，分析和考察话语的相关研究和话语实践，厘清话语的基本概念及要素关系，提出话语与知识、权力关系的基本理论假设；并以批评话语分析学者费尔克拉夫提出的话语“三维模式”为工具加以改进和分析，探究其如何在以框架为核心的共识机制中发挥作用，从三个层面，即文本、话语实践与社会实践来探究高校突发事件之中的话语表达与认同心理，并为共识机制模型的确立提供合法性支撑。

第一节　理解话语及话语实践

高校突发事件经过多元性主体的媒介表达，对争议性议题生成象征性符号，构建各方交流、协商以及共享的公共空间与集体记忆。互联网时代的风险社会语境下，突发事件框架传播带给受众从认知分化走向深度共识的心理演变。根据相关心理研究表明，受众的情绪和认知要受到框架类型、话语文本、叙事结构等诸多外在层次的影响，并最终表现在话语实践和社会运动的相互关系中。作为表征系统，话语是承载思想、观念和情感的重要媒介之一，同时也是一套由复杂的编码、解码构成的意义系统产物。[①]深入研究突发事件的话语共识形成机制，难以逃脱语言符号研究的范畴。正是有赖于语言所具备的复杂符号解码、编码能力，我们才能得以进一步审视争议性议题中的意见和观点如何成为公共场域中的“舆论”，考察多元主体如何通过话语运动与实践达到更高层次的共识。

一、话语与修辞

自从福柯的思想和理论引入中国，“话语”这一概念就成了学术研究的热词。在诸如“批评、文学、理论、叙事”等话语研究中，都被广泛使用。但值得注意的是，长久以来，因为话语边界相对模糊，其特定内涵和外延的理论概念并没有得到清晰的规定，反而出现了概念的混淆与迷失。这种话语研究和使用的现状，造成我们在对争议性事件解读时存在共识壁垒与机制障碍。

话语是来源于语言学与语义学中的一个重要学术概念，其中最关键的在于“语言”和“言语”的区分。“语言是具有普遍性特征的符号系统和建构模型，而言语则只是具体的、个别的‘说话’或者‘书写’行为。这一描述使‘语言’和‘言语’的区分泾渭分明。”[②]人们由此也开始普遍关注既有具体行动的特性，又有行为的同一性的话语。话语的概念是什么呢？有学者将其定义为在特定的社会环境中人与人之间从事沟通的具体语言行为，也是特定的说话人与受话人二者之间借由文本而展开的特定人际交流与沟通行为，其中涵盖说话人、受话人、文本、沟通和语境等诸多要素。[③]话语与框架之间有何联系？因为传播与理解离不开

① 李开.表征·意指·接合——斯图亚特·霍尔的意识形态批判初探[J].新闻与传播研究，2017，24(03)：5–19.

② 陈刚.共识的焦虑：争议性议题传播的话语变迁与冲突性知识生产[M].北京：人民出版社，2016：84.

③ 乔纳森·波特，玛格丽特·韦斯雷尔.话语和社会心理学：超越态度与行为[M].肖文明，译.北京：中国人民大学出版社，2006：16.

具体的话语实践。新闻框架之所以能发挥现实效用，除了与生俱来的天赋属性之外，就是通过各种各样的传播书写对同一现象不同层次的描述，建构出受众足以理解的话语空间。在话语的具体运用和实践中，作为主体的传播者总是自觉不自觉地借助叙述事实、观点、知识等，促成与文本对面受众的沟通与和解。

在对要素进行解构的过程中，我们发现话语本身有其独特的功能与属性，即信息性、互动性与社会性。(1)信息性：话语即信息，掌握一定程度的事实、观点与知识，这是促进与保障对话顺利沟通和进行的重要前提。加拿大学者彼特·A.克莱默认为："一个有争议性的议题成为新闻，离不开内容、价值和冲突三个重要且关键的要素。"①内容即媒介根据事实原型组织各方意见与观点的交流、竞争和协商的信息。如果缺乏有效的信息，争议难以持续，交流也无法继续，共识也将难以持续。(2)互动性：话语的互动性体现在话语主体之间的对话和沟通上，包括话语的传播与影响效果。话语所蕴含的互动性是形成对话和增加意义理解的主要途径和方式。近些年，不少媒体平台都开通了评论、跟帖、回帖、转发评论等互动功能，基于这些功能发布的信息都可以视作话语的新型文本，成为对原有媒介建构文本的重要解释和补充。(3)社会性：话语会造成严重的社会影响和社会后果。例如，关于近些年高校学生干部的负面事件，在各种平台和舆论场上，网友都对高校学生干部所携带的不良习气进行了猛烈的批评。不少高校都引以为戒，加强与重视对学生干部的培养教育。可见，话语的功能属性使文本无形中建构着社会认知。

然而，话语的本意是促进沟通与理解的。在话语实践层面，这种沟通和互动过程中却又往往充满"分歧"与"冲突"，导致传受关系之间的交流出现未曾预料到的偏差，使各方在公共事件的话语表达与理解方面形成了天然"屏障"。在高等教育领域，高校的突发事件基于其自身的冲突性与复杂性特征，致使师生之间、管理主客体之间、信息传受者之间存在阻碍共识的话语障碍。由于传播者的误判使用，某些议题赋权的初衷与最终目的相背离，因此话语的解读和对话的过程最终决定了该争议性事件发生的进程与走向。在这个过程中，修辞

① 迈克尔·豪利特.公共政策研究[M].庞诗，译.北京：生活·读书·新知三联书店，2006：102.

策略的使用起到了关键的作用。

修辞是指“有效交流的艺术或技能”①。可以把修辞看作“某个主体出于某一种目的在特定场合讲故事”②的过程。通俗地来说，使用修辞就是讲故事的过程。公共修辞其实质就是传播主体基于一定的利己或利他的目的，对公共领域议题进行意见表达，进而实现自我与他者有效沟通的一种方式。其中，最理想的方式，就是传播主体所使用的公共修辞与受众的情绪认知一致，无论是新闻框架的选择、文本词汇的选用还是叙事结构的采纳，都应该被视作推动受众一步步达成和解的影响因素。因此，框架效应的审视应基于话语建构的过程进行考察。其中，新闻框架如同装置一般，不仅决定了冲突中的个体如何解读该具体事件或具体行为，也决定了冲突中的个体如何解读其他人的行为，以及其个体所采取的后续行为。

同样，在高等教育这一公共领域，教育产品(服务)的供给、师生群体的个性需求以及管理治理之间的矛盾，构成了一个典型的社会公共议题。详细考察这一生成机制的内涵，我们可以发现在对公共事件的话语取向中，着重强调的是在公共性场域中语言的、论证的、象征性与修辞性的关联，使用特定的话语修辞与论证策略会对一些类型化的社会“问题”、争议事件和相关群体诉求进行刻意的建构，从而体现自身的传播意图。在高校突发事件层出不穷的当下，如何正确理解并使用公共话语与修辞策略，成为网络突发事件中多方主体必须认真思考的一个问题。另外，舆情治理缺乏话语符号和修辞表达的介入，各种类型的解释性框架、冲突性框架都不可能真正意义上实现沟通与对话。

二、话语、知识与权力

对话语的理解和分析，不仅要从微观层面考察话语文本中的修辞和使用，也要从宏观层面将话语置于话语生产的社会关系与环境中，综合考察话语权力

---

① 李显杰.电影修辞学：镜像与话语[M].北京：文化艺术出版社，2005：2.

② 詹姆斯·费伦.作为修辞的叙事：技巧、读者、伦理、意识形态[M].陈永国，译.北京：北京大学出版社，2002：14.

与社会结构变迁之间的关联属性。在相关研究中，最具代表性的当属批判性话语分析，学者们不仅关注话语生产的权力运作和社会平等，还试图通过话语分析帮助人们理解社会议题，以期对议题的应对和解决产生实质性作用。从跨学科视野出发，我们可以将话语与知识、权力的关系归纳为以下三点：

（一）作为语言交流的话语

话语在其表层形态是一种叙述行为，其实质是争议的表征和对话的实践。话语概念自诞生之初，无论何种学派诸如逻辑经验主义、分析哲学、现象学、阐释学等都认为语言关系是世界上重要的一组基本关系，通过话语可以解释世界上任一现象。语言之所以能组建意义，建立起一个跨越不同主体的表征系统、语言系统、意义交换系统，其原因是主体的认识在意义生产的过程中被符号化，即运用语言表征叙事、重构事实原型的心理认知图示。因此，话语表达的实质是语言的实践行动。对此，霍尔曾提出“表征的实践”这一概念，提出将各样的概念、观念和情感搁置在一个可被转述和解释的符号体系中具体化。从这个角度来看，话语不仅再现了事件和事实信息，同时也以符号文本的形式影响了受众的认知框架。

（二）作为知识生产的话语

在知识与话语的关系中，具有代表性的福柯重点考察了从语言到话语再到知识的转化过程，以及它们同权力之间的内在联系。在福柯看来，话语涉及通过语言来生产知识，而知识本身就是一种话语性实践活动，这种实践是社会整体实践的一种有机的组成，知识和意义则是经由话语生产出的结果。[①]话语确定了某些规则，并构建话题，我们各种所需的知识被它界定和生产。话语和知识之间的基本关系是，在公共话语的交流中知识是先决性的。缺乏知识，话语的生产只能停留在浅层。

值得注意的是，新闻不仅是一种知识，也是一种社会资源，作为知识的新闻

① 米歇尔·福柯.作者是什么？［M］.逢真，译.兰州：敦煌文艺出版社，1996：270–292.

是用来建构社会新闻现实的主要方式。新闻媒体的重要职责在于通过选择、整合来自社会不同阶层的思维、理念以及知识，再借由公共传播传向社会及其公众，实现知识的再生产。互联网时代虽然带来了知识沟壑，但在一定程度上也深刻影响到了社会各界的认知，知识成为彰显权力的一种措施。不同媒介为了争夺话语权而相继成了主要的知识传播者。在高等教育领域，高校以其学科专业性，在传播过程中还是会造成一定的障碍和壁垒，尤其关于一些专业学科的问题。

缺乏“知识”无疑成为人们形成共识、重塑价值的障碍壁垒。有学者认为，“知识民主与治理既是共识生产的机制，也是社会发展必然展现的趋势”[①]。英国学者琼斯就曾将新闻媒体知识生产与传播的作用和影响归纳为：(1)解释、传播观念和价值观；(2)知识交互与互动；(3)社会影响和说服；(4)协商和增加可信性；(5)满足社会需求。[②]知识生产在对社会现实建构和议题的社会化理解方面具有重要作用。为此，话语需要对叙述行为中反复出现的词汇、句法和逻辑结构予以特殊的关注，并在此基础上构成所谓叙述范式。由话语的叙述构型而形成的知识系统借助于术语、句法和指涉关系对存在的属性、价值和结构，对事件的描述做出了规定。话语生产所体现的价值主张，通常是借由知识来建构和描述的，公众理解则是公共性事件争议和讨论得以持续的重要基础。

(三)作为权力实践的话语

权力是福柯理论的核心部分，作为将批评理念率先引入语言的社会意义和认识论意义的先驱，福柯更多地关注话语与权力的关系。在福柯看来，话语与权力之间有着隐性的共生关系，并揭示了权力、话语与知识之间的循环共生关系，将权力、话语和知识视为相互依赖、共生共存的复合体，话语和知识、权力其他要素之间的关系隐线贯穿其理论分析和论述中。话语即权力，把权力视为

---

① 陈刚. 共识的焦虑：争议性议题传播的话语变迁与冲突性知识生产[M]. 北京：人民出版社，2016：80.

② 李勇.形象：想象的表意实践——形象学中形象概念的内涵新探[J].天津社会科学，2012(04)：91-96.

一种关系网络，关注的是话语生产的权力统治过程以及话语如何导致社会权力再生产，同时将话语实践以及社会语境认为是一种重要的权力资源。他指出“权力参与了知识的生产，知识预设着权力关系。话语不仅是单纯的文本语言，而且是隐藏着权力身影的实践活动”①，他认为，某种意义上来说，掌握了权力就意味着掌握了话语权，因为语言和知识可以用来为巩固权力提供服务。反之，知识又能产生权力，因为认知决定了个体的行动方式。福柯对“话语即权力”的理解，构建起话语与社会系统相互影响、相互共生的理论基础。

福柯把话语作为说话主体本身延展至社会实践领域，并努力赋予话语社会主体性，使其对社会实践的主体和具体行为施加影响，发挥作用。由此来看，话语既是作为说话者主体的单纯客体，也是说话者主体自身延展的一部分，同时与社会系统相耦合，逐渐成了一种能够支配社会实践主体的权势力量。对此，语言学界的一个基本共识是：话语是有等级的。等级比较低的话语，就是我们的日常生活和工作中使用的话语。它一经出口即会消逝，对社会公共生活基本面和社会秩序几乎毫无影响。而代表着社会主流叙事的文学、哲学、科学以及法律、政治、宗教等多样性的文本才是真正影响着社会文化生活和秩序的重要话语。这些文本除了自身产生意义以外，伴随着媒体的评论转发等互动，在被不断强化的过程中逐渐成为影响社会的强势“威权”话语。

然而，话语本身对社会主体的支配作用并非绝对的，其中也受到许多因素的影响和限制，这其中涵盖了事件原型、话语生态、运行系统、传播途径等。在网络突发事件中，我们发现，话语所彰显的权力地位同样明显，作为官方的主流影响力，作为“大V”的网络影响力，作为社会组织的社会影响力，其发声的内容和渠道都彰显了不同性质的话语地位。值得注意的是，这种支配地位不是一成不变的，近年来多元化媒体之间抢夺话语阵地的行为可以视作一场发言权和主导权的竞争。

话语分析是研究语言的一种方法。批评性话语分析兼收并蓄，全面地吸收

① 米歇尔·福柯.知识考古学[M].谢强，等译.北京：生活·读书·新知·三联书店，1998：27-28.

了社会学、哲学、文学等各学科领域研究理论，如源自法兰克福学派的社会批评理论、对话理论、新马克思主义观等内容，并在已有的基础上通过跨学科和超学科研究不断开拓创新、形成新的理论体系。对语言的批评性研究由来已久，费尔克拉夫于1989年出版的《语言与权力》著作中首次命名并提出了作为专业术语的批评话语分析。因此，这本书也被视作当前批评话语分析研究领域的纲领性著作。值得一提的是，该著作不仅清晰地阐述了语言同意识形态以及权力之间的辩证关系，还明确了批评话语分析研究的主要内容、基本方法和理论基础。

在费尔克拉夫提出的“语境”(context)、“互动”(interaction)和“文本”(text)所构建的三维分析框架中，文本是互动的结果，处于第三维；处于互动之中的生产过程和解释过程将“语境”作为社会条件。该模式体现了费尔克拉夫将语言与话语视作社会实践的有机组成的观点。后来，费尔克拉夫在1992年出版的《话语与社会变革》一书中改进了话语三维模式中所使用的术语用以完善话语社会理论。处于最高层级中的“语境”被“社会实践”替代，处于中间层级的“互动”被“话语实践”替代，原本的生产过程与解释过程被“生产”“传播”和“接受”三个过程所替代。

如图12所示，话语形成了由三个不同维度、不同层级所组建构成的复合体：话语的第一维度是文本，是针对文本内容和修辞形式的语言学分析；第二维度是话语实践，是话语在社会中生成、传播和接受的行为过程，体现了话语的实施者和接受者之间的认知建构；第三维度是社会实践，将话语置于更为广阔的社会实践背景之下，研究其在意识形态和权力的关系斗争中的变迁过程。在三维模式的研究基础之上，费尔克拉夫提出了批评性话语分析的新步骤和过程：描写(describe)、阐释(paraphrose)和解释(explain)——对文本通过语言学形式的叙事与表达，阐释文本与互动过程之间关系，解释互动过程与社会语境之间的关系。费尔克拉夫指出，在文本分析维度，可以进行词汇选项和模式(如措辞、暗喻)、语法(如及物系统、情态系统)、衔接(如连词、图式和文本结构)的分析。在话语实践维度，可以从言语、文本和文本间的互文性三个方向对话语实践进行研究。在对词汇、语法和文本结构进行分析时，应重视考察与审视联结语境及与语境相关联的要素。在社会实践维度，可以对话语所处社会系统及背景做出具体考察与分析。

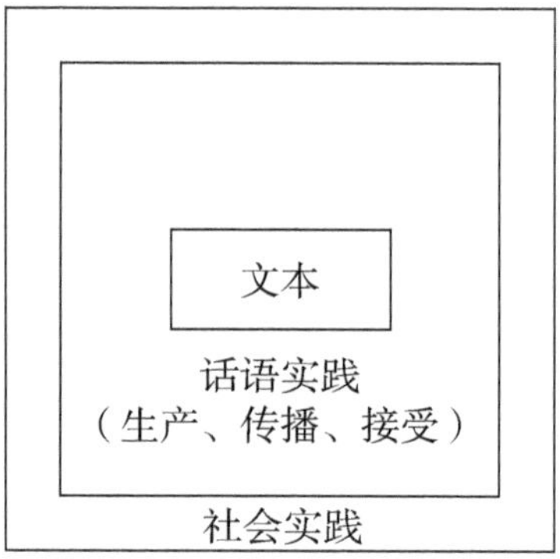

图12　费尔克拉夫的话语三维框架示意图

在费尔克拉夫看来，“话语以及对其分析是隶属于三个不同维度的，因此话语事件可以是一个文本、一次话语实践又或是一次社会实践”①。通过处在文本结构与社会结构之间的话语实践分析，可以看出，“三维模式将语言学上的文本分析(微观分析)同社会学中实践分析(宏观分析)相互结合，试图揭示话语和社会实践之间的关系，这构成了三维模式方法论的精髓，并为研究者提供了一种可以系统应用于不同文本，用来分析文本结构与社会结构二者之间隐藏关系的有效话语分析方法”。费尔克拉夫话语三维模式在相关联学科领域体系中具有重要的意义和地位。如此看来，三维模式既不同于单纯语言学上的文本分析，又丰富了福柯式“话语—权力”的考察维度，理所当然地成了话语社会理论的经典学说。

第二节　高校突发事件的话语变迁

费尔克拉夫批判性话语分析归纳了从微观、中观到宏观的三个不同研究维

① 厉文芳.基于费尔克拉夫三维分析模型的新闻话语分析——以美国《纽约时报》对中国南海问题的报道为例[J].新西部，2018(15)：106-107.

度，即“文本”“话语实践”和“社会实践”。话语实践离不开文本这一内容载体，文本的生产分配消费过程就是话语实践的过程，而话语实践又是由社会实践所决定。以这三个维度为出发点，费尔克拉夫提出了批判性话语分析的三维框架。借助该话语分析框架，以高校突发事件个案为例，我们得以考察研究话语要素之间、话语实践与社会实践的互动生成过程。

一、文本维度：竞争性话语的生成建构

文本是新闻媒体报道的外在表现形式，被赋予传者意图的文本符号可将新闻事实组织再现。字词语句的排列形式足以引出该传者主观意图的世界观、价值观(或框架)。对文本框架的分析，我们可以借助高中低三个层次分析高校突发事件的话语文本特征。

（一）文本框架高层次要素分析

高层次结构指涉报道新闻内容的整个主线，学者臧国仁将新闻主题定为报道框架的高层次结构，通过提炼主题对报道文本中所潜藏的语篇整体结构加以归纳。在高等教育突发舆情事件中，不同的媒介因为自身主体性差异如传播理念、写作规范、立场倾向，成为教育类的公共议题舆论走向的重要变量。这些变量很大部分来源于具有明确意义标识的符号，譬如标题、导语、小标题、引句等，并以此来界定高校突发事件的主题、性质和类型。在2020年高校突发事件中，有多起与教育公平事件有关，其中典型的有陈春秀、苟晶被顶替上学事件①，仝卓直播自曝应届生的身份造假事件②，等等。

突发公共事件爆发导致的舆论传播给社会带来困扰。当前学界研究对文本挖掘分析，以舆情事件为主题，利用数据采集技术，结合情感分析和文本处理

---

① 人民网．山东通报两起冒名顶替上学事件[EB/OL].(2020-06-30)[2022-05-20]. http://sd.people.com.cn/n2/2020/0630/c166192-34121435.html.

② 人民网．仝卓自曝高考身份造假：究竟用了什么手段？[EB/OL].(2020-05-31)[2022-05-20]. http://yn.people.com.cn/n2/2020/0531/c378440-34053625.html.

方法，对舆情信息进行监测和分析，通过媒体报道及舆情变化的监测，为今后类似事件的分析和预防提供经验。对陈春秀被顶替上学事件进行检索发现，主流新闻网站在对“农家女被替上大学”事件中呈现出高度一致性。在“农家女被顶替案”中，当地政府虽然回应及时，但处理结果并未得到公众的认可，同时由此事引发的“新闻搭车”牵涉出的“242人冒名顶替”事件，导致相关舆情风暴愈演愈烈。[①]替考事件中，这些舆情报道主要集中在“对涉事者责任的追究”“对当事人的同情”“对人物事迹和生活现状描摹”以及“对公平正义的申述”上。如98家媒体争相转载《被顶替上大学的农家女至今没等来道歉！白岩松发出“灵魂四问”》就表现出明显的社会正义感和对事件真相孜孜以求的明确态度。[②]

从引语上来分析，央视网借助白岩松在《新闻周刊》中发出“灵魂四问”，直截了当地表明了自己的态度，也相应指明了文本的主题结构。第一问，“这都是过去发生的事情，那么过去发生的还有没有现在没发现的呢？”表明媒体要求由点及面、全面清查的态度，以维护教育公平。这一诉求，不仅代表了媒体态度，更代表了社会各界对高考教育制度的诉求，彻底清查以解除社会各界的疑虑，维护招考制度的权威性。

第二、三问，“当初一路审核的绿灯又该由谁担责？仅仅造假的人被追责就够了吗？”要求还原事件真相，同时直截了当地提醒除了造假的当事人，那些帮助造假的人员也同样存在过错和罪责，也应给予相应处理。面对一个社会影响力如此广泛的突发事件，白岩松的灵魂叩问无疑在敦促有关部门查清真相，给社会公众一个交代的大众诉求。

第四问，“一个曾经考上过大学的人难道就真的再没有上大学的机会了吗？”被认为剥夺上学权力的陈春秀提出了上学的申请，然而，她的申请却没有被接受。媒介借助这一反问，将公众的目光聚焦于陈春秀身上，对陈春秀是否上学权利进行了深入的反思和探讨。

---

① 黄越.新媒体环境下“新闻搭车”现象与舆论引导——以“山东农家女被冒名顶替上大学”为例[J].新闻前哨，2021(10)：29-30.

② 央视新闻网. 陈春秀：被顶替的十六年[EB/OL].(2020-06-30)[2022-05-20]. https://tv.cctv.com/2020/06/20/VIDEZKIAne1NHEZrZe6Q1gcV200620.shtml.

毫无疑问，央视网借助白岩松的发问，来呼吁更为公平透明的招考制度，来捍卫受害者的权益，与此同时也要求对相关人员进行严肃追责。每一问都代表了社会大众的一种诉求，这是央视网在关注度极高的事件中，通过责任归因式的发问，体现了主流媒体的责任意识。

表3　微博热搜的报道主题及导语

题目	主题	导语
《山东通报两起被顶替上学情况》	真相、追责	6月24日，山东省纪委监委机关、省教育厅、省公安厅等部门单位组成的工作专班，与济宁市、任城区有关单位一起，对亮起被冒名顶替上学等问题进行了调查核实
《山东理工将努力帮被顶替者陈春秀读书》	高校积极回应	山东理工大学：将积极协调，努力帮助被顶替者陈春秀实现读书愿望
《被顶替上大学农家女曾被要求自证身份》	政府被曝不作为	近日，山东聊城冠县考大学被顶替的陈春秀告诉记者，媒体曝光前，她曾到冠县教育和体育局想查询自己的高考信息，对方告知需提供除身份证以外的身份证明，以证明“自己是自己”
《被顶替农家女想重新入学遭拒》	高校回应	被顶替农家女想重新入学遭拒，山东理工大学：无此先例
《顶替上大学者称全是舅妈办理已去世》	顶替者表态	被顶替者姐姐质疑去世舅妈办理说法：顶替者曾委托中间人协商，曾说是其父亲办的
《山东被顶替上大学农家女将起诉顶替者》	维权、追责	今天，山东聊城冠县“农家女被顶替上大学”事件的当事人陈春秀发表声明，目前已聘请律师帮助维权，将起诉顶替者陈某某

另外，与央视网迥异的，不同的网络媒体在报道中因关注点不同，所形成的报道倾向和切入点也有所不同。如表3所示，例如，澎湃新闻在《山东被顶替上大学农家女：被顶替的十六年，至今没等来道歉》则更倾向于对事件当事人经历和心理状态的描摹，以当事人的口吻和心态讲述被顶替事件，让受众为受害者感到不平，对肆意破坏别人未来的涉事者感到愤恨，以及对公平正义的追寻。[①]

① 澎湃新闻．山东被顶替上大学农家女：被顶替的十六年，至今没等来道歉［EB/OL］．(2020-06-30)［2022-05-20］．https://m.thepaper.cn/baijiahao_7942861.

(二) 文本框架中的层次要素分析

臧国仁将中层次结构定义为由“主要事件、先前事件、历史、结果、影响、归因、评估等环节组成的框架”①。这些类目共同组成了报道的文本框架。对中层次新闻框架分析包括对主要事件、文本框架和事件评估等环节要素,其发挥作用的途径是借助分析如何被选择,研究如何改变受众的情感态度和价值评价。

首先,主要事件在新闻报道中,包括高校网络舆情的人物、情节以及事件发展走向。在大学生被替上大学事件中,网媒对该事件的报道基于不同视角进行了多维呈现,媒体分别从顶替者、被顶替者、涉事高校等角度对事件进行了描述和报道。如表3所示,结合《被顶替农家女想重新入学遭拒》《顶替上大学者称全是舅妈办理已去世》这两篇新闻报道对顶替上大学操作过程这一事件的描述,可以得出两种截然不同的描述。第一篇从陈春秀角度重点讲述她为了实现大学梦,自己付出的种种努力,以及在这个过程中父母和整个家庭付出的种种艰辛。这一煽情报道能快速凝聚起受众对被替者的同情,对官方进一步施加压力,并促使官方尽快查清事实真相。第二篇报道借助第三方陈双双父母推卸责任给舅妈的说法,重点揭露了事件中存在的违纪违法现象,对涉事人和有关部门的违法违规行为进行严厉痛斥,呼吁社会各界的广泛关注。

先前事件、历史指涉的是与主要事件相距较近且有着直接联系的背景资料,也就是事件发生背景及事件原型。在融合媒介形成过程中,一个很重要的特征就是传统新闻文本和跟帖留言共同构成了新型文本。新型文本是在媒体意见形成过程中的文本,也是始终处于增殖过程中的文本。一方面,传统文本具有“语义封闭性、结构简单性和语境低度性”②的文本特征,只能经由特定的传播主体如记者编辑加以阐释;另一方面,受众跟帖参与到文本的加工中,促使两个文本之间存在语义上互为补充,呈现出明显的“互文”特征,为新型文本构建提供了无限的可能性。比如关于山东省纪委监委的《关于聊城市冠县、东昌府区两起冒名顶替上学问题调查处理及相关情况的通报》的文本中,有微博博主“舆情

① 臧国仁.新闻媒体与消息来源——媒介框架与真实建构之论述[M].台北:三民书局,1999:41.
② 王烨.人民网与澎湃新闻的失独报道新闻框架对比研究[D].重庆:重庆大学,2018.

探长”结合刑法最新修改内容，对山东通报“被替上学”事件所采用的法律条款进行了解释和说明。这在一定程度上可以算作是对新闻文本法律资料的补充、修正和完善。网友根据微博主提供的专业权威解释，对事件进行认知构建上的判断，例如“冒名上学”被博主以《中华人民共和国刑法》最新修改的“冒名顶替罪”来进行解释，也是社会各界对公众认为此案“违法成本过低”的一种回应。

此外，还有结果、归因可以视作新闻文本发挥建议对策的功能。新闻报道承载的内容经过框架传播渠道成功实现了把关人社会责任的回归，同时也彰显出媒介对于问题解决的新闻职业道德和责任感。白岩松的“灵魂四问”建议全面清查被替上学现象，建议追究相关责任人责任，给受害者一个重新读书的机会。如此看来，事件的自身原因、政策原因、社会原因等方面，它们不仅通过事件为公众带来启示与思考，还发挥着社会治理的现实功能。

（三）文本框架低层次要素分析

低层次的结构研究和分析的焦点是关于语言、词语本身进行意义的分析。从新闻文本的微观结构来看，其中的词频、词组、关键词、常用语、媒介形象、信息源、句子等，都可以视作判断和强化主题的一种手段。在高等教育网络突发事件中，新闻框架借助低层次要素通过不同负荷的排列组合，重新构建新闻文本的传播意图和叙述策略。因此，当我们思考和观察在新闻生产者所框定和选择的信息内容时，参照文本主题、引语等高层次要素，就可以分析如何通过符号化手段建构新闻材料和新闻框架。

在被替考事件中，词频最高的词是“陈春秀”，这说明社会大众对受害者不公平境遇的特殊关注。首先，考虑后续清查被替上大学事件，可以视作是“陈春秀”事件的延续和发酵，“陈春秀”成了一个标签，代表了这一类受害者的群体；其次“调查”“问题”两词涵盖了“调查处理”“调查结果”“依法处理”“强制措施”“及时公布”“事实真相”等众多内涵，代表了公众及媒介对于教育公平与社会正义的向往追求；最后是“农家女”“顶替”这类词是此教育事件当事人特殊身份的补充，身份的标签和差异引起网民对全国教育招考的诸多担忧。媒体渲染身份标签，究其原因：一方面固然是教育中的弱势群体容易令人同情，有助于吸引受众的眼球，激发公民参与讨论和传播的欲望；另一方面，高等教育中的身份标签在突发事件激化下成为社会公共议题，媒体因自身的社会责任感，必须将相关议题暴露于公众视野之下，使之成为社会改革和建设的重要推进力。之后的高频词大多是事件的细节体现，具有一定的趋同性，无论是“学籍”还是“通知书”，虽难以替代展现事件的全貌，但也是社会公众广泛争议的一个焦点。

整体来看，事件所引发的舆论浪潮较高，讨论的话题集中在被替者、顶替者、公平正义等方面，其中的话题包括农家女身份、招生录取、学籍入学管理等。这些热点和话题反映了公众面对公共机构和公权力时的情感撕裂，既寄托于公权力解决诉求问题，又容易产生疏泄自我的情绪，公众的情感转向和价值选择不能完全受到社会法制和道德的约束，社会治理风险将会大幅提升。[①]然而，随着原舆情热度的降低，新闻框架对教育公平更多关注后续的处理，人们对高等教育敏感神经较重，常常伴随着“追责”“真相”“弱势群体支持”等追求，符合网络草根群众对公平正义的向往。在此事件中，社会各界普遍表达了对弱势群体的支持，对后续工作的持续关注。

二、话语实践维度：话语秩序与意义生产

本研究将话语实践维度定义为对话语生成和传播动态过程的考察，即话语主体为实现话语共识或形成话语合作所做出的各种努力，主要揭示话语实践对文本生产及意义生成的影响机制。基于框架传播机制的主体性表达，可以视作不同话语之间的互动和对抗的过程。

（一）话语采纳过程

在以框架为核心的话语共识机制过程中，话语主体建立共识的首要步骤就是采纳或回应某个或某些主体赞助分析框架。从本质上来看，公共事件的话语

---

① 黄越.新媒体环境下“新闻搭车”现象与舆论引导——以“山东农家女被冒名顶替上大学”为例[J].新闻前哨，2021(10)：29-30.

来自不同社会群体或个体的利益之争。各类内外作用中相互因素的总和形成了所谓“社会语境”。这一根本性要素决定了媒介在复杂的竞争和互动中最终采用哪种框架建构受众的认知。换言之，不同类型的个人或群体，在一定的社会环境下使用不同种类的语言框架。话语采纳的过程所着重描述的，正是语言使用及与社会语境情境之间的联系。可见，具有差异性的话语以多元化的方式构建各种至关重要的语境，并时刻与社会现实产生联系。

在一定情境下，不同的参与主体对框架的采用有别，会导致认知有别。在意见的“公开广场”上，各方将对如何定义正在发生之事展开公开争论，也就导致了话语的竞争与秩序。在高校争议性议题话语实践中，话语主体讨论空间体现了两种截然不同的观点。两种截然对立的认知，源于传播主体基于自身经历和利益所采取的认知框架。在话语表达方面，无论语词、主题以及情感表达都呈现出了迥然相异的特征。因此，可以进一步总结，“话语”是来自不同主体对事件的不同理解。对于争议性事件所建构的议题而言，对信息的接收加工处理使讨论最终走向不同方向，并形成认知偏差和话语竞争。

（二）话语互动过程

当传播内容被生产出来，话语主体采用特殊的视角作为该议题的适合框架，他们会努力借助媒介或其他公共渠道去吸引更多关注，赢得更多的支持。在整个过程中，话语的组织和意义表达尤为重要，并以此可能形成了两种或者两种以上的话语场。话语场之间，存在着既交叉重合又相互对抗的情况。在此情况下，“互文”成了话语意义生产竞争的一类主要方法。话语主体采纳框架生成议题，经由媒介产生的传播内容和加工生产的文本，承载着社会意见进入话语竞争和互动的范畴。可见，话语绝不是凭空产生，而是在文本要素与社会现实连接的过程表征出来的。

话语合作。在一个新闻议题的生产过程中，有对抗自然也有合作，话语合作是意见合流的主要方式。在以新媒体为主要渠道的舆情传播过程中，不同主体的话语所体现的社会影响截然不同。在合作方式中，话语合作的方式非常多样，个体、“大V”、当事人、把关人的话语表达，对受众理解公共事件会产生明显的差异性；如个体的意见可能是零散的、分散的，官方的意见是系统的、权威的，当事人的意见是生动的、形象的、有说服力的，等等，其中的区别还是十分明显的。

另外，除了功能上互补以外，舆情话语表达过程中存在一个协商式的话语场。有两方面特征：一是话语场传递价值观。价值观传递的过程中两个话语场之间有互动交叉关系。二是传播效果的有效性。这种话语的特性可以防止在对话交流中产生冲突，但是又可以自然地输入可理解性的话语，让价值观更易被传递。

话语调适。传统语境下，官方代表更为权威的话语体系，负责在舆情危机当中掌握信息通道，并借由重塑媒体传播框架对自己的意识形态和传播意图进行再生产或正当化。在互联网时代，由于多元主体赋权以及社会主体性特征的形成，官方长期以来在危机公关之时所展现出的威权模式不得不做出让步，其所依赖的话语文本和传播修辞也必须重新编码与调适。以政府通报文本高频词为例，依次是公安、调查、工作、情况、现场、发生、发现、依法、成立、人员。①这些在政府通报文本中的词汇，其话语建构具有明显特征：一是事实处理优于事实真相。在许多引发舆情的官方通告中，重过程描述轻问题和结果激发了受众的对抗情绪。二是管理取向优于沟通对话取向。政府在突发事件中扮演着管理者的角色，基于其自身的利益出发使传受双方之间的沟通出现障碍。三是话语霸权者身份优于平等对话者身份。如若忽视了公共利益和个体需求，必将导致对话难以继续，进而影响最终和解的达成。

在对官方危机文本分析中，模式化的话语生产及刻板的话语表达，话语主体有其一套自我调适和修复机制。如“学伴”事件第一次发布引发舆论争议后，涉事高校紧急发布了第二篇紧急通告。这在一定程度上缓和了社会各界的质疑和批判，显示了官方话语的弹性调适，为下一步和解奠定了良好的基础。

话语霸权。话语霸权与话语反抗是相辅相成的，因为话语意义产生和接受

① 李彪.霸权与调适：危机语境下政府通报文本的传播修辞与话语生产——基于44个引发次生舆情的“情况通报”的多元分析[J].新闻与传播研究，2019，26(04)：25-44，126.

的前提是必须占据一定的信息。乔治·格伯纳认为媒介权力是一种通过支配和操纵来建构共同价值的力量和能力，具有一定自主性，而且必须在合法性外衣包装下转化为权威，升级为霸权。而媒介恰恰是依附性权力、生产性权力与资源性权力等相对自主权力的集合，这几者彼此纠缠，不仅仅充当了葛兰西霸权理论框架中的中介、平台和工具，同时也反映出媒介霸权理论研究的关键问题和理论价值。作为公共话语生产的最重要的渠道和方式，媒介话语霸权也可以视为公共话语领域的霸权。对高校突发事件中的科学议题或者专业性议题，官方和媒介掌握着巨大的话语权。普通民众因为知识信息所限，形成了对议题的优先参与。这种情况下官方如若依旧采取单方面的自说自话，其他“意见领袖”凭借自己的知识实现对话语议题的引导和控制，并引导民间舆论意见盲目跟从，必将引发网络突发事件的进一步发酵与升级。

（三）话语对话过程

共识对于协商民主至关重要，而共识首先体现为一种语言共识，其包含在理性语言的对话中接近共识、在互利语言的基础上达成共识、在兼顾弱势语言的前提下反思共识等内涵。协商共识的本质是语言和言语。致力于塑造语言共同体，包括尊重语言的多样性、基于情境的表达自由、基于集体善的共同价值观、语言共同体的诞生等内容。[①]实现对话必须建立语言共同体的情境。应努力做到以下几方面：

一是尊重主体的多样性。话语的多样性源于主体的多样性，不能寄希望于通过建立一个统一的认知框架，使受众在同一框架中保持共识，这显然是不切实际的。共识绝不是意见的完全一致。对此，美国学者博曼提出“多元一致”的思路，认为“需要构建一种新的、拓展的、协商分歧的框架”，将各方不同的理性思考容纳到新的框架之中。这样一来，共识也就变为可能。“多元一致”框架与构建语言的共同体之间存在相似性。不同主体所建立的框架最初存在的是冲突与敌对的关系，但是随着官方主导的和解性框架的形成，不同话语主体在框

① 张宪丽，高奇琦．回到语言本身：协商民主的政治哲学探究［J］．行政论坛，2020，27(05)：12-17.

架范畴内寻找共识，并依据各自的利益特点进行修改与调适。大众传媒在公共协商中所扮演的角色更像是公共论坛，如同观点竞争的自由市场，多元的主体在论坛中的讨论和争辩，可以在公共利益的基础上形成"多元一致"。在高等教育领域维权事件中，一旦矛盾冲突从对内转向对外，双方又会快速和解。这种变化，就是不同主体基于公共利益优先考量之后形成的"多元一致"。

二是情境化表达。个体言论自由是实现良好沟通和对话的基础，然而，这类表达自由应当是情境化的。因为任何的表达如果脱离其语言的情境，其表达的内容则没有现实意义。换言之，自由不能外在于情境，而情境为我们指定目标，并使得合理性具体化，为创造性提供灵感。[①]迈克尔·J. 桑德尔(Michael J. Sandel)从社群主义和公平正义的视角讨论了基于情景化的自由。桑德尔所希望表达的是，个体虽然有自由的权利，但是建立在公共利益或特殊情境下，这种自由将会出现高度的趋同和一致性。共同体作为个体的情境，在某种程度上受到了共同体的约束，个体自由需要在共同体的基本框架之内才能充分实现。[②]在各方寻求共识达成统一认识的过程中，创设情境已经成为一种屡见不鲜的表达策略。在疫情防控过程中创设出的战争隐喻，是基于特定的情境和公共利益而形成的，易于受众在认知层面达成和解。

三是倡导主流核心价值观。任何语言背后都蕴含着共同价值观。主流价值倡导公共利益高于个人利益，倡导在共同价值基础上确立个人的权利以及界定权利的规则。个体与集体、个体与社会之间的联系，就是通过沟通和交流实现的。如果缺乏了主流价值的凝聚，个人便也失去了与集体、社会联系的基础。换言之，在话语寻求共识过程中，个人的利益要服从集体和公共利益原则已经确立，各方要在"善"的原则下进行协商和做出决策，并通过语言形式将其呈现出来。比如在协商过程中，使用"我们"来指代对话的双方，而不是用"我们"来指代对话的己方，用"你们"来指代对话的对方。尽管这是对话过程中的一个小细节，但是这两个不同的表达既预设了双方的不同身份，预设了不同的共同体及其目

---

① 威尔·金里卡.自由主义、社群与文化[M].应奇，等译.上海：上海译文出版社，2005：45-46.
② 迈克尔·J.桑德尔.自由主义与正义的局限[M].万俊人，等译.南京：译林出版社，2001：209.

标。在舆情争议的过程中，话语主体想通过对话达成和解，必须在话语预设和共同价值的规范下进行协商。

（四）语言共同体的诞生

在话语共识中，因为参与对话各方预设的情境不同，很容易造成误解和偏见。消除误解和偏见最简单的做法就是使用共同语言。如果交往共同体不预设彼此在使用一种共同的语言，那么他们就无法对所谈论的事务达成相互理解。譬如，在高校里师生矛盾是一种常见的冲突形式，两个群体基于相似的地缘环境，何以还会产生如此强烈的冲突和争议事件？这是因为二者在学校的地位差异。师生在高校管理中处于不同管理角色位置，学生试图突破管理规则寻求个人自由，教师则要维护学校应有的秩序。对于同一事件，基于不同利益出发点必然导致争议与冲突。因此，这里的语言不但是指用一种作为交流工具的语言，而且是指交流的内容以及背后的价值观。社群主义学者迈克尔·沃尔策(Michael Walzer)认为，共同体是一种有着预设共同意义的意义世界。我们需要在“共同意义的世界”和“普遍善”的基础上形成一种语言共同体。[①]这么看来，语言共同体的本质是一种话语的共识。

三、社会实践维度：话语叙事与社会参与

费尔克拉夫曾说：“变化的话语实践是社会变迁的重要因素。”[②]考察话语的生成机制，很重要的一点就是要研究清楚权力关系的运作机制。话语作为社会学研究的重要对象，它既处在复杂的生产关系和意义关系当中，又处于一定的权力关系当中。权力的本质是话语的，社会变迁的本质也是话语的，话语又建构了社会现实。在整个社会系统运行中，话语不再仅仅是一种自治的语言结构，

---

① 迈克尔·沃尔策.正义诸领域：为多元主义与平等一辩[M].褚松燕，译.南京：译林出版社，2002：34-35.

② 朱振明.权力的消失：被扭曲的福柯——基于《话语与社会变迁》的分析[J].国际新闻界，2020，42(04)：117-133.

而成了与环境结合的意义与现实生产机制。

2021年，一则社会新闻被网友热议，“我走了很远的路，吃了很多的苦，才将这份博士学位论文送到你的面前”。中科院的博士论文致谢在网络上走红就是一个典型案例。经历许多苦难后仍坚定向学、最终改变命运的黄国平的故事令人唏嘘。面对热烈的网络讨论，热点事件如何引发网络公众的主体性参与？进入公众讨论当中的“苦难叙事”如何引发网友普遍共鸣，其背后所体现的传播机制与受众心理又是如何的？我们试着借助该案例进行分析。

（一）叙事表达的主题书写

中科院博士论文致谢的走红，严格来说不具备一定程度上的争议，但是这一热点事件却意外地激起了全社会的共识理解。我们以此为案例，梳理考察作为高校“热点”的论文走红，是如何影响受众认知的？

网络突发事件的话语表达，最为显著的标志是主题标签和身份话语。2018年，一篇《感谢贫穷》的自述文章与这篇走红的博士论文致谢非常相似，也曾激起一阵热议浪潮。以“贫穷”与“奋斗”为主题的话语叙事，苦难最终是被征服的，人们对于这些新闻当事人的遭遇和故事深表同情，为他们不断抗争以面对苦难的精神感动动容。“苦难”强化了当事人的话语特征，构造出一个与命运抗争不懈努力的身份标签，这既体现了网民与媒体对当事人的认知评价与话语建构，也在一定程度上体现了事件传播过程中的话语共同体的建构现象。多年前央视的采访节目“你幸福吗？”之所以拥有如此强大的传播力、影响力，其原因就是采访者面对镜头的达观态度，感染了镜头前的观众。相比于“奋斗”主题下的新闻叙事倾向于突出障碍和困难，“豁达人生观”主题的新闻叙事则更多表现出一种“风轻云淡的从容”。无论何种，在话语叙事的主题书写过程中，苦难、惨痛、奋斗抑或达观已经促使这一事件成了有价值的社会事件，同时也成为一个典型的话语事件。

（二）身份标签与话语建构

在互联网时代，“苦难叙事”备受关注。20世纪以来，以央视、《中国青年报》、

《冰点》周刊、《南方周末》等为代表的主流机构媒体发布了许多聚焦农民工子女、流浪汉、农村单身汉等弱势群体的新闻报道，身份标签式话语在该类事件传播中被大量使用。在新闻报道之中，人们将定型化的事件与潜在认知联系起来用以建构新闻的过程就是“贴标签”。这些身份标签，很大程度上囿于特定新闻框架而有所不同。

曾有学者由此概括出四类框架：“宣扬自强不息等传统价值观的回归，体现公共情怀的关切，对底层生活进行真实再现，以及消费与狂欢文化下文化工业的饰品。”[①]因为话语传播的权力并没有完全地从媒体延展到个体手中，在类型化框架的认知作用下，隐藏于“苦难叙事”身后的社会群体被刻意地塑造为固定形象，并深深地烙印在受众的认知脑海内。这类话语标签有以下特征：第一，标签话语是受者的价值评价形成的，可以强化其对于该事件的感知和评价；第二，标签同时带来的心理作用机制既可以发挥正向的效应，也可能得到负面的结果。“社死高校学姐”之所以成为网络流行语，是无数网友通过标签表达观点发泄着自己不满情绪的结果。但是，像“寒门学子”这样一个共同的奋斗标签也鼓励了一代人的成长。与网络流行语类似，身份标签也可以视作社会舆论的指示器，作为社会民意的关注与表达。由于媒体的传播意图与受众的认知在某个关键节点上形成了契合，进一步加深了身份标签的印记。然而，固有印象最终将随着社交媒体的出现有所改变。像黄国平这种通过文本记录自身经历的内容能够直接呈现在互联网当中，与公众进行隔空对话，更加凸显出数量庞大的“草根”群体通过自媒体获得了公开自我展示与表达的机会，同样也使得一些个人议题经过网络扩散进入公共场域而为人们所关注。同时，社交媒体中多元化的意见表达，也使“媒介审判”这一现象逐渐消弭，媒体的舆情意见空间越来越像一个观点集散的“信息公共广场”。

---

① 李文巧.底层文学在现实主义精神关照下的苦难叙事[J].西安建筑科技大学学报(社会科学版)，2019，38(03)：86-90.

(三)集体表达与社会参与

网络突发事件因为参与广泛,掺杂着公众的不理智因素。由于话题的开放性,不同群体通过多元化的方法参与进“公共广场”的讨论中,形成了意见和观点的重要引流现象。与此同时,个体的话语书写不再仅仅限于媒体报道,而往往是由涉事人的个体表达、各类媒体的宣传报道,以及公众对事件的充分讨论共同构成。在这样的传播中,一些群体的形象也不再仅仅是一个苍白单调的符号,而是在与多边的建构和互动中变得血肉丰满起来。

在“博士论文致谢走红”这一事件中,刚开始受众对于信息的了解仅限于网络信息,媒体报道主要以解读和评论为主,事实性消息、深度报道等成为信息获取的主要渠道,但随着媒介的跟进,更多的信息进入公众视野。经过主流媒体引导和自媒体平台的自我修正,以“苦难叙事”为主题的报道在传播过程中,一定程度上跳出了被宽泛的群体化符号所桎梏的情况。其报道的主题不再仅限于人们所发泄和产生的情感,也不再仅是纯粹意义上的感动,而拥有了更为多元的感知和评价。

哈贝马斯的“公共领域”提倡通过理性话语实现理解与沟通。但从当下网络突发事件的现实来看,相较于理性的论述,情感的唤起与共鸣往往会在集体共识的形成中发挥着更为关键的作用。公众对热度事件的狂欢表达,舆论广场上的多元化表达,促使公众的情感因素被成功地动员起来,对痛苦的共同体验成为连接人们心灵的纽带;使得不同群体都被新闻当事人的故事唤起强烈的情感共鸣,进而能持续地参与到对相关事件的关注与讨论当中。这种体验绝非来自浅薄而片面的煽情,而是雷蒙·威廉斯所说的“情感结构”——公众情感并非碎片化或主观化的,而是对当下社会现状的结构性反映,它关乎公众的理性与感性,更关乎这个社会的真实。“苦难叙事”对情感的唤起与联结,展现了不同主体之间的相互理解、彼此认同的可能性。精英话语和大众话语因为情感的共振而暂时搁置阶级和利益的分歧,形成集体式、狂欢式的话语表达,并最终促成了讨论与评价的舆论场形成。

值得注意的是,这种重情感轻协商的话语方式,是新时代网络环境下社会心理的一种映射，由于话语事件契合了社会现实和社会心理，诸多像“博士论文致谢”的苦难叙事为社会各界所关注。当然，与感动情绪同时被唤起的还有公众对个体境况、教育公平等公共议题的关注，反映出人们共同关注的社会问题与价值取向，带来公共讨论中的温度与关怀，在社会认同的过程中，理性和情感成了社会公众参与话语实践和话语行动的重要动因。

第三节　高校突发事件的共识逻辑

作为人类社会参与者间互动和传播的主要形式，话语不但具有“形式、意义、文体、修辞、图式结构”等特征，它还是“社会文化语境中的语言使用者在交际过程中实施的社会行为”。话语不仅栖于文本的各个层面，也栖于公共空间之中，存在于不同公共空间和公共话语中。以微信群、朋友圈为代表的社群传播崛起，话语表达系统机制进一步重构，改变了受众的传统认知图式，也促使高校舆论场话语空间出现变化。

一、网络社会崛起中的共识

道格拉斯·凯尔纳提出：“我审视的是媒体文化是怎样同政治和社会斗争叠合在一起，怎样参与塑造日常生活，怎样影响人们的思维和行为方式，影响人们怎样看待自己和他人，以及如何形成自身的认同性。”[①]在社会冲突加剧对抗的背景下，高校突发事件传播的话语叙事有强调冲突、对立向对话解释、协商共识、知识性生产的叙事角度转移。在争议性议题传播的实践话语中，高校网络舆情传播作为一种社会性的话语行为，借助话语实现对现实情境定义、话语权利的分配和规则的执行，建构对议题的解释，这既是人类在心理和生理上的调适过程，也是推动和促进议题形成社会共识的重要基础。

---

① 道格拉斯·凯尔纳.媒体文化[M].丁宁，译.北京：商务印书馆，2004：11.

（一）“我们”与“他们”

如果说当代舆情治理与既往舆情治理存在诸多差异，那么媒介变革无疑是最重要的区分变量之一。在过往的任何一个时代，都不会有当今时代的媒介带来的深刻变革。互联网的蓬勃发展，带来了社会行为方式和关系的明显变化。网络舆情又是这场社会革命带来的一个风险变量，它的民意是分散的，在网络场域上也是当今国家治理进程中必须面对的时代课题。

曼纽尔・卡斯特基于对社会变动的敏锐洞察，对20世纪90年代以文化认同为基础的社会运动的观察，提出全新的社会结构——网络社会概念，以及在此社会新形势下，被全球化和文化认同的冲突性趋势所形塑的“我们”的世界和生活[①]。卡斯特眼里的网络社会是一种区别于传统农业和工业社会的新社会形态，而舆情恰恰是以互联网等新媒体为基础而进行社会认同的转变。由互联网和新媒体带来的全球化造成了巨大社会冲击，不仅引起了传统社会认同体的变化和解体，也造成了社会人员心理和认知上的进一步改变。卡斯特在审视网络社会崛起所带来的社会变迁中将“认同”与“全球化”看作一种对立概念，其“抗拒性认同”的表述来自卡斯特对认同形式的划分。他将认同的形式划分为三种：

一是合法性认同。基于权力支配者所建立的一套组织和制度，这些行动者总是在合法的空间内诉说请求，以拓展及合理化它们对社会行动者的支配。合法性的认同产生公民社会，也就是一套组织和制度，以及一系列被结构化和被组织化的社会行动者，它是国家和民族主义认同的重要来源。在高等教育领域突发事件中，合法性认同是一种主流价值的认同，在意识形态事件中其价值和作用得以显现。如高校师生在网络上发表不当言论，会引起网友的极大愤慨，并在网络舆论场形成一边倒的现象，原因是师生不当言论严重背离了公民行为操守，严重损害了国民的民族感情。这种认同感是长期制度文化浸润的结果，是共同的价值和精神文化孕育的产物，也是在乡土情结基础上塑造形成的共同价值观体现。

---

① 曼纽尔・卡斯特.认同的力量[M].北京：社会科学文献出版社，2006：32.

二是抗拒性认同。这是社会里比较重要也最容易辨别的一种认同，由那些地位和环境被支配性逻辑所贬低或污蔑的行动者所拥有。这些行动者筑起了抵抗的壕，并在不同于既有社会体制的原则基础上生存下来。抗拒性认同是社会冲突和意见冲突的表现形式。由网络社会的崛起引发弱势群体的抱团，发酵聚合，迫使各方主体在自媒体环境中应对突发性事件。这种复杂局面，使抗拒性认同成了突发事件中认同的常用形态。高校舆情中各种贴吧、“意见领袖”、社区、社群等，基于不同意见群体对抗而形成强强对抗或弱势抱团，并造成意见的割裂和对峙。值得注意的是，抗拒性认同并非始终处于对抗状态，在某种情况下，不同意见会形成认同的转换。这与传播主体自身的利益考量和抵抗程度有密切关系。

三是规划性认同。社会行动者基于一定的文化材料，构建一种新的、重新界定其社会地位并因此寻求全面社会转型的认同。规划性认同多是由抗拒性认同从零散自发状态进入社群的集体性意见时，其认同的形态和诉求表现出明显的计划和目的。规划性认同是一种具有较强组织性的认同形式。具有代表性的是有不少高校大学生参与的“帝吧出征”事件，即爱国网友自发到海外各大社交平台，传播爱国青年的声音。“帝吧”通过微博、QQ群、贴吧将零散的意见表达转换为让人惊叹的意见运动，彰显出中国网民的身份认同和心理情绪认同。

从抗拒性出发的认同可能引起规划性认同，并在社会制度中取得支配性地位进而成为合法性认同。然而，构建网络社会中舆情传播，首先要界定“我”是谁，继而将个体层面的自我身份认识置于社会文化的大背景，界定“我们”又是谁；有了“我”和“我们”之后，才会去建构“他”和“他们”。关于“我们”和“他们”的建构，实质是身份认同问题。在高校突发事件中寻求认同，也必须通过建构某种共同体，再通过共同体去确立话语文本之间的互动关系，并在其中与他者形成对话与交流。

（二）虚拟社群与自我认同

网络社会的崛起带来了“网络国家”的概念。相较于民族、国家、性别、家庭、血缘等基于传统民族国家的地域文化关系生成的原始认同，网络社会中的集体性认同变得更加复杂和多变，其中最重要的就是虚拟社群给自我认同的形塑及其对立关系寻找新的表征关系。那么虚拟社区、自我认同是如何实现的呢？基于血缘、地域与心理归属关系。传播技术的快速发展创造了一个崭新的社会架构模式，互联网的出现本身是个重大的社会变迁，一旦两个或者更多的人之间发生了交互作用，社会的关系就会存在，社会群体就会形成，随之而来的是表达地域社群和文化社群的话语也会发生相应的改变。在网络出现之前，社会关系首先来自最自然的血缘关系。血缘关系是关系形成最初的认同的基础。其次是地缘关系。地缘关系成为不同社群后形成的心理认同基础，进而促使族群群体的形成与发展。这是自古以来便已存在的社群关系。当网络社会崛起之后，依托血缘、地缘和相似文化背景所组建的社群成了坚固的“民族共同体”。这种认同感是长期作为社会成员生存和发展过程中潜移默化培养起来的。高校是一个地缘群体，来自不同地域的学生在高校这个空间内开展相应的教育活动，是基于共同教育环境而形成的特殊连接关系。

一是基于共同诉求而绑定的利益关系。抗拒性认同，是社会里比较重要也最容易辨别的一种认同。网络舆情之所以不断地发酵并产生影响，很大一部分是因为受众在突发事件中受到了利益侵犯，不自觉地将自己归类为某种特殊群体，形成了鲜明的立场。在高等教育领域内，涉及公共性利益的突发事件曝光往往是由新媒体发端，然后在网络不断发酵，进而引发相关部门的警觉，并着力促进政策的制定和事件的解决。依托于新媒体下的虚拟社群是依据不同利益诉求而形成的意见共同体，其中每个人都可以成为“自媒体”“发声筒”，这些“虚拟社群”的意见表达多数是体现为自身的切身利益，社群成员讨论所关心的公共事务，也成为社会治理领域中一个重要组成部分，并对现实的社会治理产生影响。

二是基于主观选择下的心理认同。马克斯·韦伯提到，具有相同的身体外观或相同习俗，或具有共同的记忆，并且在主观上相信是共同祖先后代的一群人常常会认为自己属于同一个族群，但是具有这些共同特征的族群成员并不构成一个群体，它只是让群体较容易形成而已。[1]尽管从客观方面而言族群本身拥有诸如语言、文化、宗教、风俗习惯、肤色样貌和地理区域等客观特征，这些都可以被用于界定族群，但是更重要的是族群的形成和认同感完全是一种基于主观上的认知，展现的是个体对于群体的主观喜好、赞同或者支持群体的态度倾向。

因而，具有共同的文化记号、历史记忆的人，在主观上并不一定会因此而形成社群认同，形成一个具有自我意识的群体。从客观的族群身份到主观的心理认同、族群意识甚至集体行动之间，仍有赖特殊的历史发展和心理认知的影响。与明显的利益诉求不同，这种影响是潜移默化的。

（三）网络社会中认同的力量

网络时代的新型权力是沟通和引导的权力，人们在网络社会中不断地在自我辨认和重新建构。网络社群将现实的人际关系网络融合到了虚拟社会当中，而网民在表达爱憎的同时也很快达成对问题的深入认识和共识。在当今时代，谁能引导这种沟通和对话的导向，谁就具有了传播地位中的主导权。

网络社会的沟通何以具有如此能力？这是因为作为多元主体在公共空间展开的社会交往和意见竞争过程，会产生促使公共传播转向公共协商，增进协商民主和社会共识的可能性。“我们”通过建构自身的共同体反对文化控制，创造和改变文化符码。只要当“我们”成为文化符码的动员者和生产者，就能实现分配，获得权力并在认同中占有一席之地，而这就是认同的力量。[2]同时这也是曼纽尔·卡斯特所提及的“新社会的萌芽”。认同的力量打破了各种原有的支配性逻辑，界定了新的社会规则和形式，也重塑了网络社会的认同机制。关于认同的新文化符码纷纷出现，“我们”以及“我们”的世界便是在这些冲突和协商中，被重新定义，重新塑造的。

一方面，互联网的发展促使“文化更加全球化”，使不同文化的并置、融合、

① 王明珂.华夏边缘——历史记忆与族群认同［M］.北京：社会科学文献出版社，2006：24.

② 曼纽尔·卡斯特：认同的力量［M］.北京：社会科学文献出版社，2006：32.

碰撞和渗透成为可能，阻碍文化交流的壁垒被纷纷摧毁，文化之间的接触相较以往更为频繁。全球化进程不但推动着各种文化行为体之间增长的互动关系，而且也在这种互动中创造和强化着不同的文化个性。换言之，地方文化不可避免地将在与“他者”的社会互动中审视自我，在内省中重构基于地方意义的文化身份与社会认同。观照当下的文化实践，我们不难发现，文化之间的碰撞在产生冲突的同时也在相互哺育，在此过程中，各种力量不断扭转文化发展的动力方向。

另一方面，在社会转型期争议议题的传播和社会化过程中，这种文化的碰撞和观点的碰撞尤为明显。新闻媒体通过架构和处置争议，对搭建公众讨论的多元空间与场域，能够引导公众理性地参与对议题的认知讨论，甚至影响相关公共政策决策的制定。从初期的局部呈现争论并控制讨论的走向，到相对全面呈现争议，积极组织讨论，影响进而促进社会对争议性议题的理解和认知。文化的冲突与认同，逐渐成了社会转型时期和城市化进程中的一种现象，它在缓解社会焦虑、重建社会秩序中发挥着不可替代的作用。

网络社会中的共识远比我们想象的更具威力，那么网络共识的凝聚机制是如何促成的？之前的分析，无论是从社会冲突、传播视域、认知框架、话语文本还是心理活动等视角，都逐一列举了其发挥作用的机制或方式。但在实际应用过程中发现，个体或群体的不同价值实现的需求，共识的实现往往并非单一的某一种机制在发挥作用，而是在一个囊括众多要素的框架中相互影响、彼此作用。它们是在各种不同的条件下以相同或相似的方式使特定的一组要素之间的关系发生改变。

首先，共识构建要依托于一定的信息流。信息传播机制是将图文声像不同的资料和信息整合到一起的发挥机制，不同的信息被分类和提取，在统一的媒介信息技术平台上，高效便捷地服务与管理。在媒介传播的过程中，信息的提取和服务成为最重要的一个环节，通过信息的整合，为凝聚共识奠定了庞大的信息资源基础。

其次，协同合作机制是指打破部门、组织之间沟通的壁垒。在当今思政教育朝着向大思政发展的实践背景下，协同教育成为一个重要的命题。众多教育主体基于共同的理念进行跨壁垒的共享及高效协作，有助于克服体制机制壁垒造成各种障碍问题，有助于有效凝聚多元主体的政治共识。

再次，理性沟通机制涉及平等协商与公共理性两个要素，即相关的组织或个人都有平等参与协商的权利与机会，有权获得关于协商活动的完整信息。协商过程中的公共理性非常重要，包括两个层面：一是理性，指在协商讨论中保持尊重、理解、信任与宽容；二是公共性，指协商成果要满足大多数人的利益，这是凝聚政治共识的合法性基础。

网络社会中的共识现象是自媒体时代最重要的特征，由此造成的“舆情燃点低，舆情爆点多，舆情管控难”是当前我国治理体系和治理能力现代化的一个重要课题。技术赋权带来的不仅仅只有媒介使用的便利，同时也带来一系列互联网时代的风险与挑战。回应舆情治理挑战，必须回到言语行为本身。只有借助对话和交流，才能在纷纭芜杂的舆情场域里找到网络治理的头绪。

二、认同的基本模式：对话、协商和知识性生产

媒体的传播可以视作一种组织化的话语行为，是符号化的社会交往行动。在高校突发事件的认同建构中，主要围绕三个基本模式展开，即对话、协商与知识性生产。新闻媒体必须立足于各方充分讨论和应尽可能向公众视角延伸，为受众提供更多的有效信息，以便广泛地吸引受众的关注和兴趣，才能使讨论持续深入进行，进而获得更多的社会认同。

（一）从话语到认知：以价值选择为核心的共识协商

高校突发事件中，新闻媒体发挥着建构者和解释者的角色。事件持续发酵后，新闻媒体对事件的价值判断必定会遵循一个基本的逻辑，同时受众对新闻报道传递的新闻价值也有一个接受的范畴。按照媒介学的解释，新闻媒体对相关议题影响和预判是建立在一定的价值判断的基础上的，在社会结构分化和利益冲突尖锐化的今天，媒体选择何种新闻事实报道呈现、凸显都是经过价值协商与选择的结果。另外，个体选择接受何种文本框架，构建何种认知架构，也都

是要受到特定的环境和因素所影响的。因此媒体对复杂性议题的解释和再现都必定带有一定的价值选择偏向，这种相应的偏向也会体现在相应的文本中。

首先，新闻媒体是公众参与高等教育社会议题的重要渠道，也是他们进行利益表达和利益协商的重要平台。高等教育舆情中，新闻媒体必须以维护公共利益以及公共性为先决条件。这是因为传媒服务的对象是公众，高等教育问题涉及全社会的共同利益。从“教育公平”到“政策失当”等，新闻媒体不仅仅代表各自的媒体选择了新闻事实加以呈现和报道，更重要的是通过新闻报道的合法性审查，将新闻置于公共视野，也提供了讨论和交流的平台。

其次，新闻媒体不仅要呈现议题，更重要的是影响社会共识的生产。在高等教育舆情报道中媒体不是简单地罗列观点，而是要通过对话解释叙事等策略，建构多元对话以平衡冲突，从而促进不同解读者之间的对话协商。比如在一些疫情管控策略引发的突发事件的讨论中，媒体不仅仅只把视野放到学生的呼吁和诉求上，还要把报道的话语权交给高校管理方，报道他们的初衷和目的。

再次，共识形成需要平等的对话和商议，不能形成对话语的控制和压制。福柯在论述话语和权力关系的时候，也给予我们类似的启示，话语权的一家独大，并不有利于达成和解，反而会形成观点的压制。新闻媒体对各方话语的多元平衡有利于社会的基本稳定。当话语的讨论给出足够的空间，自然会出现新的行动者、实践者参与到高校管理和治理提升的话语实践中。

最后，共识要建立在公共利益优先的基础上。大多数人的公共利益一直被媒体视作重要的社会职责。不同的行动者会参与到意义建构的过程中，都会从公共利益的取向出发，形成所谓的公共新闻的报道框架。这一模式更强调新闻媒体不应冷眼旁观只充当把关人的角色，更应该真正参与到公共事务的话语建构中。长期以来，官方媒体充当了这类角色，比如，当研究生导师与学生冲突事件频发之后，官方媒体呼吁深化改革研究生导师制，不能给研究生导师一票否决大权。这一公共新闻在一定程度上把传播主体视作公共事务的潜在参与者，最终目的是帮助改善高校的管理治理水平。

共识并不代表一定要形成统一的意见，而是各方在理性分析判断的基础上保持冷静，求同存异。协商性共识的公共性价值选择，从最后的结果与作用来看，将形成有效的话语实践用以推动社会的进步。

（二）从话语到情绪：以情感唤起为核心的心理共振

群体极化、网络暴力、网络谣言……这些现象是个体在群体中不自觉地在知觉、判断、行为等方面，表现出非理性参与的网络行为。①个体情绪是反映社会状态的重要变量。通过研究发现，参与网络群体性事件的网民在维护社会公众的情绪、抨击不良道德的情绪、获取他人尊重的情绪、发泄对社会不满的情绪方面的表达意愿明显高于普通网民。高校突发事件发生之后，受众依据自己的经历和文化背景会形成一定的观点，进而形成所谓的“站队”现象，也就是会与观点相似、背景相似的人组建一定的社群。协商是建立在理性客观的基础上的审慎判断和选择，对话沟通必须建立在一定的意义情感共同的基础上。与协商性共识相比，以情感唤起为代表的对话沟通更容易激发受众参与的兴趣。

人们的认知以及产生的情感和行为都或多或少受情绪的影响。在网络表达中，话语呈现的方式除了普通的文字外，还有图片、视频，以及各种表情包，这些也成了重要的话语修辞符号。比如“我爸是李刚”“社交性死亡”等流行语就是这样。在对话生成的情感共振中，新闻媒体呈现出摒弃成见的诚恳态度，用心找出受众的更深层的心理需求，直观地展示出参与者的想法和观点，进而促成群体意见的合成。

当然，值得我们注意的是，由情感因素所主导的对话沟通虽然在一定程度上符合了民心所向，但也有可能因为自身认知的局限性而带来非理性的思考，以及对公共价值的忽视。当今受众个性越来越明显，媒体也更加注重煽情和道德裹挟，导致以公共利益为有限的框架原则被忽视。由非理性情感凝聚的“合意”在社会心态的冷静后分崩离析，导致了更大范围的对抗和冲突，这一点值得我们在处理价值冲突和价值分歧等议题时尤为注意。

---

① 张志安，晏齐宏.个体情绪 社会情感 集体意志——网络舆论的非理性及其因素研究[J].新闻记者，2016(11)：16–22.

（三）从话语到知识：以知识传播为核心的意义构建

知识是人类理解和学习的结果，也是人类生存和理解社会的重要方式。在话语与知识的关系研究中，福柯研究了从语言到话语和知识的转移，以及它们与权力的联系。福柯认为，知识和意义是由话语生产的结果。[①]在他看来，话语事件也是典型的知识实践活动。

同样，高校突发事件也是一种知识的实践。一是透过话语可以获得知识，话语与知识之间存在天然的意义联结。受众在对一个突发事件参与讨论时，总是会自觉不自觉地参与到一种跨群体、跨语境的冲突与协商过程中来，比如我们在“顶替上大学”事件中了解到法律对顶替行为的裁定，在“清华学姐”事件中了解网络暴力的危害等。二是讨论中的话语结构依赖参与者的知识。不同的受众主体依据自己的文化背景建立起相应的受众理解框架。知识因此可以被归结为一种重要的话语体系，没有知识带来特定社会情境中具体的言语行为，便难以形成对话的先决条件。

表 4　在代表性争议议题传播中的知识生产

高校网络舆情事件	知识	事件类型
山东曝光多起冒名顶替取得学历事件	法律知识 道德伦理 招考制度知识	招生就业
仝卓伪造应届生身份参加高考	法律知识 道德伦理 招考制度知识	招生就业
许可馨发表疫情相关不当言论	司法知识 道德伦理 高校思想政治教育	意识形态
研究生在实验室自杀身亡	司法知识 心理知识 高校管理知识	学生管理

① 斯图尔特·霍尔.表征：文化表象与意指实践［M］.徐亮，等译.北京：商务印书馆，2003：29.

续表

高校网络舆情事件	知识	事件类型
浙江大学重新处分涉强奸案学生	司法知识 纪律处分知识 高校管理知识	学生管理

如表4所示，新闻媒体是知识生产的重要工具，这是因为新闻媒体的职责不单是对知识的传递，更重要的是它在传播的过程中重新赋予了这些知识新的社会化意义。受众基于自己一定的知识系统，透过作为社会知识和新闻以及作为知识再生产的新闻媒体，进一步实现对社会现实的建构作用和议题的社会化理解。这个意义建构的过程，是以知识为中介，自我意义建构、促进他人意义建构、理解他人意义建构和协助他人理解意义建构。在这个共识达成的过程中，知识性生产有以下几方面的特点。

一是符合情境。即新闻媒体所生产的知识要在具体的情境中才能对应其义。比如法律博主提出的关于“受教育权”“冒名顶替上学”等，在约定俗成的背景下，社会各方可以形成一种明确和共通的社会认知。

二是学科交叉。在融媒体发展的今天，新闻媒体对事件的阐述报道，是在综合性和多学科的基础上进行表达，多样性的知识、批判辩证性思维以及尊重多样性的价值观都体现了高等教育网络突发事件中沟通和理解的传播特性。今天我们可以看到对一起高校突发事件的分析，至少可以从管理学、法理学、教育学上窥视问题的本质，如果指涉传播、心理等事件，还可以进行新一轮知识的探讨和问题的延伸。

三是注重反思。高校突发事件的话语共识最终目的是提升高校治理和社会治理水平，是以公共利益为前提的。在新闻媒体所建构的知识性生产也必然要体现公共利益。通过理性的讨论，不同观点合理地碰撞，相互补充包容，最终通过话语共识达成社会共识。

四是消解权威。网络的出现，让信息获取的渠道不再单一，知识也不再是少数人的资本，多学科或者跨学科视角备受推崇，专家的知识和权威遭受质疑。当下，官方第一时间发布的公告，有很大原因在于消除网络曝光带来的被动舆情。

综上所述，新闻媒体的知识性生产有利于消除受众之间的知识差异和不对等，增加争议性议题传播中对话协商的可能性。今天知识性的新媒体平台备受推崇，为高校师生参与、讨论提供了重要的平台，“网络治校”“知乎治校”一时成为美谈。但同时作为社会化生产的知识，缺少正确的是非观判断，只是盲目推崇知识，有可能造成对知识和新型权威的盲目崇拜。

第五章　共识与焦虑：高校突发事件的社会影响

高校突发事件与其他公共事件一同受到网络社会力量的影响，并通过构建议题、建构话语框架等成功跨越那些存在于文本、图像和身体沟通中的屏障，帮助人们形成思想上乃至情感上的认同感。因此，话语对于突发事件和解而言，不仅是一种普遍存在的现代化的大众传播方式和载体，而且是一种具有强大号召力和感染力的认知途径。它将有助于打破仍然存在于突发事件中的障碍枷锁，影响和改变多元主体各方的观念和理念，具有跨文化的重要意义。

第一节　高校突发事件的话语共识

本章所讨论的是共识如何在高校突发事件中逐渐形成。在共识达成的过程中，共识框架下的传播主客体、传播路径、传播过程、传播周期之间存在何种联系，它们相互之间又是如何发展变化的？要弄清这些问题，我们有必要将其放在复杂的社会系统中加以运行，以发展变化的系统性眼光加以考察，并以图式可视化的方式加以揭示。

一、共识达成的模型建构与机理阐释

（一）机理模型构建

机理(Mechanism)指为实现某一特定功能，在一定的系统结构中各要素的内在工作方式以及诸要素在一定环境条件下相互联系、相互作用的运行规则和原理。[①]本研究中高校突发事件的传播机理主要指作为社会客观存在的争议性事件经新媒介赋权后与传播者、受众、媒介、传播内容、社会环境、媒体技术等要素相互关系、作用与运行的原理。为此，笔者按照新闻框架主体或客体的认知结构对高校突发事件研究过程进行梳理，分析高校突发事件传播系统，涵盖了"议题赋权""认知图式""聚合扩散""文本诠释""社会行动"等多个子系统，在此基础上构建了高校突发事件共识达成的机制模型，并对模型进行了理论阐释。

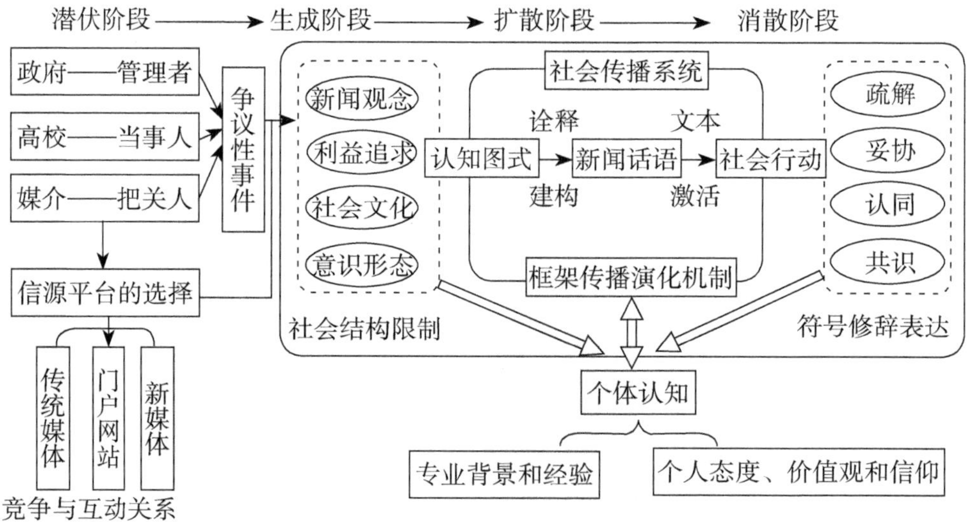

图 13 高校突发事件共识达成的机制模型

① 谭建. 当代中国马克思主义大众化的构成要素及其机理分析[D]. 乌鲁木齐：新疆师范大学，2013.

如图13所示，事实是整个事件共识达成过程的启动要素，当争议性事件进入互联网场域，媒介框架生成机制便正式启动了。媒介面对网络汹涌流入的信源，会依赖自身内部和外部的惯例进行传播框架的建构，赋予争议本身既定的“元框架”，以此阐释外在客观世界。在这个过程中既会生成新闻报道文本，也会产生新的框架。“图书馆禁穿短裤短裙”①等高校政策引发的媒体争议就是此类，支持者有之，批评者也不在少数。需要说明的是，新闻观念是媒介框架中的先天部分，利益诉求是传播媒介作为组织存在的生存根基，二者共同组成了框架传播的内部来源。媒介处于整体社会传播结构之中，处于传播状态的主体总是通过各种命名形式，即“语言形式去认识并描述各种不同的客体及他们之间的相互关系”②，诸多外部因素对高校突发事件框架的形成发挥着影响。

（二）框架传播机理阐释

高等教育突发事件框架传播生成机制模型，揭示了高等教育事件在网络传播中新闻生产与受众认知之间的关系。按照认知逻辑的发展模式，对其传播机理可以从以下三方面进行阐释：

一是重构了舆情传播的基本模式，涵盖了较为全面的舆情生成及演化要素，对各个要素的属性进行规范描述；新闻框架的建构功能与新闻舆论的作用机制是一致的，其功能效应主要体现为它对社会成员认知和态度的普遍影响，不仅表现在事实的意义阐释上，也表现在受众普遍感情的影响上。框架在社会交往过程中形成，体现在公共话语之中。高等教育突发事件框架传播生成机制模型，遵循了突发事件传播的生发机制，传播主体携带共识或各自框架，对高校突发事件进行话语建构，由此形成的舆情新闻文本中的事实信息经过不同排列和时空转换，产生了不同的意义。主体认识从来不是单独由客观对象烙印在感官上的印象来决定的，而是融入了主体自身的解释。高等教育突发事件的社会主体基于不同需求、意图决定了新闻文本的框架以及框架所能发挥的作用和功能，

---

① 环球时报.大学禁止女生穿短裙去图书馆，到底合不合适？[EB/OL].(2018-05-25)[2022-05-16].https://mil.sina.cn/2018-05-25/detail-ihcaqueu0687527.d.html.

② 俞吾金.意识形态论[M].上海：上海人民出版社，1993：10.

决定了如何通过新闻框架交互促进感知、理解、认同，进而搁置争议、寻求共识。

二是关注了传播效果的延伸，对框架机制和突发事件传播进行融合，使得框架理论与舆情演变具备较高的适配性。框架与“新闻”整体一样，具有政治、文化、经济、娱乐等多方面的延伸功能，其视角甚至跨越到了心理学、社会学、管理学、传播学的范畴。在该模式中，以框架为基础的新范式完整地勾勒出高等教育网络舆情的发展阶段。作为客观事实的高等教育突发事件经媒介赋权之后，个体角色便以虚拟在场的形式产生群体聚集效应。多个个体构成的共同体在不同的认知框架的建构下进行对抗与博弈，寻求规范、常识、信念、符号、情感等共通。新闻框架对主体观念如何影响事件再现及建构社会事实进行了回答，将新闻生产与媒介赋权、受众认知、社会行动、心理调适等进行了关联。当今社会转型期间社会矛盾加剧、新媒体技术变革性力量加强、不同社会思潮加速更迭，以及黑天鹅事件冲击，新情况、新问题、新挑战层出不穷。将框架理论引入网络舆情与舆论转化的研究，能够对网络舆情与舆论转化的机制、结构、作用方式、心理动力做出新的、更深入的阐释。

三是创设了社会冲突与争议解决的调适机制，为具体的突发事件解决提供方法论。个体在获取舆情信息后所产生的一系列活动，包括因外部刺激(突发事件和相关信息)直接引发的舆情体验、由舆情体验唤醒的参与动机、个体所产生的参与阻力及个体的参与意愿等活动。这些情绪的唤起和价值观的共振体验，会导致受众面对信源产生多种理解、疑惑甚至误解，不仅包括对自我行为产生负面后果的评估，更为突出的是引致网络暴力的可能，倘若不加以控制继续发酵则会造成社会的分裂。近些年互联网领域的一系列事件被过度标签化，“大学生偷外卖”在“名校贫困生”“考研”“父母务农”“家中3兄妹辍学供其读书”等标签的加持下，将偷窃行为上升为道德裹挟，使“弱势认同心理”“受害者心理”蔓延，加剧群体分化。多起高校突发事件背后，官方舆情应对差强人意。一方面，时代变化带来诸多全新的挑战，但另一方面，也映射出部分高校舆情风险意识不强、舆情应对能力欠佳以及舆情机制化建设不足的问题。

从多起高校舆情的发生规律来看，在事件进入爆发阶段前往往存在较长时间的萌芽期，部分高校在舆情监测、研判上重视不足，使其错过黄金处置期，最终酿成重大舆情。而当舆情发酵后，个别高校发声滞缓、通报重结论轻依据和“自说自话”的问题明显，也令其多次回复难以有效回应舆论关切，最终影响高校自身的形象和话语权。即便如此，在以框架为基础的认知交互中进行话语空间的共建，从塑造成功、高水平舆情应对及引导指向来看，话语共同体的形成必须依赖社会系统中个体的进一步发展，并为今后社会治理和网络舆情引导策略提供了路径。

二、模型验证分析——以“仝卓高考伪造身份”事件为例

结合“仝卓高考伪造身份”事件对高校突发事件共识达成的机制模型进行验证。首先应先对仝卓高考伪造身份事件的来龙去脉进行熟悉了解，梳理统计事件从争议发生直至达成共识过程的舆情变化情况，分析研究不同阶段的舆情特征，以便更好掌握事件的发展路径。

（一）从争议走向共识的四阶段

事件自2020年5月22日艺人仝卓在微博平台直播曝光自己伪造应届生身份参加高考后引发热议，在仝卓本人道歉、教育部和中央戏剧学院回应关注后形成舆情的一次发酵，后在教育部、中央戏剧学院公示调查通报后形成舆情的二次发酵。[①]在经历为期将近一个月的风波后，事件热度逐渐降低，争议逐渐转为共识。

潜伏阶段：当事人直播自曝引发话题讨论。2020年5月22日，艺人仝卓在其个人微博直播，谈到复读话题时发言：“考学的压力我也有啊！我还复读了呢！当时考我心仪的大学，但是这个大学只招应届生，反正我还搞了很多很多也就是所谓的就是(手段)，然后我就成了应届生。然后还是没考上，完事儿我就

① 孙明宇，宋琳琳：“共景监狱”下的舆论监督——以“仝卓事件”为例［J］.新闻传播，2020：31-32.

上了中戏(中央戏剧学院)。[①]”相关言论一经发布，迅速引起了网友的声讨。网络上扩散曝光后，就迅速形成微博讨论话题。截至2021年2月，微博话题“仝卓自曝高考舞弊”，讨论次数达1109次，阅读次数达205.7万次。

以“仝卓应届生”为关键字搜索2020年5月22日—5月27日的微博，发现相关评论不足40条，以“仝卓高考”为关键词搜索2020年5月22日—5月27日的微博，发现相关评论只有10条，以“仝卓伪造”为关键词搜索甚至没有搜索到相关结果。此时由于“仝卓”本身影响力尚未扩展辐射，所以事件还未完全进入大众视线，但是热度指数在持续上升。

生成阶段：自媒体报道引热议，多方官媒回应争议。由于直播粉丝的控评等，自2020年5月22日事发至5月27日，“仝卓自曝高考伪造身份”事件并没有正式进入大众视野，处于尚且可控的阶段。但在5月28日，仝卓高考伪造身份事件在网络引起了舆论热潮。这正是因为微博娱乐博主在微博上发布了仝卓22日的直播视频片段，引发全网转发，仝卓将往届生改为应届生一事才正式引起全网的广泛关注。截至2021年2月，该条微博已获137万点赞，4.9万评论，1.5万转发。

与此同时，仝卓改往届生身份话题引发社会大量关注后，教育部与中央戏剧学院官方发声，正式对该事件做出回应。[②]2020年5月29日，据澎湃新闻报道，中央戏剧学院招生办已经核实了，也跟教育部相关部门进行了报备，将对该事件进行调查核实。同日，教育部官方微博“微言教育”对此事表示：“对弄虚作假等违规行为零容忍，此事虽时隔多年，但会坚决追查到底。已要求山西省教育厅联合有关部门和市政府全面开展调查核实，将彻查到底，坚决维护教育公平公正。”[③]网络舆论纷纷表示对教育部官方回应的肯定。

扩散阶段：官方公示处理结果，舆情讨论范围扩大。在舆情爆发后，事件的

---

① 人民网.仝卓自曝高考身份造假：究竟用了什么手段？［EB/OL］.(2020-05-30)［2022-05-20］.http：//society.people.com.cn/n1/2020/0530/c428181-31729816.html

② 澎湃网.山西省教育厅关于仝卓以伪造应届生身份参加高考问题的调查处理通报［EB/OL］.(2018-06-20)［2022-05-20］. https：//m.thepaper.cn/newsDetail_forward_7836861.

③ 澎湃网.教育部：虽时隔多年，坚决追查到底［EB/OL］. (2018-05-29)［2022-05-20］.https：//www.thepaper.cn/newsDetail_forward_7620382.

演变态势通常会分为两种，一种是直接进入迅速发展与爆发阶段，另一种是直接进入消散期。在仝卓高考伪造身份事件中，网络舆情在一次爆发后得到了进一步扩散，形成二次爆发。因为在2020年6月12日，仝卓高考伪造身份事件的热度再次达到一个大峰值，这个峰值比2020年5月28日的峰值几乎高出一倍。据新浪舆情通平台统计，6月12—16日之间，事件相关的微博信息量达23.8万条。此时仝卓高考伪造身份事件有了处理结果：山西省教育厅宣布仝卓各科成绩取消；临汾市纪委监委表示对其继父等10多人进行处分；中央戏剧学院公布撤销其毕业证书。[①]

消散阶段：网友关注渐走低，事件进入长尾。从整体来看，"仝卓高考伪造身份"事件直到8月后，相比前几个阶段，讨论热度正在逐渐消散，网友们的注意力逐渐转移分散到其他热点上。在对相关事件段内的内容进行统计后发现，在消散衰减阶段，网友们的焦点多集中在事件对教育公平的实现、仝卓高考伪造身份事件的整体影响等方面。到这一时期，舆情关注度相对前期明显走低，舆情逐渐消退。

（二）传播框架的效果延伸

扩散阶段次生舆情频出，舆情讨论话题复杂多元。次生，指的是间接造成的、派生的。次生舆情就是由一事引出他事，即由原生突发事件衍生出的次生议题所引发的新舆情。它以原生舆情为基础和诱因，由外在的事件信息的延伸、议题的转变对网民内在情绪的刺激所致。

此次"仝卓高考自改身份"事件所引发的次生舆情规模庞大，随着时间推移，舆情不断升温，网友们开始对事件进行深挖。所产生的话题也不断进行裂变，所引发的次生舆情包括"应届生的身份到底多重要""仝卓继父"以及"翟天临"等也纷纷登上热搜榜，引起网友的大量讨论。我们利用文字云生成工具，得到在扩散阶段的舆情词云图(见图14)，尝试剖析仝卓高考自改身份伪造事件的框架效果。

---

① 人民网.山西省教育厅通报：仝卓以伪造应届生身份参加高考成绩无效[EB/OL].(2018-06-12)[2022-05-20]，http://edu.people.com.cn/n1/2020/0612/c1006-31745075.html.

首先是帮助公众及时获得信息，平息舆论风波。官方、追责、声明、道歉信等高频词，彰显了媒体对“仝卓直播自曝高考舞弊”的持续报道而进行的和解。和解框架中，媒体不断进行收集和传达信息的活动，使受众能及时地获取到关于该事件的最新进展情况。大众媒体具有社会联系与协调的功能，在媒体持续不断地跟踪报道之下，受众可以达到信息上的联络、协调和统一，满足了公众常规性的信息活动需求，帮助公众及时获得信息，以适应环境的变化。

图14　舆情词云图

仝卓高考伪造身份事件整体呈现出传播点多、传播面杂、传播范围广、传播信息量庞大的特点，媒体持续跟踪传播，第一时间报道事件实时动态，为公众提供最新信息。《人民日报》的官方微博自2020年5月29日开始更新仝卓高考伪造身份事件相关内容进展，一直到2020年7月18日，共8条；完整记录了仝卓高考伪造身份事件几个重要的节点信息，包括教育部回应、仝卓本人发文致歉、山西省教育厅公布仝卓问题的处理通报、涉事学院撤销仝卓毕业证书的处理通报、延安市纪检监察机关对仝卓高考伪造身份事件中为其违规办理转学公职人员的立案审查通报、延安对仝卓虚假转学调查的通报、山西省临汾市纪委监委的通报等内容；这几条信息清晰转载了各大相关处置通报，让公众第一时间了解事件最新动态，提供认知协调。同时教育部、纪委、涉事学院等官方媒体也在微博等平台进行持续性跟踪报道，官方行政机关的公开信息为平息风波、走向共识提供了条件。

其次是集中关注高考公平问题，引导舆论走向。彻查、要求、身份等高频词彰显了公众舆论对公平正义的渴求，生成了冲突中的主流引导框架。部分媒体通过报道传播框架起到了一个很好的情感疏泄作用，主流媒体是发布可靠信息的权威阵地，拥有强大的传播力、影响力和引导力。在仝卓高考伪造身份事件中，主流媒体通过报道框架，引导社会关注仝卓高考伪造身份事件背后的高考公平问题。人民网网络评论部官方微博《人民网评》点名批评了“仝卓高考伪造身份”事件，严肃指出“教育公平事关中国未来，容不得一丝舞弊造假”[①]。中国长安网官方微博表示：“教育公平是最大的公平。而教育不公，会让人们丧失希望，社会丧失未来。追查到底，是对教育最大的负责！”媒体通过报道框架引导受众对仝卓高考伪造身份事件的认识，进行舆论监督，推动事件进一步调查发展。

再次是警示社会，深化公众的严肃认知，这部分凸显的是教育框架和呼吁性框架。仝卓高考伪造身份事件涉及高考、高招等多个程序，是一起典型的政务腐败案件。不少媒体报道明确指出了仝卓高考伪造身份事件中高考报名和录取环节存在漏洞的现实情况，人民网的《堵住制度漏洞防止“仝卓”再现》中提到，仝卓改身份事件暴露了重要的制度问题，如若不及时堵住漏洞，也是对高考公平的侵蚀。[②]通过警示教育的报道框架，官方对当前公职人员进行严肃的案例警示教育。2020年7月，《〈中华人民共和国公职人员政务处分法〉学习读本》出版，“仝卓伪造应届生身份参加高考”一事作为案例被写入读本中，案例中详细记录了案件情况和处分决定等。

第二节　高校突发事件的共识内涵

高校突发事件的共识主要体现在三个层面，由浅至深，从底层的话语共识，

① 人民网.仝卓事件水落石出，该警醒些什么[EB/OL].(2020-06-12)[2022-05-20].http://opinion.people.com.cn/n1/2020/0612/c223228-31745227.html.

② 人民网.堵住制度漏洞防止“仝卓”再现，[EB/OL].(2020-06-13)[2022-05-20].http://opinion.people.com.cn/n1/2020/0613/c1003-31745489.html.

再到中层次的价值共识，最后达成整个社会共识的实现。本节将围绕这三个层面，探究高校突发事件的共识内涵。

一、底层：话语共识

高校突发事件从发酵到平息，看似是一个自然进化的过程，但其本质上是从争议走向共识的过程。在这个传播过程中，话语与声音上的一致成了共识达成的首要表现。

（一）话语共识的内涵

话语的概念最早源自西方语言学，它是人类社会所特有的表达方式，是人与人互动过程中呈现出来的一种形态，具有社会性。从词本身去理解，话语是一种人们说出来的语言在《现代汉语名词词典》当中，话语即“说出来的能够表达思想的语言”①，从这方面去理解话语，它是人类语言与思想结合的产物。随着研究不断深化，话语的意义也有了更为丰富的内涵与阐释。话语不仅是语义学上的概念，也可以被看作是一种实践，是在人类社会中社会成员进行交往的实践。本质上来看，它是一种社会关系的交换，同样也是一种权利关系的反映。随着数字信息时代的到来，出现了网络话语的表现形式。从刚开始的数字、符号、文字，到现在网民们可以通过各种媒介，以图像、文字、音频、表情符号、视频等多种形式传递信息。事实上，话语不等同于语言，话语内涵超过了语言的定义。它不仅仅指的是语言上的表达，还在一定程度上反映当下的社会现实，折射当下社会的经济、政治、文化等层面的现状。可以说，话语是透过语言符号来看当前的一种社会实践。

话语共识是在争议性事件中，社会成员在某方面达成大体一致共识的首要表现，是新闻媒体或社会公众基于共同选择和价值规范而公开表达出的一致共识。

---

① 陶然，萧良.现代汉语名词词典[M].北京：中国国际广播出版社，1995：195.

(二)网络时代的话语传播格局与共识困境

在数字时代，网络空间信息传播连通性强、参与门槛低、传播范围广泛，这对争议性事件的产生有着极强的助推扩散作用。同时网生代的话语表达极具个性化，在此背景之下，网络时代话语共识的形成存在一定困难。

1. 标签符号下的情感盲目

根据卡茨提出的使用与满足理论，社会成员在进行信息交换时总是带着特定“需求”的，这个媒介接触过程往往也是他们的需求得到满足的过程。卡茨最终总结出了认知需求、情感需求、个人整合需求、社会整合需求、纾解压力需求这五大需求。其中，情感需求具有特殊性。在面对争议性事件时，社会成员常常依托这种共同的心理需求建立彼此之间的联系，形成以情感为纽带的关系，因此他们的表达往往存在一定的情感倾向。一旦争议性事件走向发生变化，这样的心理状态可能就会发生改变，这条关系纽带也会随之断裂。不仅如此，在情感归属的作用下，网民身上还有可能自发携带着身份标签。他们通过身份符号标签，标示自我的群体归属，同时也便于群体的其他成员识别和辨认，以共同区分出“我群”和“他群”[①]。我群成员和他群成员的情感相互交织、相互影响，我群成员中若是有不同意见，则可能会被认为是他群集团的成员。在多重情感共振下，整个话语格局将会更加变化多端。

2. 话语权争夺下的冲突表达

当社会大众在探讨高校突发事件时，其中讨论的焦点往往是对争议性事件自身的冲突。在面对争议性事件时，官方话语和民间话语、精英话语和大众话语时常会出现二元对立情况，一方所推崇的往往是另一方所摒弃所批判的。所以，当二元对立话语出现之时，其背后深层次的大众话语地位的不足，正是这种话语权缺失背景下的异化表达。在新媒体环境下，传播权被下放，大众有了自由发声的机会与渠道，表面上看是大众观点的自由市场，但实质上大多却是主流价值下容易被忽略的噪声。互联网从去中心化到再中心化，精英和大众的距

① 曾振华，袁甲.争议性事件的民粹化网络话语表达及传媒纾解[J].现代传播(中国传媒大学学报)，2020，42(12)：15-19.

离会在对立、冲突中进行演绎。再加上在互联网参与的连通性与匿名性特征下，大众愈加可以自由地进行个人话语表达，宣泄情绪，制造狂欢之象。

3. 正义裹挟下的群体狂欢

当争议性事件进入公众的视野后，个体对话语权的争夺往往会转化为群体的意见对抗。多元的争议观点此时转换为支持和反对的声音，持有不同意见的人纷纷卷入这两类话语的对抗之中，在群体环境下，为了“群体正义”而发生。根据卢因的群体动力理论，个体的行为往往是内外部环境相互作用的结果。群体内部拥有内部成员共有的群体价值观、群体目标指向、群体规范，在这样的感知环境下，面对争议性事件时，群体成员会意识到自己对群体的从属关系，尽管个人观点可能与群体观点相悖，也会“说服自己”，形成对“群体正确意见”的盲目服从。这种被正义裹挟的权力，其实也是一种异化的权力，引发大多数群体成员的支持，但事实上，这样的话语表达是具有偏激和情感属性的，并不利于社会话语共识的真正形成。

二、中层：价值共识

价值共识是每个社会、每个时代都需要的价值引导。尤其在现代社会中，由于外部环境的相对复杂，加上各种思潮的涌入，在不同的背景之下大家的价值观念极易产生偏差。因此，在现代社会面对争议性事件时，只有各方相互加强交流与探讨才能汇聚各方的一致性看法，然后平息问题，达成价值层面的共识。

（一）价值共识的内涵

一般而言，价值共识指的是社会不同个体对价值达成基本一致的看法，具体表现在人们的价值选择、价值取向、价值认识等层面。在前文我们已经谈到许多高校突发事件背后价值冲突的存在。事实上，价值冲突是价值共识形成的重要原因，而价值共识的形成其实就是要解决价值冲突的问题。因此，一般只有在发生价值冲突的地方才会有达到价值共识的机会。在争议事件中，当冲突已经对正常社会生活或社会秩序产生影响甚至引发恶劣后果时，人们往往就开始萌发产生价值共识的意识，以期用价值共识的力量来削弱冲突的负面影响。所以说，正是价值冲突的存在，萌发了人们想要达成价值共识的愿景。因此，价值共识也是共识层次中的第二层级。通常来看，价值共识有以下三大共通之处：

一是统一性。社会结构需要一种能够将社会成员团结起来的黏合剂，这离不开一种统一的精神力量，以此帮助政治力量协调社会，实现社会成员一体化。价值观在其中发挥着重要作用，它是人们根据一定的思维和意识做出的感知、理解、判断或选择，也是人们确认事情方向和分辨善恶的一种取向。承担这一社会整合使命的价值观统称"集体意识"。在网络社会多元文化中更需要有一个稳定一致的价值观，并且这套价值体系能被社会多数成员一致认可与接受。只有在这样的统一性价值导向下，这些价值观和信念才能保持一个机械同质的社会秩序。

二是普惠性。可以将这种价值共识理解为一种能够普惠民生的力量。这是能够使一个社会的每个成员都受益、受惠的，尽管这种受益并不能达到百分之百的普惠。因为根据实际情况来看，收益一定是有差异性的，但是大家必须是在合理分享的指向下的。例如，我国社会主义核心价值观"富强、民主、文明、和谐、自由、平等、公正、法治、爱国、敬业、诚信、友善"，就是一种能为人们所接受的普惠价值。

三是共享性。它意味着价值共识中所包含的具体价值和精神指引应该被尽可能多的社会成员所理解和接受。不是少数人所有，而是大多数人都有分享的资格。在此基础之上，才能够真正凝聚价值共识，集聚各方的力量达成一致，解决争议。这一价值理念通过何种方式才能实现真正的共享，互联网提供了有利的渠道和路径，使不同阶层的群体都得以接触认知建构，进而达成统一性的共识。

"价值共识不是要求人们在价值观上趋同，而是希望以此达到人与人之间价值上的共鸣，每个人都可以从自我出发理解他人，将他人的视野作为一种可能性予以接受。”[①]价值共识形成本身就是一个不同价值观念相互理解、相互融合的过程，必须以一种包容、开放的观念看待社会冲突及弥合价值，才能在共同生活的环境中形成一致、普惠、共享的价值观念。

（二）网络时代的价值传播格局与共识困境

在后真相时代背景之下，次生舆论所表现出的巨大张力，已然成为一股不可忽视的、对价值共识产生巨大消解作用的力量，这种游离在社会主义核心价值观体系之外的弥散性力量，会从传播方式、内容、主体等方面触发价值共识困境。

一是去中心化的传播格局建立，传统主流价值共识被削弱。随着移动互联网的发展和自媒体力量的崛起，传播领域正呈现出一些新的趋势。例如，传统中心化传播的解构与新的多极化中心的勃兴成为当下传播格局中面临的显著性情况。整体的舆论结构发生了巨大变化，最为明显的就是主流媒体的作用被大大削弱了。

当前，社交媒体凭借着自身的高效传播优势，已然成了网络时代信息传播的“霸主”，牢牢占据着媒介传播的半壁江山。在去中心化的点对点交流模式中，互联网媒介建立了一种全新的个体间关系和群体间关系网。信息内容的传播主体从精英走向一般大众，思想政治权力主体已经不能完全控制信息传播了，信息传播权逐步下放，各种社会意识在“观点的自由市场”开始交流或碰撞。信息权逐渐分散到普通社会公众手中，形成了自下而上的信息力量，过去由精英主导的社会传统价值共识也因此遭受冲击。在人人都有传播权的时代，任何人都可以随意拼凑或解释信息。“事实”在再度或几度诠释之后或许会变得无法辨认，未经核实的零成本信息在互联网上大量传播，社交媒体被复杂的信息来源所主导，信息权力的钥匙不再是政治权利核心了。在这种情况下，价值秩序也发生了潜移默化的转变，传统意义上的核心价值认同受到一定程度的削弱。

---

① 杨佩，李建群.后哲学话语背景下价值共识的可能性探究[J].学术界，2018(2)：139-148，285-286.

二是情感和个人信念取代真相，价值共识的理性基础受到冲击。“后真相”最突出的特点就是情感和个人信念取代事实真相成为价值观形成的依据。这与海量信息爆炸紧密相连。当听到多种声音，真相难以辨识时，这种情况下的公众就很容易被群体情绪裹挟，“是非”判断往往是基于情感而不是理性的探究，利用自己的情感神经来“借题发挥”，形成一种盲目的情感宣泄。在偏激情绪能量的驱使下，公众原本对事件的自由讨论，慢慢转化为对某种观点或价值取向的强烈支持或粗暴压制，以体验精神上短暂的兴奋和快乐，也就是人们常说的“娱乐至死”。真相和事实早已被抛诸脑后，情感和情绪变成了主宰公众的要素。“人多势众”给激进者以力量感、情感宣泄和传播激情，“沉默螺旋”强化了价值观与信仰。当真相和理性变得无关紧要，情感和个人信仰将成为价值观的主要形成因素。价值观的主张和表达就会变得极端，甚至难以驾驭。例如，以爱国主义之名形成的民粹主义价值观或极端的民族主义价值观，从根本来看是非理性的、极端的情绪宣泄，实际上会伤害民族内在情感。

三是价值与事实裹挟传播，价值共识被分化。“后真相”另一个重要特点是，事实与价值的内涵概念被混淆。新闻的价值在于隐藏于事实背后的观念，在基于共同需求或相同爱好结成的圈子里，人们讨论、传播的不再是单纯的事实信息。新闻媒体在传播事实真相之前，已经用隐藏的观点和立场定了基调，做出了是非对错的判断，进而引发更多人的共鸣附和。新闻框架在传递信息的同时传递价值情感，渗透价值观念，加速了群体内的意见聚合和价值趋同，使圈层内的价值观念得以相互印证而变得愈加“顽固”。这种刻板印象使网民们的视域越来越窄，圈层内的“生活世界”不断收缩，圈层内的个体在自我封闭和外在互相较量中形成对抗，加剧了不同群体之间的分化。另外，社交分发和算法推荐对具有共同兴趣或利益的群体进行“同质化分类”，新闻媒体迎合读者的偏好，利用搜索引擎精准推送用户希望获取的信息，使受众频繁接触同质信息，陷入类似回音室的信息闭环之中。“圈层内的主体被悦己的信息之‘墙’所围困，‘高墙’之下，不同圈层主体间的沟通、对话变得极为困难，主流价值观穿越圈层壁垒的阻力加大，社会价值共识被各个圈层切割分化，陷入‘巴别塔’的困境之中。”[①]在这个共识稀缺的时代，人们常常陷入价值虚无的境地，而价值共识的意义显得尤为重要。

三、高层：社会共识

当争议性事件已经逐渐拥有群众的话语共识和一致价值共识的时候，最终就到了实现社会共识的阶段。在现代社会，凝聚社会共识不仅是解决高校突发事件的最后目标，在协调国家和社会发展上也有着重要意义。

（一）社会共识的形成及其内涵

共识指的是“在一定的时代生活在一定的地理环境中的个人所共享的一系列信念、价值观念和规范”[②]。由此来理解社会共识，可以得出社会共识是在一定的社会背景下，社会成员围绕某些社会问题所形成的相对一致的看法和认识。在现代社会中，人们的个体系统都存在于社会系统之中，社会系统的波动往往会影响个体系统的行为。在社会系统的运作中，免不了会出现一些社会性公共议题，例如疫情防控政策垃圾分类国家政策出台等，这些社会性公共议题往往会引发人们的关注和讨论。教育作为我国社会发展的重要环节，许多高校突发事件背后也存在着社会共同关注的问题，例如，教育公平、资源配置、师生权益等话题。社会共识通常是一种出现在现代社会中的社会现象，不同的群体可能会因为价值导向的不同而产生不同的共识，因此社会共识也会面临着放大或缩小的情况。

一般来说，社会共识的形成来源于官方的助推凝聚，称为官方共识。认识主体往往是社会学家、学者、政治家等精英人士，有意识地提出自己对于社会问题的基本看法和权威建议，通过权威媒介进行传播扩散，最终赢得大多数社会

① 鑫彧，童健.适用于突发疫情评估的模糊群决策共识形成算法[J].统计与决策，2021(12)：185-188.

② 戴维·米勒，韦农·波格丹诺.布莱克维尔政治学百科全书[M].邓正来，译.北京：中国政法大学出版社，2002：592.

成员的认同与支持。源自大众的自发举动，称为民间共识。这种共识大多数是大众不约而同形成的看法，并不是认识主体有目的地进行认识活动而形成的结果。在形成过程中，一方的观点可以影响另一方的观点，双方在交流中产生理解，达成一致。最后达成滚雪球般的聚集效应，最终达成社会共识。

社会共识主要包含了以下几层主要内涵：

一是社会共识是群体共识的共同集结。社会共识的首要提出者具有不确定性，可能是一个个体、一个民间组织、一个网络群体。历史上，有不少个体共识转化为普遍共识的情况。儒家学派创始人孔子提出的“有教无类”不仅在当时引发了社会普遍认同，甚至发展为世界性的共识。“为政以德”的周恩来总理提出的“为中华之崛起而读书”获得中华民族全体成员在情感上与理想上的广泛认同，成为社会共识。尽管如此，社会共识最后形成的主体一定是整个社会中相当数量的人。当一个社会共识的首创者提出对社会问题的看法与意见时，经过扩散与交流获得了社会大多数成员的认同，就能形成社会共识。

二是社会共识表达的是社会大多数成员的普遍关切和共同期待。对于同一社会事件，不同的社会成员会基于不同考量提出各自的观点和想法，提出自己的诉求点。其中大多数的观点难以展露，无法成为社会共识，只有极少部分的观点表达出来才会获得较为广泛的支持。而在此之中，这极少部分的观点往往表达了大部分社会成员对社会问题的心声，说出了大多数人的普遍需求。许多社会问题包括公共议题都与人们的生存发展有着极大的相关性，是人们生活中经常会遇到的问题。教育问题往往又被称为最大的民生问题，是家家户户有子女的社会成员普遍关注的问题。所以说，社会共识的形成往往是建立在社会成员的共同期待之上的，反映了社会多数的共同关切。

三是社会共识常会掺杂主观性与情绪性，没有确证的定义。[①]一般来说，社会共识的形成没有知识标准的要求，只是特定时代符合了当时的共同期待与共识。它来源于不同个体意识的相互连接，其中必然也存在显著的差异性。作为

① 江畅，李历.社会共识及其与社会认同的关系[J].中南民族大学学报(人文社会科学版)，2020，40(5)：96-103.

社会大多数成员的普遍关切和共同期待，社会共识必须正视其中应有的差异性。许多网络媒介通过符号体系建构的价值意义，并与个人的认知基模相互碰撞融合，在个人的认知、评价过程中发挥着悄无声息的影响，并朝着统一的方向和目标不断努力。

(二)媒介与社会共识的建构

媒介作为社会发展的重要传播工具，是再现社会图景的重要介质。人们经常会从媒介中了解公共生活的动向，了解公众面对社会共同问题的对策。在当代，媒介因其强大的信息传播和意义建构的功能，成为维持社会共识和制造社会共识的重要工具，发挥着重要的作用。具体来看，媒介在社会共识形成过程中的具体体现如下：

一是媒介的信息传递功能为社会共识的形成提供信息基础。在互联网时代，传播平权化的同时受众的地位也有所提升，社会成员都是个性化的个体，有着个人的理解与表达权利。从社会共识的层面来看，如果社会成员之间想要达成一致的观点，形成社会共识，那必须是建立在充分有效的沟通基础上的。社会成员之间建立共同的意义空间与价值体系，才能在争议性问题上达成共同的理解。卢梭在《社会契约论》中提出了“公意”的概念，他指出公意的产生是建立在充分的讨论之上的。在这样的传播过程当中，大众信息被不断扩散，信息传播下去才会产生效果和意义，并影响公众采取一致协调的行动。所以说，在民权意识不断增强、舆论格局日趋复杂的今天，做好信息沟通是凝聚社会共识的关键。在这个过程中，媒体就充当了重要的信息交流角色。如今许多呈现在大众面前的信息或新闻都是媒体经过筛选、加工、设置议程等层层把关而呈现的，媒体经过新闻框架的过滤，有选择性地还原事件并提供信息。而社会成员就会根据媒体提供的内容去获得正确的信息，不断修正自己的看法，消除不确定性，防止不必要的冲突产生。在这个环节当中，媒介的信息传递起到了重要的作用。

二是媒介可以建构社会认同从而维持社会共识的延续。事实上，“媒介建构事实”这种说法已经成为学界的一种共识，“媒介现实”作为一种社会现实而存在着。“建构”源于英语construct，具体有构造、创造等内涵，媒介所呈现的事实其实与现实世界并不是完全的镜子式复制，也就是说媒介可以创造一种现实。[①]同时，媒介可以通过这样的事实呈现，通过议程设置、媒介框架等手段来进一步建构社会认同。在这种情况下，个体将会对媒介信息进行感知，而媒介将会推动更多个体产生相近的观点，相互作用之下产生社会认同。在舆论多极化趋势的今天，认同危机、事件的负面影响和情绪都会影响到社会共识的稳固。所有社会成员应在认同召集之下形成社会共同体的合作与集合，从而强化向心共识，促使社会个体在思想上接受符号体系所传达的共同意义。

第三节　高校突发事件中的共识焦虑

前文对高校突发事件传播机制、事件类型、话语互动等内容的研究，已经充分探讨了高校突发事件的传播规律。从争议走向共识，接下来本节主要从当前高校突发事件中存在的共识问题出发，为后续的高校突发事件治理与应对提供方向。

一、高校舆情治理及其“治理负荷”困境

随着传播权下放，网络的多元话语空间形成。拥有不同信念、价值体系的网民可以在网络上自由发表意见和建议，网络的匿名性带来的自由与开放更是为网络舆论的各种文化类型、思想意识、价值观念、道德信仰找到了立足之地。但同时网络信息甄别难、网络环境监管难、网络问题治理难的情况也越来越显著，广泛的舆论下，网络舆论引导成为高校网络治理工作内容中不可忽视的重要方面。

---

① 王少南.媒介建构社会共识的功能分析[J].传播力研究，2019(34)：4-6.

（一）网络舆情空间成为高校治理的新领域

舆论是指在特定的时间和空间里，公众对于特定的社会公共事务公开发表基本一致的意见或态度。舆论作为公众意见，以公共利益为基础，以公共事务为指向，是社会心理的集中反映。舆情是“舆论情况”的简称，是在一定的社会空间内，围绕中介性社会事项的发生、发展和变化，作为公众的民众对作为客体的国家管理者产生和持有的社会政治态度。而网络舆情是指借助互联网载体表达和传播的各种不同情绪、态度和意见交错的总和。

互联网和新媒体技术的迅猛发展也为各类网络舆情的发酵提供了温床。根据中国互联网络信息中心（CNNIC）在2022年8月发布的第50次《中国互联网络发展状况统计报告》显示，在所有的网民中，20～29岁年龄段的网民占比达17.2%，在7个年龄段占比排名第三，绝大多数高校大学生在此年龄段之内。数量众多的高校学生用户可以通过微信、微博、知乎、豆瓣等网络媒体对包括学校事务在内的话题发表意见、评论、建议，这些话题在新媒体核聚变式的传播模式下热度不断增加进而扩散速度加快，形成影响力广泛的高校舆情。

高校网络舆情具有双刃剑作用，正确积极的高校网络舆情是师生民意的扬声器，有利于高校把握师生思想动态，在维护师生切实利益的基础上进行科学决策与治理。而负面的网络舆情例如各种虚假信息的大肆传播以及各种网络暴力很容易成为学生群体事件的温床，对高校治理产生不可逆转的负面影响。在高等教育领域，互联网技术的日臻成熟给在校师生提供了交流意见和信息的广阔平台，为师生参与校园建设管理创造了条件，同时也给高校治理带来了新的机遇和挑战。

（二）复杂的网络舆情对高校治理的挑战

当今，高校治理遇到的困难与问题越来越多，现实空间的问题尚未有效解决，虚拟网络空间的问题也随之而来。处于多变的网络舆情环境中，高校突发事件产生的现实社会背景是复杂且不稳定的，这为高校的管理治理方面带来很大的潜藏风险，并成为困扰现实治理的重要议题。

1. 高校网络治理的治理负荷

一是治理主体的特殊性。高校网络治理的主体主要是大学生，现在的大学生大多是“00后”，具有鲜明的时代特征。第一，他们不受固定框框影响，有较强的娱乐精神；第二，接受新事物较快，有批判精神。网络媒介恰好给他们提供了一个平台，让他们可以自主抒发情感，发表看法，提出质疑。同时，从社会心理学的角度分析，大学生群体具有相互交往频率高、相互影响和人际吸引大、相互关系持续长、群体和群体目标共同性强等心理特征。这种心理特征极易引起在“意见领袖”作用下的群体性的情绪煽动和言论过激，进而产生负面情绪主导的高校网络舆情。

二是治理内容与渠道的复杂性。高校网络舆情的内容多种多样，无所不及。有学者将高校网络舆情分为交流型、求助型、意见型、求决型和发泄型这五种类型。这些网络舆情内容发生的平台也多种多样，除了有些校园的内部平台以外，微博、微信公众号、高校贴吧等网络媒介都有可能成为高校网络舆情的载体。

三是治理客体的不可控性。互联网及网络媒体、社交媒体的发展给高校舆情提供了便捷的传播平台，高校舆情的发展不再像传统模式一样“可控”，高校重大事件经学生之手通过微博、微信以及论坛、贴吧等“麦克风”迅速传播，再加上大众媒介的各种渲染和加工，很容易使高校陷于“舆情旋涡”中。

2. 高校网络治理的现存困境

突发事件舆情处置讲求黄金4小时原则，事件发生4小时内可能被大量转发，24小时内就能成为舆论焦点。如果不及时处置，就会失去工作的主动权。当前我国一些高校管理部门受到传统治理模式的限制和传统思维的束缚，忽视舆情传播规律，未能及时引导舆情发展走向，一味采取被动地封锁消息、隐瞒事实的做法，产生“二度发酵”，对高校形象产生负面影响。

目前，我国一些高校网络舆情治理仍主要停留在舆论引导的层面。随着网络新媒体的发展，高校顺应时代发展趋势相继开通了官方微博、微信公众号等。然而，在现实实行过程中，这些高校新媒体“发声筒”仍摆脱不了行政倾向严重的弊端，其发布内容在及时性与相关性方面，无法满足师生了解信息真相的需求，更多时候像是官方的“自说自话”，忽视涉及师生切身利益的“小事”“实事”，往往因影响力不足而无法有效引导舆论发展走向，并导致最终脱离师生群众。

大数据时代，高校想要在网络治理的过程中有效引导舆论走向，就必须利用好大数据对网络舆情进行收集、监测和预警的积极作用，做好大数据处理，争取第一时间把握高校舆情发展态势。但是，由于购置网络舆情监控分析系统的成本较高，国内只有少数高校采用这种监测技术，总体效果不尽如人意。未来，高校可以利用好大数据“预见未来”的优势，做好数据在舆情信息方面的分析和预测功能，当遇到突发事件时可以做到快速研判、快速预警、快速决策。

二、高校舆情应对及其“供需失衡”困境

作为与社会生活密切相关的议题，高校舆情问题不仅影响高等教育的发展，更为关键的是还可能在国家管理体系中造成风险。其中，高校舆情应对的供需结构性失衡，可能导致高校突发事件共识焦虑。

（一）高校突发事件舆情发生路径

对于舆情发生机制，当前学界已有不少相关研究，除了在之前提到的潜伏—生成—扩散—消散这种发展路径，其他的学者也对舆情发生路径提出了各自的观点。学者丁柏铨着重分析了心理因素对舆情触发与引爆的巨大影响，通过情绪的传递感染，舆论之势会更加强烈，“既往舆情中形成的积怨和记忆在新的舆情发生时被唤起，情绪叠加导致舆情影响扩大”[①]。网络热点事件由于媒介议程设置、网民的偏好关注点等，会逐渐从零散出现转向“系列化呈现”，使网络舆情叠加、固化，容易引发舆情危机和社会恐慌。[②]学者郭小安提出“联想叠加”的概念，他认为：“网民基于单一事件的片面化理解、情绪化观点，会从横向、纵向同时挖掘基于刻板成见的相关信息，同时借助敏感词衍生叠加和情感叠加的

① 丁柏铨.舆情影响因素解析及舆情中心理作用研究［J］.天津社会科学，2018(06)：33-39.

② 方付建，肖林，王国华.网络舆情热点事件“系列化呈现”问题研究［J］.情报杂志，2011，30(2)：1-5.

模式，集中传播议题，引发动员效应。”①

其中，对事件的负面性想象是导致舆情爆发不可忽略的重要原因。根据奥尔波特的流言流通量公式来看，流言的流通量与事务的不确定性成正比，在这些事件的发酵中，事件关切公众利益，而高校主体与学生、围观群众之间资讯流通不足，舆情主客体双方信息不对称的存在正是引发种种舆论场上的猜测，加大高校舆情应对的难度的原因所在。高等教育舆情的路径正是因为心理印象等因素促发，更加难以揣摩和考察。

（二）高校突发事件舆情应对中的话语秩序失衡

近年来，无论是高校突发事件还是其他的社会事件，都可以发现声音沟通交互的重要性，只有在对话中才能达到消除舆情主客体之间的隔膜，消除焦虑，达成共识。事实上，高校教育舆情应对其实就是高校与公众对话的一个动态过程，在高校突发事件发生之后，建构良好的话语秩序至关重要。

纵观我国高校突发事件应对的现状，话语秩序的供需失衡往往成为导致舆情危机的问题根源。一方面，少有高校面对突发舆情危机时，能够泰然自若地以“对话”的姿态与师生、公众进行平等交流；另一方面，高校学生群体的正常合法利益表达渠道有限，诉求表达机制不健全成为引发舆情危机的关键。具体看来，高校舆情应对中供需失衡主要表现在三方面。

一是高校舆情回应滞后，信息模糊。著名危机公关专家游昌乔教授提出危机公关的“5S”原则，承担责任原则(Shouldering the matter)、真诚沟通原则(Sincerity)、速度第一原则(Speed)、系统运行原则(System)和权威证实原则(Standard)。英国危机公关专家里杰斯特提出的危机管理“3T”原则，即“Tell your own tale, Tell it fast, Tell it all”，强调公关处理的主动性、及时性、真实性三大原则。网络新媒体的出现，改写了社会舆论的格局。网络问政、网络监督、网络公开和网络反腐，都体现了社会舆论格局的转变。如果高校没有在第一时间对舆情进行响应或者响应信息模糊，表现滞后或失语，不仅不能平息风波和缓

① 郭小安.网络舆情联想叠加的基本模式及反思——基于相关案例的综合分析[J].现代传播(中国传媒大学学报)，2015：123-130.

解矛盾，反而会使自身的公信力下降，舆情的影响也将进一步扩大。

二是压制意见，避重就轻，扬汤止沸。在互联网时代，管控型的社会治理模式已经远远不能适应社会发展的需要。管控型治理模式饱受诟病，反而给高校治理和社会和谐发展带来了新的风险，有时甚至会超出起因事件的本身，引发次生舆情。

三是学生群体利益地位被动，群体诉求表达机制不健全而引发“极化”。许多高校在高校管理时缺乏学生参与，在高校内部的关键性决策上，学生其实仍然处于被动的被支配地位，缺乏表达合理诉求的机会。现实表达渠道的不畅直接导致了学生在网络渠道表达诉求，发泄情绪，网络渠道也因此成为如今引发高校突发事件舆情危机的通道。在网络场域，尤其在人与媒介空前融合的社群化传播中，大学生网民形成了隐匿化的聚集圈。他们每天获得的信息都会经过“过滤”，同时逐渐屏蔽与之相左的意见，形成群体的“意见茧房”。茧房的信息过滤机制不断使大学生网民的观点趋同、价值相近，造成在网民群体中圈层话语权和非主流话语权的强化。由于受到集体心理的影响，个体往往也会感受到来自群体的压力，进而形成意见的集合。

三、高校舆情纾解及其“话语偏向”困境

（一）高校突发事件传播的公共性诉求

高校突发事件的争议性议题具有冲突与争议表征，但同时其议题内容和争议核心同样体现了公众对高校突发事件的公共性诉求，拥有着公共性特征。一般来说，高校突发事件的公共性诉求主要体现在三方面。一是事件争议涉及的是大多数公众的公共问题，很多事件即使是个人言行引发的争议，但其背后深层次折射的可能是社会大群体的困扰，如“仝卓高考伪造身份事件”中由仝卓自曝的个人行为不当，已不仅仅是教育公平，更是触及了教育问题，延伸到教育

公平底线不容触碰的范畴。[①]二是事件争议议题与公共利益的密切相关。无论是涉及的高考公平、学生或教师权益、人才培养还是高校管理等议题，这些议题的争议根源都是与公共利益密切相关的议题。三是争议性议题内含的价值判断与社会合意。高校突发事件争议性议题的最终走向是与公众共同价值观、共同利益紧密相关的，一般寻求最广泛的社会合意以达成共识。

（二）高校突发事件传播的去公共性叙事及其“话语偏向”困境

由于受到多方面的利益博弈以及娱乐化等影响，争议性议题的传播存在明显的“去公共性”的多元化叙事偏向。媒介机构倾向或侧重于在某一方面进行传播，存在有意识或者无意识的报道偏向，进而形成某种新闻框架，影响公众的认知和想法。一般来说，争议性议题传播的话语叙事主要有以下两种偏向：

1. 冲突导向下的话语对立偏向

对立平衡式的话语叙事是新闻媒体处理争议性议题时常用的一种方法，即新闻媒体用两极对立的处置手法和报道框架处理争议性议题。这种对立平衡式的话语叙事更为明显和突出。媒体在报道该事件时，经常采用对立平衡式的两极话语叙事，将事件与其他复杂议题相勾连，有着去公共性的偏向叙事。在此情境之下，群体激愤容易演变成群体极化的舆论声音，这对构建和谐社会将产生负面的消极作用。

2. 产业性质下的泛娱乐化倾向

在信息爆炸的时代，新闻场域上难以避免地存在一定的报道失范现象。这类媒体在报道严肃性的高校突发事件新闻时，摒弃严肃与深刻的新闻价值标准，代之以娱乐化、煽情化甚至低俗化的方式进行报道。一方面，从媒介角度来看，媒体人自律精神的缺失是导致这种现象发生的重要因素，在媒体行业竞争日益白热化的今日，部分媒体由于市场意识的不成熟而不能理性地权衡商业利益与公众利益之间的轻重，为了片面强调满足受众、商业化运作、追求短期效应，媒

① 新华网.新华微评：教育公平底线不容触碰[EB/OL].(2020-06-12)[2022-05-16]. http://education.news.cn/2020-06/12/c_1126108600.htm.

体的社会功能和引导功能就随之失效；另一方面，从市场原因来看，媒介市场化转型下媒体的产业性质愈加凸显，为了适应市场的需要，获得媒介自身的利益，这确实会成为部分媒体新闻报道娱乐化和泛娱乐化的直接引线。

四、高校舆情生态及其“环境浊化”困境

（一）舆论场的争锋现状

媒体格局、舆论生态、受众对象、传播技术都在发生深刻变化，特别是互联网正在媒体领域催发一场前所未有的变革。舆论场均有各自的主流参与人群和议题设置方式，在社会构建中分别发挥着各自不同的能动作用，它们在公共意见表达中或谋求认同，或彼此呼应，或各行其是，或严重对立。如今的舆论场可以说充满着冲突和博弈，其中主要包含以下三大层面的争锋表现：

一是精英文化与大众文化之争。精英文化具有与生俱来的优越感，使其习惯于将自身与大众文化进行主动切割和自然疏离，从而忽略了二者的根脉关联性，弱化了彼此的思想信任度。[①]进入大众传播时代，大众文化感染力迅速扩散蔓延，一定程度上削弱了精英文化以往的统领地位，挤压了精英文化的存续空间。在这样的环境下，长期高度自信的精英文化危机感与日俱增，二者间的争锋日渐加剧。

二是公权力的庇护与个人权利的保障之争。随着新思潮、新思想的涌入，我国公众的权益意识普遍加强，开始强调维护和保障个人权益的重要性。但是，客观存在的公权力的滥用以及权力寻租等现象，不断与公众的权益期待的标准产生对抗偏差。由此，往往在公权力暗箱操作的事件引发舆论后，社会公众总是会联合起来发出质疑、围攻和挑战，导致纷争，并持续搅动社会情绪以及损害官方公信力。

三是官方主流阵地与民间草根舞台的空间之争。官方舆论场的主要阵地及战场是新闻发布会平台，同时配合新媒体平台上的官方微博、微信公众号等进

① 袁勇.舆论场交锋：博弈、冲突、互动与通融[J].新闻爱好者，2013(8)：8-11.

行舆论传播与引导。民间舆论场作为互联网时代舆论机制重要的一部分，最大的优势是信息发布者众多，信息发布方式多样化，民间舆论场在面对突发事件时可以及时作为官方舆论场的补充。而当官方和民间两大舆论场对于某一议题持相反态度时，使得本就匮乏的舆论场互动，呈现为扭曲的对抗形态。

（二）环境浊化背景下的主流舆论引导难题

在新媒体时代下，网络舆论环境越来越复杂，随着网络舆论的变化，舆论多元差序的格局使得官方的主流舆论引导工作更具挑战性。

1. 主流话语主体的“把关人”地位弱化

在传统高校舆论场中，舆论引导的主体，如高校的宣传部门、学工队伍、思想政治理论课教师队伍作为信息筛选的“把关人”，对学生获取和发布的信息进行把关。而全媒体时代，对于高校网络舆论空间的扩展使高校学生的信息、知识获取和发布渠道在网络，这一信息获取方式的改变使“把关人”失去了主导地位，“把关”的作用弱化，舆论引导主体的权威受到质疑。舆论引导主体的权威被全媒体中泥沙俱下、良莠不齐的消息解构，处于流动状态的真相使高校学生的思想动态也处于不断的建构之中，容易受到谣言的蛊惑和不良价值观的影响。同时，舆论引导的一元价值，即主流价值体系易被“后真相”的碎片化的信息传播解构，造成高校学生的价值迷茫。①

2. 引导主体的议程设置功能虚化

在高校网络舆论场中，舆论引导主体通过设置议程，从而决定哪些议题成为高校舆论的焦点。议程设置与人们关注的议题有高度的重合关系，通过设置“架构”而影响人们对一件事的认知。在互联网全媒体语境下的高校网络舆论主体的议程设置空间在很大程度上被自媒体等网络媒体所挤占，由此真相被各方不断地改写、重构，高校舆论引导主体和学生同样面临着真实缺失的困境，而在这种困境中引导主体要设置议程、引导舆论走向是很困难的，这也导致了一

① 夏永林，聂心怡．“后真相”语境下高校网络舆论引导路径探析［J］．北京教育（德育），2020(1)：38–44.

些舆论引导主体在面对社会热点时的缺位，高校网络舆论生态进一步恶化，背离风清气正的网络空间要求。

3. 主流话语权威渐被消解

话语既是塑造青年亚文化的重要形式，也是青年群体表达自身的重要象征符号。高校舆情事件主要参与者是00后的大学生，他们不喜欢严肃的表达和交流方式，对主流舆论引导的话语风格存在天性抵制，使主流媒介的“把关”作用失灵。在一些活跃的网络舆论场域中，他们更热衷于颠覆权威、解构专家话语，意见表达中充斥着反讽、攻击等情绪化表达。即便面对基于公共利益出发“呼吁理性”的新闻框架，他们依旧可能表现出对主流话语体系的“仪式性抵抗和解读”，也由此带来情绪泛滥和错误价值观的风险，并阻碍理性有序网络空间的形成。

微博时代话语表达更像是在广场上大家一起围观凝视，众声喧哗，随着社群传播时代来临，本应在网络公共领域开展的正常讨论，转向各自的“饭圈”，有点像自己圈子中的“窃窃私语”。受众对于事实的真相不再关心，盲目地站台、打call。加之权威“意见领袖”的退场、转场、削弱，在高校公共危机事件面前管理者与师生直接面对，缺少必要的缓冲，很容易引发高校的舆情波动。现如今官方的舆情应对失灵了，失去了权威“意见领袖”的引领，受众无法从官方的通报中获得想要的信息和情感补偿，真相让位于情感、观点与立场，也就造成了调节的失控。

第六章　治理与对策：高校突发事件的共识路径

近年来，随着自媒体平台的崛起和网民参与公共事件热情的高涨，高校网络舆情治理成为影响社会发展的重要议题。在突发事件指向的表征问题与实践维度中，达成共识成了促成争议事件和解的关键所在。面对突发性舆情风险冲击，高校舆情治理如何在思维观念上实现迭代革新，进而在共同价值层面达成一致？又当如何构建常态化治理的新范式？这些都亟须在舆情治理与实践的探索中寻找新的解决方案。

第一节　理念共识的建构：提升治理水平和治理能力现代化

共识是“网络主流意识形态建设中的指向标和加速器，其存在直接关系到主流意识形态在网络空间中的广度和深度”①。从高校突发事件话语构建和变迁情形来看，传受多方主体在对话与协商过程中存在框架设置和话语建构的困境，并由此产生达成共识的困惑和焦虑。本章选取高校突发事件典型案例，重点分析高校突发事件中的理念共识的建构路径，进一步考察关于高校舆情争议性议

① 黄长义，崔锦文.网络主流意识形态建设的共识维度及其机制构建[J].湖北行政学院学报，2019(01)：17-22.

题的治理困境及提升对策。

一、理念重塑：实现新常态舆情治理

在新的历史方位中，国家治理现代化同步要求网络舆情治理的现代化。高等教育语境下的“网络舆情应对”本质上是由于高校治理服务水平与师生个性需求的错位所致，并在互联网崛起的媒介语境中反映为治理主体及治理思维模式的转变[①]。管理思维和治理思维，是调节舆情的两种不同的制度框架与行动逻辑，两者反映了社会发展赋予的时代特征。前者不可避免地陷入了“治理负荷”的发展困境，后者则适应国家治理体系与治理能力现代化发展需要。尤其在经历社会转型的重要时期，社会结构包括群体、地位、角色诸如家庭、宗教、政治以及经济系统等这类制度的社会行为模式等，统统发生了重要变化。高校网络舆情的应对和处理也必然随着社会结构秩序的转变而实现整体性的进步。

这种转变首先体现在“管理”向“治理”理念的转变，这主要表现在不同社会发展阶段高等教育的管理策略与思维模式的多元转变。从历史溯源来看，我们从新中国成立初期仿照苏联建立计划经济体制下的高等教育模式，到后来的以政府为主导的教育模式，先后历经的无论院系调整、高校合并、高校扩招还是“211”“985”“双一流”，都体现了政府的设计主导与推动。教育实践不断深入，政府主导模式也逐渐暴露出问题，如何激发高校自我管理治理的主体性，成为高等教育改革的一个重要命题。

（一）由应急向新常态治理转换

德国社会学家贝克指出，现代社会是高风险社会，各种公共安全风险无处不在，突发事件已经成为社会常态[②]。进入新时代，“治理”被提到了一个更为重要的高度。党的十九大报告做出“深化机构和行政体制改革”的重大部署；党

① 唐远清，吴雷.舆情治理：制度逻辑与行动策略［J］.学术界，2021(01)：69-77.

② 吴勇.社会治理现代化视域下高校宣传思想工作提升路径［J］.中国出版，2020(17)：49-52.

的十九届三中全会通过了深化党和国家机构改革的决定和方案，开启了推进国家治理体系和治理能力现代化的一场深刻变革；党的十九届四中全会聚焦国家治理体系和治理能力现代化若干重大问题做出了系列重大战略部署，全面开启了新时代“中国之治”，也为推进高等教育领域的高校治理现代化以及高校管理机构改革提供了根本遵循。在这一系列国家政策的指引下，党中央、国务院又相继做出“双一流”建设重要战略部署，要求建设世界一流大学、一流学科。这不仅要有一流的教学、一流的科研、一流的师资、一流的文化，同时也离不开一流的治理体系。其中，一流治理体系发挥着重要的保障作用。高校治理是高等教育迈向“双一流”不可或缺的组成部分。因此有观点认为，中国的高校内部治理体系，是在党委领导下管理高校的制度系统，包含“基本制度、机构设置以及运行机制、议事规则”的完整制度文化脉络体系。随着社会治理观念的总体性进步，高校治理体系出现了权力重心下移化的新动向，“新常态”成为家喻户晓的“热词”。高校治理呈现出愈来愈多的现代化特征与进步，主要表现在其治理过程不仅需要公众深度参与突发事件发展及决策的过程，更需要管理者结合实际情况提出符合师生和社会利益的实际主张。值得注意的是，近年来国内多数高校开展的规模浩大、形式多样的发展改革，为全国性的教育改革拓展了土壤，开辟了道路。然而，如何强化高校创新的动力机制，推动高校治理能力和治理水平，促成事件和平解决形成良性互动，依然是摆在政府和高校面前的一大难题。

(二)由危机干预向风险防范转换

长期以来，传统舆情干预只能在事后处置，这也是其饱受诟病之所在。突发事件发生后，高校管理者正视问题的存在并制定出切实可行的调整方案和延续性政策，进而寻求事件的解决。但是，近年来国内高校的舆情实践早已带给人们明确的启示，这种自上而下的体制内动员在时效性和应急处置方面完全是治标不治本的方法，改革愈加深入，这套制度暴露的弊端也愈加明显。风险干预不能仅靠自上而下的行政干预，更多地还是要发挥好高校各部门管理的主体性。如何创设好主体性环境，是高校舆情风险治理中的关键点。这种观念转换主要表现在以下几方面：

一是风险防范前置。高校的管理体制是党委领导下的校长负责制。其重要事项的决策机制，一般重要议题由相关职能部门提请校长办公会审议和党委会讨论，经充分酝酿后形成。这种科层制的管理体制在平时状态下是有其存在价值和意义的，可以应对多数日常管理中的问题。然而，在应急状态下通过层层反馈的方式，难以及时有效解决突发性事件。对已经发生的突发事件，职能部门会第一时间介入，但对于萌芽状态的苗头性问题，因为职责所限或自主权限不高，处理起来瞻前顾后，失去了处置的主动性。高校内部以职责为界的治理思维往往会掣肘高校危机应对的能力和行为，针对突发事件中可能出现的主体差异、个体需求、信息爆炸、知识冲突、制度失灵等决策困境，难以实现前置研究和有效预防，这使舆情的爆发成为可能。

突发事件是一个复杂的应急管理事件，以其复杂性、应急性和不确定性而给管理者带来决策困境。突发事件之所以能在很短的时间从个体事件演化蔓延到诸多公共领域成为复合型危机，多数情况下是由于管理者被动应对所致。因为管理者对发生机理和可能产生的冲击后果知之不多甚至一无所知，却要在短时间压力情境下做出关键性决策，如在媒介的舆情扩散和放大作用下采取行动，稍有不慎势必会引起社会的连锁反应。因此，在寻求共识的理念层面，当务之急是管理思维亟须从“过去的预案制、中心化战略向以情境化、多元参与的风险治理为核心转变”[①]，切实从理念上改变这种以职能范围为界的职责管理体系，将事后的补救转变为前置研判。

二是网络教育前置。网络治理已经成为社会治理、高校治理的重要组成部分，但是高等教育管理者因为自身对互联网危机的恐惧，本身管网治网能力不强，长期以来谈网色变。在粗放的管理模式和手段下，高等教育舆情应对缺乏有效的方式方法。尤其是在面对校内舆论场时，经常使用“封”“堵”“删”等工作方式，未能进行有针对性的舆论引导，效果往往不佳。当前，教育工作的明

① 张强，张欢.巨灾中的决策困境：非常态下公共政策供需矛盾分析[J].文史哲，2008(05)：24-28.

显误区是没有将工作抓在平时，缺乏在深入研究的基础上把握规律，在把握规律的基础上科学施策，做到因人而异、因事而化、因时而进、因势而新，对于网络上的正面声音和负面舆论“一网打尽”，反而可能招致更大的危机。

因此，理念是行动的先导。对于网络治理的主动预防，无论对于管理者还是教育者而言，伴随着舆情权力重心的迁移，事件拥有更多的自主权，也应采取更务实的主动策略，把线上思想引导与线下实践工作结合起来，统筹考虑，综合施策。尤其是要将网络意识形态教育和正面网络舆论引导工作前置，充分发挥好大数据技术在网络舆情监测、预警等方面的优势，防患于未然。

三是打破壁垒界限。传统的舆情传播机制是对事件本身发生之后的要素化分析，很少能深入争议性事件背后的社会结构等深层次矛盾，其应对策略多是治标难治本的一时之举。另外，传统的舆情理念在地域上多是小范围和无组织的单向度发展；但是社交媒体时代的网络舆情，历经人与物的链接深度酝酿，呈现复杂化和超时空化的非线性生长①。在新时代的语境下，高校舆情应对要革新话语体系与舆情引导思维方式，确保舆论走向实现良性引导。

在一定程度上，框架传播机制呼应了这种变化，不仅以跨学科思维全面突破对传统舆情管理模式缝缝补补的旧思维，而且通过拥抱互联网重塑了传统高等教育形态，推动全部门全要素的协同治理，实现从一种应急状态到新常态的转换，为高等教育舆情治理实践提供战略选择与价值指引。

（三）由经验应对向数据治理转化

我国长期以来的高等教育治理理念是在经验思维方式的支配下进行的，其思维方式是建立在事物固有的因果关系上分析评价事物，很少靠数据和客观性的材料评价事物，虽然有一定的成效，但不足之处也越来越明显。在知识经济和科技革命的推动下，新技术在高校管理中得到了广泛应用，同时高校管理者也日益认识到数据是一种宝贵的管理资源。在业界看来，高等教育大数据是指

① 姚翼源.高校网络舆情治理的关键问题与实践向度[J].西南民族大学学报(人文社会科学版)，2021，42(03)：161-166.

“在高等教育领域产生的各个部门信息的数据集合，它存在于各类教学活动、日常工作和管理科研中”①。高等教育数据的存在和表达，在互联网时代成本变得越来越低，途径也越来越顺畅。高校师生通过QQ、微信、微博、论坛等交互平台，发表对高等教育的需求与看法，在各种网络平台、媒体留有痕迹，从而为数据治理管理模式的实现提供支撑。在这种新的动态治理理念中，数据思维的理念至少可以发挥三种作用：

一种是用数据支撑决策。高校管理者制定和出台各项决策，绝非是凭空的，而是建立在长期调研、考察和研究的基础上。数据思维的优势在于它能够在突发事件的舆情发酵前，快速获取与抽取、整合与分析、解释与预测，从而节省下来突发事件处理的宝贵时间，为下一步策略的制定和方案的草拟提供便利。这一点，突破了以往高校舆情应对中行政化、单中心治理的制度性缺陷。②这是以往所有的舆情应对都难以做到的。依靠数据做出决策，有助于构建完善的数据舆情治理体系，并为管理治理的各项决策提供支撑。

二是提升智慧校园治理能力。大数据是一种积极的治理资源，有利于拓展高校治理的主体范围和提升治理主体对科学的认知，但与此同时大数据的使用也面临着道德伦理、法律风险、平台资源以及信息垄断等方面的难题。近年来，许多学校都将“智慧校园”建设作为高等教育改革发展的重要路径。毫无疑问，对一些长期以来靠传统行政手段或人力手段无法解决或难以根除的顽疾有一定作用，智能技术的应用成功化解了在事务性管理、人才培养、后勤保障服务方面的诸多矛盾和难题。

三是数据治理牵引其他治理。改革是牵一发而动全身的，数据思维在高等教育改革中的应用对高等教育治理变革具有现实意义。举例来说，数字化服务背后相应的模式和理念也在进行相应的变革。在疫情突发阶段，许多学校纷纷采用门禁人脸系统了解学生的行程。这一策略模式的采用，也要求相关管理人

---

① 汤贝贝，薛彦华.大数据背景下高等教育治理转型：机遇、挑战与应对策略[J].重庆高教研究，2019，7(02)：77-86.

② 汤贝贝，薛彦华.大数据背景下高等教育治理转型：机遇、挑战与应对策略[J].重庆高教研究，2019，7(02)：77-86.

员不能再以简单粗暴的一纸禁令，来对待学生个性化的出行需求。为适应新的变革形势，相关部门与学生沟通的方式、应对的策略也必将有所调整。

综上所述，传统的高等教育治理方式已经不适合当今的时代发展，大数据与高等教育结合必将成为一种未来趋势。“大数据”与高等教育的结合，不仅是一种技术的变革，更为重要的是思维方式的转变，它将有效地推动高等教育治理主体多元化、促使治理思维由“管理”向“治理”转变，有效提升治理决策的科学性，形成高效性智能型高等教育发展模式，以弥补传统高等教育治理的不足。

二、体系再造：实现共治协同

高等教育网络治理是一个复杂的、整体的、有机的和开放的体系，是一个宏观层面、中观层面和微观层面有机结合的治理体系。自媒体平台的关联性与开放性为多元化主体参与高校治理提供了重要助力。近些年，网络问政于民成为一种重要的公共现象，微博、微信、知乎、QQ等媒体为网络多元主体参与高等教育治理搭建了平台。另外，数据治理为不同主体获得必要的信息提供技术支撑。这些变化反映了我国高校治理主体从“一元”向“多元”的转变，治理主体由政府开始拓展到高校、社会组织和民众。相应地，原有高等教育的流程与体系也要产生相应的改变。

（一）唤醒主体共治服务理念

“当治理作为一种新的社会控制体系时，治理者相互间的行动或干预方式无疑会更加多样。”[①]治理理念的提出，要求高校管理主体摒弃传统管理中刚性的压制和对抗思维，容纳接受政府、媒体、公众等其他多元主体。在特殊情境下，根据突发事件本身的性质、属性和特点，不同主体和角色发挥的作用是完全

① RHODES R.The New Governance: Governing Without Government[J], Political Studies, XLIV, 1996: 658.

不同的。尤其当自媒体平台出现后，其他主体与管理主体之间的地位逐渐均势，民意呈现以多种方式进行传递和反馈。在此过程中，媒介以传播主体的角色成为管理者与被管理者之间意见交换的重要载体和平台。

（二）重新认识传播与治理

根据框架传播机制引入争议议题赋权、话语文本考察、传播要素分析、心理情绪调适、意识形态影响等内容，可以从一个更加宏观的层面把握高校管理的流程。在这个过程中，框架传播机制通过建立一种链接方式，囊括众多主体参与到共治范式，重塑和优化治理体系。其主要表现为：

一是社会自发治理模式。在这一阶段过程中，自我调适和治理的主体是社会。这种观点有很强的“社会中心”色彩。此时，政府和官方尚未介入议题的生成，舆情来源于自下而上、公民自发的态度、情绪和感情，并将议题视作“观察社会、了解和认知社会的一种新渠道和新方法”①，必然要被纳入国家和社会治理的轨道，成为国家社会治理体系的重要组成部分。在舆情治理中相信网民的自我管理能力，尊重网民的利益诉求，强调通过公众的内在驱动力来引导舆情走向，成为社会自发治理体系的重要特征。

二是官方主导治理模式。官方主导是高校治理体系演化过程中最明显的特征。这种治理路径既强调政府在引导舆情走向中处于“中心”位置并担任主导角色，同时也主张柔性化的多主体合作互动方式，尽可能保障网民的平等参与权利与言论自由空间。零散的民意通过媒介进入公共事务领域，官方的介入便随之而来，这个过程中涉及官方策略的应对、话语的编码以及形象的构建等多个环节。由于该模式缺乏竞争，又相对封闭，缺乏治理的灵活性，网络场域中汹涌澎湃的民意，预示着官方话语存在失灵的可能。

三是媒介引导治理模式。媒介发挥着架接民意与官方的桥梁作用，是议程设置、规则制定、公共决策的参与者和公共事务的管理者。在具体传播和对话中，若缺乏媒介，则无论是官方舆论场还是民间舆论场都将不复存在。作为传播主

① 童兵.“民意中国”的破题——兼议民意及其特征[J].南京社会科学，2014(03)：9-13.

体，媒介在高校治理中享有重要话语权，对官方意图传播、民意反馈具有上传下达的作用。但是媒介的传达并非简单传递，不同媒体基于各自的利益会选择具有倾向性的框架，通过建构不同类型的话语文本，潜移默化地对受众加以引导。

四是受众认知治理模式。受众选择解读框架和阅读文本，理解并解构框架传播中的话语和修辞，这一过程是基于受众本身的心理发生机制。无论是敌视、共情还是认同，都是受众在阅读文本的基础上形成的传播效果及反馈。值得注意的是，受众个体的认知并不是整个传播模式的终点。在框架传播机制中，传播主客体之间的影响是相互的。同样，受众的意见和情绪反馈将通过公共媒介参与到高校突发事件的治理过程中，促使双方在平等对话和交流中达成和解。

（三）重塑各方治理关系网络

我国现代化的高校治理领域主要体现为多元共治机制。这一机制的主要目的和意义在于重新划定各类主体的关系框架和角色，实现由传统的政府单维管制向社会多方主体参与模式的转变。[①]我国当前所推动的现代高校治理体系改革，重点在于“重新确立了不同类型主体在环境治理中的权力结构，涉及政府、高校、媒体平台、行业企业、社会组织、社会公众等众多参与主体，是围绕高等教育供给且基于一定的价值认同而进行的资源配置、权力运行和利益分配过程，以及由此结成的一种新的组织关系，属于现代意义上的共同体范畴”[②]。此外，2017年12月4日教育部印发的《高校思想政治工作质量提升工程实施纲要》，明确提出要建立“三全育人共同体”[③]，进一步确立了高等教育是多元主体参与的有机共同体。该共同体应成为一种整合机制，在政府的主导下，基于多边对话和合作，有效协调各方的关系，形成新时代高等教育发展合力、张力及长效运作机制。从高等教育治理领域来看，网络舆情是多元参与主体结成的利益共同体、实践共同体、生态共同体及治理共同体的综合体。

---

① 唐远清，吴雷.舆情治理：制度逻辑与行动策略［J］.学术界，2021(01)：69-77.

② 唐远清，吴雷.舆情治理：制度逻辑与行动策略［J］.学术界，2021(01)：69-77.

③ 赵耀，王建新.论新时代高校“三全育人共同体”的内涵与建构——基于利益趋同、价值共同和行动协同的思考［J］.中国矿业大学学报(社会科学版)，2021，23(03)：11-24.

共同体思想是马克思主义理论的一个重要组成部分，是马克思主义关于人与自然关系、社会发展的理论结晶。[①]马克思主义认为，共同体是人类生存的基本形式。“共同体”这一概念及其理论的提出，意味着我国对社会治理现代化的规律有了新的认识，高等教育领域的各种参与主体之间需要相互协商、合作，各尽所能，并最终共享社会治理的成果。从共同体角度来认识高校突发事件的治理，体现了多元主体追求价值共识的取向。这种观念的转变有以下几方面：

第一，重新定义政校关系。对政府而言，改变政府传统的大包大揽的角色定位，摒除一元至上的管制思想，需要从对高校各项事务的微观控制转向宏观引导，从直接干预转向间接监管。于高校而言，亟须改变高校作为附庸角色的理念认识，从政府一元主导转向扩权自治，从被动管理转向主动适应。政府和高校的角色之间的变化，必须在原有的政校体系基础上进行重新定位和思考，才能有效重构权力主体关系，保障高校办学自主权的落实。

第二，重新界定高校权责。长期以来政府“刀刃向内”的自我革命，其实质是在政府引导下对行政权力重新配置与规划的过程。作为管理者，首先考虑的就是如何对高校行使的行政权力进行重新配置和规划。这就要求政府在权责规划时必须明确高校的授权主体与责任人，即高校的权责主体。根据法律授权范围，高校权责主体可分为中央政府、地方政府和高校。三种不同的权责主体不仅模糊权力使用界限与情境，也间接促使中央与地方政府在对高校行使行政管理权过程中的追逐博弈。而这恰恰也是政府对高校的行政权与高校自身办学自主权争夺制衡的过程。当前阶段，高等教育“放管服”改革中的简政放权是中央政府对地方政府和高校的放权，是时代发展的大趋势。因为，在办学过程中高校确实存在承担无限责任的风险，这也在倒逼高校要争取更为广阔的权力运作空间。尤其在一些学生个体行为导致的突发事件处置过程中，客观存在维护校园正常秩序的压力，进而导致高校管理与师生诉求相分离。但是，这种在关系上的二分法是一种零和博弈思维，在微观层面上，认为“学校和学生之间存

① 郭道久，杨鹏飞.国家与社会协同：“社会治理共同体”的一种理解[J].中国治理评论，2020(02)：3-16.

在价值观、利益等不同，学校管理权限过宽，自然就会让学生自主管理的权限缩窄”[①]。这在一定程度上限制了高校治理水平和治理能力提升。

第三，重构师生治理关系。传统观念认为，管理者与被管理者天生难以共存，是从弥合走向分离的路径，二者之间的关系主要体现为分离对立。在长期的管理实践中，不少观点认为高校利益相对于师生利益具有优先权。就二者的关系而言，只有在高校利益得到保障的前提下，才会去考虑师生的诉求与发展。目前来看，这种观点显然将二者过于区分对立，由此削弱了双方达成共识的基础。学生是高校工作的目的，而非载体。高等教育良性治理互动关系的构建，起点在于改变师生的“主体间性”，使“管理者”和“被管理者”共同参与组成治理共同体。在这个过程中，学校培养部门和院系要在观念上更加注重师生治理的主体性，尤其是在事关其本身利益的重大事项上，要让其有能力、有机会参与讨论和决策，注意体现多元治理理念，又要聚焦在学生成长的根本目标上。高校管理与师生存在利益的一致性，这是高校突发事件能够达成共识的重要基础。高校虽然承受了社会上的诸多希冀与要求，但从本质上高等学校人才培养、科学研究、社会服务和文化传承中的职责使命决定了其决策的出发点和落脚点，必然要以学生的利益为根本旨归。高校应采取根本措施保障教师安心从教，学生专注学习，形成优良的教风和学风。

三、能力变革：实现舆情精准治理

从框架传播机制所涵盖的较为全面的舆情生成及演化要素层次出发，可以看到，因为舆情的不确定性和未知性，给真正的治理带来诸多难点。在高等教育治理理念引领下，框架传播机制与传统传播机制、学校与社会、组织与个人渐渐走向融合，整个高等教育舆情治理体系的核心要素正在解构与重组，尤其是高等教育舆情治理的各传播主体的性质、类型、作用和形态，也在发生着深刻的变革。近年来，国内高校的舆情治理理念趋于精准，比如，提出数据治理并加以

① 王洪伟.信息化背景下高校学生管理创新研究[J].黑龙江科学，2021，12(09)：76-77.

重视。

纵观近年来的教育舆情，其管理理念及举措堪忧，别有用心者简单粗暴的恶意攻击、“水军”的蓄意鼓动、应对机制的缺位以及实操办法不力等，给我国高校治理带来了困惑与迷茫。在对事件的分析过程中，我们发现舆情仅仅是表征，教育公平、校园安全、师德师风等高校舆情的关键问题，最终要归根于管理与治理能力。

首先，重视网络舆情大数据应用与分析。这是自媒体时代发展的必然产物。互联网社会下，高校网络舆情是一把双刃剑，能够更加精准掌握师生的思想动态和需求，模糊偏废将带来冲突、矛盾与风险。在风险带来各项挑战的基础上，借助数据分析服务，研发问卷调查类产品，包括机构测评、公共意见表达、商业调查等。外部数据合作资源，能够为高校管理决策构建数据分析模型，提供量化评估与建言。因此，要尽力提升数据分析应用思维，以更加开放的心态拥抱多方数据合作，推动数据共享与数据开放。

其次，重视法律的指导与探索。健全、完善的教育法律制度观照与支持，是推进和实现教育治理体系现代化的前提或基础。①这是因为高校所有的管理治理行为都是建立在“依法赋权”的基础上的，法律体系是高校实现规避舆情风险的必要举措，同时也能为高校突发事件治理行为和多元主体参与提供必要的治理依据。然而当前，现实的状态是不少学校缺乏专门的法务部门，在应对高校突发事件时，仅依靠自身经验应对缺乏明确和必要的主体行为规范，造成各多元主体之间缺乏有效的联系和关系的建立。因此，建立在法律制度观念下的权责体系，是高等教育治理主体能力发挥的重要保障机制。

再次，重视制度学习与能力创新。培养创新能力首先要培养创新型思维，也是发散性思维、求异思维。随着社会结构的转型和变化，高等教育治理在制度的形成、实施与调适过程中，需要面对不断出现的复杂问题与挑战，培养发现新问题和解决新问题的能力，这是高等教育治理主体必备的素质。另外，高校是学习型主体，教育治理主体的资源和能力的发挥，可以通过具有创新性的制

① 陈金圣.重塑高校治理体系：高校治理能力现代化的实现路径[J].教育发展研究，2014(09)：9-10.

度来实现。比如，整合家校、社区组织等公共资源实现优势互补、统筹协调的合作供给，通过第三方平台、高校购买服务等方式实现。制度学习和创新，应建立在科学决策和整体统筹的基础上，并在实践中不断优化、完善、创新，以保证教育制度的科学性和有效性①。

四、资源整合：实现立体式舆情治理格局

高校突发事件会给相关涉事人员、高校管理主体、师生，甚至社会带来不安定因素。在高等教育突发舆情危机中，高校管理主体方面理应做好舆情的监测、引导、管控工作。数字化媒体时代，面对话题的爆炸式裂变传播，急剧扩张的信息洪流，随时有可能引发高校网络舆情。高校管理主体应主动构建起高校与师生、媒体、“意见领袖”、大众的舆情沟通体系，利用好现有技术基础构建多元立体的信息传播形式，合理整合各种媒介资源，打造全方位的舆情治理网络。

（一）多平台共动，构建立体治理网络

一是认清网络媒介平台在舆情监测、引导、管控上的高度重要性。在舆情引导前期，要重视利用新媒体平台去判断舆情未来走向，以实现动态的舆情预警。网络空间已经成为人们生产生活的新空间、信息传播的重要渠道。而高校突发事件与大学生群体密切相关，学生群体追求思想自由，时常冲锋在热点话题的第一线。在高校突发事件的舆情彻底爆发之前，各大网络平台必将“有迹可循”。高校管理主体及相关涉事主体可以利用技术获取到各大媒介平台的相关潜在舆情，了解公众的情感态度。由此可见，可以利用技术手段对网络平台进行及时的舆情监测。这样通过数字技术动态刻画高校网络舆情事件的指标属性值，数据匹配后确定舆情风险的类型及等级，建立高校舆情事件的分析模板，搭建起动态化、可视化、实时性的高校网络舆情预警平台。

在舆情引导过程中，高校管理主体要重视与新媒体、网络媒体的配合，在拓

---

① 张建.教育治理体系的现代化：标准、困境及路径［J］.教育发展研究，2014，34(09)：27-33.

宽受众范围的基础上，形成全方位协同的传播体系，快速在舆论场中占据先机。在高校突发事件中，高校管理主体与相关涉事人员要利用好网络平台及时发布事件信息。随着互联网的发展，涉及高校的舆情一旦爆发，容易引发网友跟帖讨论，各种观点层出不穷，甚至助推话题的不断升级，给舆情监管造成阻碍。现在的舆情黄金24小时逐渐缩短为黄金4小时、黄金2小时甚至更短。在事件发生后，一定要先声夺人抢占舆论高地，抖音、微博、微信公众平台等网络平台活跃用户多，且用户体量大，高校学生群体多。通过多种媒介渠道的共融共享，积极发声，可以实现信息到受众的快速传递。再加上5G时代来临，人工智能、大数据和算法等为信息传播提供技术支持，描绘用户画像，实现信息的智能分发、精准推送，以达到更佳的引导效果。

在舆情危机渐渐消散期间，同样要借助好新媒介平台进行官方形象的修复。尽管高校可能在面对突发事件时对相关事件处理非常积极，但网络是有记忆的，曾经广泛传播的负面事件、公众间消极议论不会消失。因此，风波过后，公众、师生的内心在一定程度上会对高校形象有所"减分"。如此看来，舆情平复后，高校管理主体也需要时刻关注舆情发展情况，运用网络平台做好信息发布，顺势引导，赢得舆论信任，做好形象修复工作。

二是建立及时可信的外部沟通互动机制。一方面，很多高校突发事件的爆发并非突发式，而是渐进式。许多矛盾冲突可能在爆发之前就早有苗头，最后导致量变转化为质变。对于媒体本身来说，具备发现潜在危机的优势，有着非同一般的话题敏感与信息嗅觉，有时媒体甚至比当事主体更早嗅出舆情危机的气味。因此，有必要进一步加强高校与媒体之间的交流合作，从媒体报道的蛛丝马迹中及时发现舆情危机存在的前兆，并给予重视，加以防范。另一方面，在高校突发事件爆发后，无论是高校管理主体还是相关涉事人员，在与媒体沟通时一定要注重真实性原则，媒体是官民之间的传声筒，同样也是高校与大众之间的连接器。与媒体对话其实相当于与民众对话，而与民众间的平等真诚对话和官场间的官方话语体系有很大差异。高校方更应该抱以解决问题的心态与媒体沟通互动，以真诚的态度及民间话语体系，最大限度获得正面评价和认可。

（二）多形态表达，构建立体治理话语

为什么常说舆情应对很难，这是因为媒介环境的变化。面对网络舆论场，由于话语体系的差别，各方主体在处理舆情时可能会产生交流误解，因此要及时适应当下媒介环境的传播特点。

随着抖音等短视频平台的流行，这就要求在高等教育舆情治理中，不仅要意识到高等教育短视频舆情监管的重要性，同时也要在舆情治理时运用好短视频的视听传播优势。短视频作为一种以视听语言为主的互联网内容传播方式，随着移动终端的普及和网络的提速，短平快的大流量传播内容已经获得了各大平台、粉丝以及资本的青睐。直至目前已经发展成为大部分人生活娱乐获取新闻信息的最重要的表现形式之一。与图文信息相比，短视频更加深度嵌入了当今的社会生活，在各种平台巨大用户群体的加持下，给高等教育舆情带来新的表现形式。文字、图像、声音等信息在交叉和综合之后会变得更加丰富，传播效果也会更加全面，在这种情况下，大众对于反馈机制、处理时效等问题也有了更高的期待。因此，作为舆情涉事的主体，需要丰富舆情引导的传播形式，可以通过短视频这种具备良好体验感、更加全面的视听方式，提升大众对舆情信息的接纳度，通过立体的话语表达，有效地反馈舆情，引导舆论走向。

第二节　价值共识的建构：厘清价值维度下的治理目标导向

作为国家治理体系的重要组成部分，教育治理体系和治理能力现代化是重要组成部分。教育治理现代化首先要解决的是价值取向和实践向度的问题，即首先要实现价值层面的现代化，有学者将其定义为“有限的政府、规范的市场、专业的社会组织、自主的学校和自觉的公民”[①]。成熟的教育公共治理体系是多元

① 张建.教育治理体系的现代化：标准、困境及路径[J].教育发展研究，2014，34(09)：27-33.

主体的共同参与，但是这种参与并非无序的，而应该在一定的原则指导下进行。

一、坚持中国共产党领导下的协商民主

习近平总书记指出："国家治理体系是在党领导下管理国家的制度体系。"① 高校治理体系从属于国家治理体系。在中国，这突出地强调了高等教育治理体系的社会主义道路和社会主义性质。中国共产党长期的历史地位和执政地位，决定了中国的现代化和民主化进程必须由党来领导。中国特色社会主义大厦需要四梁八柱来支撑，党是贯穿其中的总的骨架，党中央是顶梁柱。党的任务是对所有国家机关的工作进行总的领导。高校是中国共产党领导的社会主义大学，决定了我国的高校治理必须在党的领导下。

（一）以政治建设为首要原则

第一，高校网络舆情的治理，需要发挥中国特色社会主义的治理优势。在日趋多元化的社会环境和思想环境中，政治性是必须坚持的首要原则，须臾不可偏颇。高等教育舆情治理的总目标是，借助中国特色社会主义强大的核心力量，将不同利益群体聚拢到社会主义现代化建设的过程中来，为国家治理现代化贡献力量。在此过程中，高校党委要切实履行主体责任，充分发挥领导核心作用，坚持社会主义办学方向，深刻领会新时代大背景和立德树人根本任务，坚持不懈用习近平新时代中国特色社会主义思想武装头脑，推动习近平新时代中国特色社会主义思想深入人心。

第二，高校舆情治理必须要守好意识形态主阵地。高校肩负着立德树人的神圣使命，承担着培养社会主义接班人的重要职责，是国家治国理政的重要教育载体。高校的思想舆情稳定直接关系到意识形态阵地安全，师生的思想政治情况关系到国家的长治久安。因此，高校党委要毫不动摇地坚持党对高校各领

① 习近平. 切实把思想统一到党的十八届三中全会精神上来[N]. 人民日报，2014-01-01(002).

域工作的全面领导，坚持党管宣传、党管意识形态、党管媒体，把意识形态工作作为党政工作、高校治理工作的重要内容，纳入重要议事日程，以此建立意识形态工作联席会议机制，等等。在强调意识形态工作重要性的背景下，高校网络舆情治理被提升到一个新的治理高度，成为一项“极端重要的工作”。

第三，高校舆情治理必须充分发挥党组织的领导核心作用，尤其是要发挥好党组织在科研领域、人才培养、职称评定中的重要作用，将党组织的领导作用内嵌院校治理发展之中，加快构建具有中国特色的哲学社会科学理论体系，重点培养一批优秀人才队伍，努力打造一批特色鲜明、体制创新、引领发展的国家急需的高端智库和社会服务，更好地为党和政府服务，传播中国思想，促进国家治理体系和治理能力现代化，提高国家文化软实力，巩固高校社会主义意识形态建设，保证社会主义办学方向。

(二) 以协同治理作为特色民主形式

协商民主是一种重要的民主形式。在高校转型发展过程中，社会结构的分化和利益冲突的尖锐化，导致社会冲突和社会争议的范畴往往超出高校本身的范畴。新闻媒体的参与成为公众参与议题表达的渠道，也是进行利益表达和民主协商的重要平台。媒体的参与，使话语对话的边界大大拓展。借助自媒体信息平台，对公共利益关注的不同群体都加入高等教育类议题的讨论中来，成为协同治理的表现形式。

通常，社会冲突背后是一个价值协商与选择的问题，民主协商过程就是对复杂性议题进行充分的解释与再现，以便各方主体能在信息平等的基础上进行选择和对话。高等教育网络治理同样需要充分听取和采纳各个治理主体尤其是基层部门和普通公民的意见和建议，从而平等协商、共同决策。在高校制度设计中，应该充分考虑到争议—对话—再到协商性共识的生产过程，以具体的制度考察教育治理中各项重要的决策、对话表达、意见交流、执行评价是否彰显占大多数的普通治理主体的意志和主张。新闻媒体是议题的解读者，但高校等多元主体是争议性话语实践的实践者。作为消解共识焦虑重要方式的协商民主，在高等教育传播和话语实践中有两个特征：

一是以公共性利益为达成共识的前提。民主是公共性的内在诉求。公共利益被认为是“最大多数人”的利益。因为公共利益具有公开性、普遍性、透明性、平等性等特征，所以在一定程度上，公共性也被视作现代社会沟通的基本路径和方式之一。①高校突发事件的最终期待与走向是，透过多元主体在媒体平台上的充分对话与协商以寻求共享的价值观和共同利益，寻求公共利益的最大化和最广泛的社会合意，这是民主协商应遵循的核心原则。但是，在突发事件发生过程中，由于受到道德裹挟、利益博弈、商业竞争、娱乐化思潮等影响，公共利益原则也会遭受损害，导致共识难以为继。因此，在高校突发事件的协商过程中要有意识地引导参与主体自觉向公共利益靠拢，在容纳差异思想和各方话语平衡的前提下，促进利益综合体的形成。

二是在公共利益优先的诉求和原则下，协商性共识的生成路径是平等对话。不同利益者及各种类型知识间的交涉与博弈，在这个艰难谈判和相互妥协的过程中，压制和排斥不仅无助于事件的解决，反而会导致失去话语解释的主导权和主动权。高校突发事件中，关键是要容忍异议的存在。如果有这一原则指导，高校突发事件的处理就不再会应对失当，反而会更加注重主体之间理性的沟通、反驳和意见的整合，从而促使社会各方付诸实际行动来解决争议性问题。

综上，政治性原则是高等教育实现协商民主的首要原则，在坚持社会主义办学方向、中国共产党领导核心的价值追求下，才能对高等教育系统的成员主体的基本利益诉求进行民主协商。也正是在这一语境下，突发事件被视作可以通过协商、调节、仲裁等方式进行调适。

二、以师生为中心的价值取向

基于高等教育系统的复杂性以及利益主体的多元化，突发事件被赋予了师生权力回归的特殊内涵。借助新闻媒体，师生在参与、平等的对话语境中，逐渐

① 陈刚.共识的焦虑：争议性议题传播的话语变迁与冲突性知识生产[M].北京：人民出版社，2016.

形成了参与网络民主的公共意识和能力。在师生意识觉醒的过程中，高校治理方也应全面关注被关照对象，实现更多的“以师生为中心”的价值取向。

对话与协商，集中反映了高校治理过程中师生地位的转化。在某种意义上，这种价值取向与教育理念的进步是一脉相承的，可以反映在以下两方面：其一是视师生为高校事务的潜在参与者，而不仅仅是被管理者和旁观者。近年来，高校改革发展的重点是师生自治，各种学术委员会、董事会、学生组织等主体活跃于高校事务中，俨然成了一种常见的高校治理现象。其二，高校各项政策的出发点和落脚点是为了解决师生存在的各种问题。近些年各高校先后创设各种渠道倾听了解师生主要问题，并且非常明确要求各级党组织要每半年分析一次师生中存在的苗头性和倾向性问题，这说明了高校正在通过制度化手段确立师生中心位置。

健全以师生为中心的制度体系，一是稳步推进“放管服”改革，给予基层部门更多的自主权，以便通过“最多跑一次改革”“数据治理”以及“服务清单”等更好地改善校园公共环境，努力达成高等教育的“价值共识”并形成改革发展合力。二是践行“公共教育”理念，改变以往“头痛医头、脚痛医脚”的做法，重新梳理职能流程，树立一种公共意识期望，以此培养职能部门以及师生思考和认知能力，进一步强调参与、对话、协商的价值观，力图实现不同成员基本利益和基本原则的趋同。三是正确引导发挥师生的社会动员力量。师生的观点舆论可以具有正反两方面的作用，高校治理者应当在维护公共利益的前提和框架下，通过组织对话和话语协商，告知师生不同事件的始末和真相，以帮助个体做深思熟虑而非随意的判断。

三、以高质量发展为目标导向

中国改革开放的实践雄辩地证明，一切争议和冲突都可以在发展的过程中加以解决。在高校治理体系建设过程中，我们能明显感受到，伴随着发展成果惠及师生，关于利益冲突和对抗的舆情将会有效减少。

因此，对于高校而言，用发展眼光解决舆情所带来的争议确有其合理性。

普遍性的社会争议是一种新的社会景观，成了舆情争议动力机制之一。争议也同时带来了社会的进步。舆情作为高校共识焦虑的一种释放方式，一方面师生参与社会争议和讨论，有利于增加对议题的认知和传播，推动问题的解决甚至增加改变政策、法律的可能性，释放高校内部焦虑，缓解矛盾；另一方面，从更深层次来看，高校舆情更多地折射出高校发展过程中的突出矛盾和现实困境，舆情恰恰反映了社会和师生对高校治理的美好向往与期待。如此看来，舆情产生的根源是高校行为与社会各界发展错位而导致的。因此，对于高校治理主体而言，争议性问题的解决最重要的是落脚于实实在在的发展举措上来。危机话语的应对有效性建立在高校行为有效性的基础上。倘若对于一起突发事件，高校始终保持谨慎回避、不敢面对的做法，必然会带来更加强势的舆情争议。

在网络舆情形成广泛社会监督的背景下，高校不能仅在修辞策略上提升，更为重要的是要通过自身实际行动与新闻媒体的和解性框架达成互补，从而主动引导高校舆情朝着有利于建设的正向舆论层面发展，促使高校争议事件得以有效解决，力争在校园和谐与稳定发展中形成共同治理。

第三节　社会共识的建构：多元主体共同参与的治理体系

党的十八大以来，中央多次强调要“加快形成党委领导、政府负责、社会协同、公众参与、法治保障的社会管理体制”[①]，实际上已初显多元共治的理论雏形。这一转变不仅仅意味着治理的主体发生了变化，政府不再是唯一的治理主体，也代表着“政府—社会”的角色关系发生了转变。在实现高校治理水平提升和治理能力现代化的进程中，这一状况同样存在，当务之急是亟待解决主体多元参与的主动性和治理能力的问题，促使各种主体充分发挥协同作用，高等教育治理体系制度化、科学化、规范化、程序化，把高校多元主体的能动性优势

① 于江，魏崇辉.多元主体协同治理：国家治理现代化之逻辑理路［J］.求实，2015(04)：63-69.

转化为治理效能。[①]

一、政府：深化行政体制改革

高校治理是"内外部各方利益相关方参与高校重大事务决策的结构和过程"[②]。从当前地方高校教育公共治理主体的表现来看，仍然表现出管制型政府模式下的高校办学角色身份、思维观念和行政传统。在高等教育舆情的相关问题中，突发事件不仅关乎高校自身发展，也关乎社会稳定，反映出政府的管理能力。政府在高等教育舆情治理中具有高度的导向作用，政府的权责操作直接影响到突发事件的解决，具体表现在治理权力、治理模式、治理环境等方面。

（一）趋于平衡：治理权力的变化

近年来，互联网迅猛发展带来的网络治理问题愈加显著。作为教育治理体系的重要组成部分，高等教育领域的网络治理始终是治理的重点及难点所在。由于网络的开放性和匿名性特征，在部分高校突发事件当中，一些网民出于愤慨、不满等情绪趁机发表不当言论、散布谣言等，这不仅与高等教育初衷背道而驰，甚至可能引发社会的不良风潮，影响到培养社会主义事业接班人的重要使命。借助徐亚文等对国家治理体系现代化阐释"逐步摆脱了单一的政府一元管理模式，转而赋予社会更多的自治空间与自治权力，进而实现以法治为保障、以共治为路径、最终实现善治"[③]，对于现代化的整体认识，可以得出如下结论，治理现代化必然要求政府转变观念、简政放权、自我革命。国家互联网信息办公室室务会议审议通过的《网络信息内容生态治理规定》于2020年3月1日起正式施行，规定中明确了政府、企业、社会、网民等多元主体参与协同共治的治理

---

① 江必新. 推进国家治理体系和治理能力现代化[N]. 光明日报，2013-11-15(001).

② GAYLE DENNIS JOHN, TEWARIE BHECNDRADATT. Governance in the Twenty-First-Century University: Approaches to Effective Leadership and Strategic Management [M].ERIC Digests. ED482560, 2003.

③ 徐亚文，刘洪彬：共治理念与国家治理体系现代化[N].湖北日报，2014-03-01.

模式。对于公共教育领域而言，政府治理需要进一步激发教育主体的活力和积极性，政府要转变职能，做到政企、政资、政事、政社分开；加强网络环境监督管理已不仅需要严厉打击网络谣言和其他非法言论，更要重视网络声音，关注社会舆论发展，构建自由、开放、平等、安全的网络空间。

近年来，我国高等教育进入内涵式发展阶段，“放管服”改革成为推进高校自治的重要手段，甚至不少高校专门设置了推进高校组织改革的规划部门。高校权力主体的嬗变，导致上至高校学科专业设置、岗位管理、教师职称评审办法等，下到高校内部薪酬分配、绩效考核、经费使用管理等问题凸显，随着新旧文化冲突，思潮激荡，高校学生又是大部分热门网络平台的活跃主体，乐于参与社会时事，勇于发表言论，单靠官方政府一己之力难以实现管理有效管控。在高校网络舆情治理上，大部分高校都没有足够的资金和人力建立起有效的舆情应对体系，需要政府的重视和资源支持，确实需要行政管理、治理规范的手段，对相关现象严厉打击，维护政府的社会公信力。另外，也需要建立起有效的网络舆情治理体系，政府应出台相应政策激励发挥高校的育人主体作用以及主流媒体的社会影响力，重新建构科学合理的舆情应对制度。

综上所述，高校治理环境是影响高校治理体系建构及运行的各种主客观因素的总和，它对高校治理体系的建设与完善具有突出的诱导作用，对高校治理能力亦有间接影响。在高校内部，治理的主客体之间的关系，往往是“行政权力过强、学术权力过弱、学生权力虚无，内部权力结构失衡，呈现出高度行政化的组织生态”①。究其核心，在于权力高度集中的高教行政体制及作为其延伸的高校领导管理体制。鉴于此，政府职能回归的首要任务就是通过“简政放权”式的职能转变以及高校“扩权自主”式的理念调适，为高等教育后续改革发展奠定基础。

（二）回归服务：治理模式的变化

“行政机关信息公开的程度，直接关系到整个社会信息资源的开发利用和

① 张建.教育治理体系的现代化：标准、困境及路径[J].教育发展研究，2014，34(09)：27-33.

每个公民、社会组织的切身利益。”[①]高等教育治理的另一目的，是促使政府更多地转向公共服务，打造服务型政府。众所周知，教育是涉及公共利益的板块，公众有权知晓高校教育政策和教育改革等与自身利益切实相关的重要信息，官方无疑也应当及时回应社会关切的教育问题。

政府做好职能回归公共服务，这是公共职能作用使然。首先要回应好社会各界对高等教育舆情的信息渴求，厘清当前的信息公开、政务透明的实际发展需要，明确信息公开的内容与范围、公开权限、公开规范和公开流程等，让公开的政务信息触达社会民众，必然要构建或采用合适的信息渠道。当前，利用新闻媒体、网络媒体传播教育改革、教育政策出台等信息已经成为我国政务信息公开的常规做法。然而，部分群众受教育水平、专业知识和社会视野的限制，对一些教育政策认知不足或产生理解上的偏差，导致无法正确理解甚至误解当前的教育政策，其讨论不仅引发网民的争议和传播，甚至会出现大面积的反对声音形成社会舆情，阻碍政策的实施。针对这一现象，政府应当主动提供民众提问咨询的平台，或主动进行知识科普，利用网络媒体平台进行疑问答复等，为有关政策的解读提供帮助。对于部分专业性强或者争议较大的教育政策或改革方案，可以邀请相关领域的专家、学者等权威人士进行荧幕访谈，通过对社会民众关注的事实关键进行探讨，引导社会民众正确解读和看待有关教育政策。近些年来，国家教育系统相继开办了自己的政务微信微博账号，如浙江的“教育之江”通过新媒体推文形式将关涉教育的信息进行公开传递，为受众提供详尽的教育类信息。

政府职能回归服务的另一表现是搭建社会广泛参与的平台。实现对高校舆情的引导，需要搭建起政府与社会公众信息交流畅通的平台，这是保证官方舆论场和民间舆论场意见合流的重要形式。进入21世纪以来，计算机技术日新月异。社交网络、企业、学术部门、政府机构、社会组织储存了巨大的数据，治理的组织体系基于平台化进行操作和应用。如杭州积极推动新型智慧城市建设，在政务服务、教育发展、交通出行、医疗健康、公共安全等方面推广数据平台治

① 褚松燕.我国政府信息公开的现状分析与思考[J].新视野，2003(03)：31-33.

理。虽然社会大众依旧习惯于在社交媒体网络上对时事热点进行讨论和评价，但经过第三方平台的舆论往往也受平台管控影响，部分平台出于利益会设法对当前的舆论进行干扰，致使政府与公众之间信息和获取交流产生偏差。政府应当对平台基于利益立场采取相应政策，整合数据资源，保证信息的畅通和社会言论的自由性。同时，也要始终开放政府与民众之间的直接沟通渠道，鼓励社会民众在专门的政务沟通平台上直接反映问题，由此引导公民采取正确理性的方式参与社会政治及社会时事。

（三）内外和谐：治理环境的变化

精简政府有关高等教育的事务性工作或行政事务，减少政府对高校的权力管控，尤其是对高校资源的管理权、控制权和分配权，这是高等教育“放管服”改革的首要步骤和前提。[①]政府为高校松绑、简除烦苛，并不意味着政府管理职能的完全脱离，因为部分权责已经超出自身能力范畴，政府依旧有责任为突发事件的和解创建有利共识环境。

在改良高校内部治理环境方面，有必要以“去行政化”为根本路向，政府围绕“放管服”改革和“简政放权”导向，通过制定引导性政策，指导落实“组织与运行条例”“机构章程”“法律规章”等，在实现高校“扩权自主”的基础上加以微调，确保政府对高校治校的必要监管。同时，适当予以政策松绑，鼓励创新领导管理体制机制，拓展和引入社会力量办大学，强化高校治理办学的竞争意识和质量导向。在改良高校外部治理环境方面，政府应加快构建网络道德引导机制，重点在于加强思想道德建设，大力培育和弘扬社会主义核心价值体系和社会主义核心价值观，加强社会主义核心价值体系和社会主义核心价值观的宣传普及，加快构建充分反映中国特色、民族特性、时代特征的价值体系，提升广大社会民众的媒介素养迫在眉睫，让民众学会辨别纷繁复杂的网络信息，自觉遵守网络规范，合理抒发表达言论，正确参与社会讨论，树立正确的网络道德观。

---

① 郑政捷，陈兴明，郑文力.我国高校权力主体关系的嬗变与重构——基于“放管服”改革视角[J].中国高教研究，2018(01)：43-47.

同时，政府要发挥整合资源的优势，尽可能打通高校突发事件涉事的环节网络，增强应急机制，纾解突发事件带来的社会焦虑和二次危害。

二、高校：自主办学与内涵发展

“双一流”成为高校建设新名词，也成为高校发展重要战略。时任教育部部长陈宝生对我国高等教育的“双一流”建设，提出了“四个回归”[①]，再次重申高校自主办学最终还是要回归教育本身的问题。在此基础之上我们试着分析高校在网络舆情治理中的策略路径。

（一）回归常识：尊重规律建章立制

常识是什么？高等教育办学有其价值规律所在。习近平总书记提出教育改革发展“九个坚持”的新理念、新思想、新观点，并成为我国教育事业规律性的认识。[②]遵循教育规律发展高等教育，当务之急是要转变办学观念，在高校治理视域下彰显高校权力主体地位价值，建立起“系统完备、科学规范、运行有效”的制度体系，形成“政府宏观管理、大学自主办学、社会广泛参与”的多元共治格局。

第一，全面落实党管宣传舆论的原则。党对宣传工作的领导是我们党对历史经验的高度总结，也是习近平新时代中国特色社会主义思想的重要组成部分。加强对网络突发事件的预防和处置，要牢牢掌握意识形态工作领导权，把党管媒体的原则贯彻延伸到新媒体领域、网络领域，不断提高用网治网水平，使互联网这个最大变量变成中国特色社会主义事业发展的最大增量。党管媒体是一个一以贯之的思想准则，是不可动摇的政治底线。在互联网舆情爆发的时期，党委领导发挥着坚持正确的政治方向、舆论导向、价值取向的“定海神针”关键作

① 郭跃，赵颖霞，沃琼怡，等.大学生视角下的应用型本科院校“四个回归”调研分析——以浙江高校为例[J].大学教育，2020(02)：45-49.

② 杨晓慧.深刻把握建设高质量教育体系、实现教育强国目标的战略安排[J].思想理论教育导刊，2021(01)：4-9.

用。随着时代变化、传播技术新发展、人民需求的与时俱进，党和政府也在着力调整党管媒体的策略方法、原则手段、途径技巧，建设党管媒体的移动传播平台，引导主流媒体主动适应移动互联网发展的新趋势新变化新挑战，让主流媒体借助移动传播，牢牢占据舆论引导、思想引领、文化传承、服务人民的传播制高点。

第二，深化高校基层学术组织建设。按照现代大学建设的理念，"党委领导、校长负责、教授治教、民主参与"是中国特色现代大学发展的必经之路。从近些年高校基层学术组织改革情况来看，高校与院系、高校与教授之间的权责界限并没有得到明确界定。虽然部分学校将招生、专业设置、教师职称评聘、人事等权力下放基层，一定程度上调动了基层组织人员的积极性和创造力，避免了学术系统与行政系统在人员组成、权力行使等方面的交叉重叠，但是以"行政化"命令替代"民主式"协商的情况依旧存在。在高等教育网络突发事件共识机制中，高校师生民主式协商参与的进程和水平直接关系到最终事件的根本解决。因此，有必要进一步划定高校与院系的权力，落实基层办学的自主权，以达成师生参与的民主式协商和共识。

第三，建立议题决策的智库支撑机制。高校突发事件，涉及人才培养、师资队伍建设、科学研究、国际交流合作、文化传承创新、社会服务等诸多功能，并与传播体系、话语体系建设息息相关，甚至还要利用人工智能、大数据技术对学科数据进行深度挖掘和建模分析，这些要素共同构成了高等教育舆情的知识系统。在这一过程中，高校面对纷繁复杂的突发事件，未必能完全了解和清晰判断，因此在做出具体决策前，智库意见、专家咨询就显得尤为重要。另外，高校自身引进和培养各方面高层次的人才，本身有能力形成政策收集、信息研究、建言献策的专家群体，或者有途径渠道联系到相应的专家，这为高校在应对舆情信息时做出决策提供了支撑保障。

（二）回归本分：降低风险重塑形象

罗伯特·希斯在《危机管理》一书中提出了4R危机管理理论，它由缩减力(Reduction)、预备力(Readiness)、反应力(Response)、恢复力(Recovery)这4个阶段组成。[1]缩减，即减少危机情境的攻击力和影响力；预备，即在危机发生之前就做好处理危机情况的准备；反应，即尽力应对已发生的危机；恢复，即从危机中恢复。[2]这一理论也同样适用于高校突发事件所形成的公共舆情危机。高等教育舆情风险应对也需要从四方面着手。事件预防阶段，即加强事件发生前的舆情监测与预判。“网上问题往往是现实问题、利益诉求的反映，现实问题的复杂性决定引导网络舆论的艰巨性。”[3]高校突发事件所带来的争议，有其问题产生的现实根源。如果能在事件爆发前就提前介入和应对，就可以将突发事件带来的负面影响降至最低。首先，前置师生的媒介素养教育和思想品德引导。突发事件之所以会造成难以想象的社会影响力，有很大一部分原因是在校师生未了解事件真相之前，就通过移动端进行推波助澜，充当了负面信息和网络谣言的助推器。校方应当重视高校学生的媒介素养教育，引导学生学会使用正确的途径和手段反馈问题、解决问题，反对情绪化的舆论攻击、情绪煽动、网络暴力、捏造歪曲事实和一些极端化的反抗手段。

事件爆发前阶段，必须正视校园中出现的苗头性和倾向性问题，降低重大舆情给社会带来的负面影响，减少应对舆情治理的时间、人力、物力等。突发事件从来都不是无缘无故出现的，而是由个别意见产生引发其他群体意见的合流。正如科塞的社会安全阀理论所言，让社会成员能够通过正当途径表达对社会的不满及宣泄不悦情绪，可以在某种程度上减少社会冲突的产生或避免矛盾扩大化，保持意见通道的畅通有助于社会问题的解决。其中，言论活跃的高校大学生群体就是当下高校“社会安全阀”的主要成员，网络平台则已经成为高校大学生反映意见、宣泄情绪的主要途径之一，高校应当理性看待这一情态，认识到保留舆论争议空间的必要性与正面作用，一味地抵制与打压、封闭或堵塞宣泄通道不仅容易适得其反，激起群体敌对情绪，也不利于社会冲突的缓冲。鼓励高校依托科技赋能，运用大数据等技术分析舆情数据，随时关注高校相关舆情

---

① 阳剑兰，张云.“互联网+”背景下构建高校应对校园暴力的机制——基于4R理论的视角［J］.西部学刊，2021(03)：110-112.

② 董立丽.当前高校突发事件的特点及应对策略研究［D］.济南：山东师范大学，2008.

③ 王一彪.清醒认识网上舆论形势依然严峻复杂［N］.人民日报，2018-04-19(05).

信息，可以划分舆情等级，建立舆情预警模型进行研判预警，及时发现潜在的舆情问题或风险事件。

事件爆发阶段，在部分高校突发事件中，高校不回应或回应态度傲慢，有违社会公正、徇私包庇、缺少责任担当和人文关怀等问题广为诟病。这些行为与社会普遍认为的高校所应当具备的精神意志和形象不符，在突发事件的发展中往往会导致民众对该高校的处理措施产生不满情绪和反对意见，刺激舆论再度爆发。高校应当秉承公平公正公开、积极解决问题的原则进行妥善处理，弄清楚当事人的诉求与目的，主动跟进调查，安抚有关人员情绪，让社会群众看到高校的责任担当与解决态度。高校只有主动调查并公开事实，全面、客观地叙述事实情况，让社会民众了解事实真相才能减少猜测与谣言。在舆情爆发过程中应主动引导舆论方向。遮掩回避、封锁消息、不予回应、拒绝媒体采访等行为态度则会引起社会民众的质疑和猜测，导致公众对事件抱有先入为主的第一印象。然而，值得注意的是，高校网络突发事件是一把双刃剑，一方面它确实给高校管理治理工作带来了挑战，但另一方面现实案例中也不乏部分高校因为应对有力重塑口碑和高校形象的案例。因此，高校在突发事件中必须考虑自身作为教育主体的自身形象，遇事绝不能有“捂盖子”的思想，如此不仅无益于事件的解决，还只会增加大众对高校的负面印象和负面评价。高校对违法犯罪或是有悖道德伦理的突发事件，应有明确的态度，严格问责惩戒当事人，维护社会公平正义，展现高校的社会担当和价值倾向。

事后安抚和总结阶段，也要注意对受到侵害的，或是受到干扰较大的师生和相关人员进行人文关怀，安抚师生情绪，主动提供心理疏导帮助。重视对外宣传工作，运用新媒体等网络平台，在舆情后逐步展开高校形象和社会声誉修复工作。对于学术不端、教师背德等相关事件引发的高校网络舆情应当加以重视，建立严格的追责制度，同时反思校园内部存在的管理和腐败问题，及时做出调整和改变，并且对内加强校园宣传，引以为戒。高校要建立突发事件舆情应对预案库，针对部分屡次发生的高校突发事件建立举一反三的应对预案，包括事件应急处理、舆论引导方式、事后情绪安抚及形象修复等内容，为高校突发事件的应对提供借鉴作用。

（三）回归初心：健全师生参与治理途径

随着我国大学治理体系和治理能力现代化进程的稳步推进，建立和完善教师和学生参与大学治理的体系和机制已日渐成为我国高校治理改革的重要议题。近年来，国家出台和修订了一系列政策法规以支持和鼓励师生参与大学治理，如党代会、教代会、学代会、学联学生会等规则。在这些相关政策推动下，当前我国高校师生参与治理的模式主要有以下三种：

一是深化民意代表参与体系，这是目前普通师生参与学校议事决策的最主要的渠道。一方面是因为有成熟的机制和政策文件支持，具有权利的保障支撑；另一方面是因为已经有工会、妇联、党组织、学生组织成熟的治理机构，主动维护和保障师生的权益。在民意代表参与的过程中，师生代表依法行使政策给予的相关权利，为高校治理建言献策。但是这种制度确有其局限性，这是因为代表大会召开有严格的时间周期，针对突发舆情问题无法做到立即反馈立即处理，只能对长期存在的系统性顽疾建言献策；另外，选拔的师生代表提出的意见无法覆盖少数群体或个体的利益。

二是健全协商式参与体系，通过座谈会、征求意见会还有校长接待日、校长信箱等渠道即时反馈，这一渠道成为高校出台重要政策前进行民主式协商和沟通的渠道，并为少数群体或个体参与高校治理提供了渠道和路径，弥补了民意代表式参与存在的缺陷。但是，因为师生个体公共治理意识不足、能力不够，该渠道成了发泄私愤的渠道，众多提出的意见无法被采纳，甚至无法协调，反而会进一步引发冲突与矛盾。

三是引导网络式参与，近些年兴起的“知乎治校”“网络治校”就是师生网络式参与的典型案例。相较于传统反馈渠道周期长、难度大的特点，高校师生更容易在网络上发布意见，形成舆论压力迫使校方进行反馈。这种参与模式的特点是事件迅速，校方重视，因而能快速加以解决或回应。但是缺点也同样明显，因为网络上大量“键盘侠”的存在，致使网络舆情朝着不可控的方向发展，谣言、网络暴力的成本极低，网络匿名性的特征又容易使“罪魁”逃脱惩处。

高校师生参与治理还是要重点关注渠道是否畅通、反馈是否及时、意见是否有效等问题。当下，高校治理理应建立起更为完善的双向反馈平台和渠道，在平时工作中要力避官僚化、行政化，以“师生本位”的心态处理好校园中遇到的争议和问题。虽然信息公开工作实施已久，但高校的信息公开仍显得较为滞后，许多高等学校的信息公开程度依然较低。“高校信息公开，实质上是政府信息公开在高等教育领域内的延伸。”①现代化高校建设要求必须突破主体的封闭性，部分学校仍对信息公开带来师生参与有所担忧或顾虑，不愿或不敢面对更多的利益相关者关注、支持、参与并影响高校发展，最终阻碍了多元参与体系的形成。

（四）回归梦想：建立利益共同体章程

一个组织的团结有赖于一个共同的目标和章程。作为真理、为人类福祉的园地，高校应把有效服务社会和立德树人的根本任务有机结合，在融入社会的同时又能培育大学师生潜心向学的内外部环境。如何在兼顾绩效的情况下让有长远影响的成果有孕育的空间，需要对现代高校治理进行深入探索。

大学章程作为高等教育领域的“宪法”，是实现高校自主办学，让高校权力主体回归本位的重要保障。②大学章程在内容上要体现多元利益主体的内在需求，更要在制定程序上体现高校多元主体的共同体利益，使之真正成为调整政府与学校、教师与学校、学生与学校、社会与学校的权利与义务的法律准则，从而达到大学自治的终极目标。从大学的章程入手，审视大学的办学理念，可以进一步理顺“依法办学、自主管理、民主监督、社会参与”治理结构，形成高校职能部门对突发事件的通力合作；同时培植崇尚理性、拒绝浮躁功利的校园文化，注重长远制度文化建设，真正把对大学成就的认可引导到为真理的探索、为国家的富强、为人类的幸福上来，让大学成为世界利益共同体、命运共同体、责任共同体建设的重要机构。

---

① 屈正州.信息公开是高校的“必修课”[N].人民日报，2015-3-12(06).

② 桑锦龙.关于深入推进教育治理体系和治理能力现代化的思考[J].教育发展研究，2020，40(05)：1-5.

（五）回归课堂：增强高校学生的科学研判舆情能力

由于跟自身利益的高度关联，高校大学生们是高等教育舆情事件的重要的关注主体。而如今进入数字互联时代，高校大学生们作为互联网的忠实受众，在享受网络带来的便利的同时，也承受着网络舆情中所裹挟的负面信息的影响，这很可能在高校舆情事件中，造成他们思想和行为的偏差，带来不同程度的影响。为此，高校应注重回归课堂教育，加强大学生对网络舆情的理论学习和培养大学生的思辨能力，稳步提升大学生对网络舆情的研判能力，为舆情治理打好基础。

一方面，高校教育课程中可以实时将网络舆情的相关理论内容穿插融入其中，引导大学生在日常的学习生活中，逐步提升自身对网络舆情理论知识的理解和掌握。通过理论灌输，深化大学生对舆情产生和传播机制的了解，进而对网络舆情达到全面完整的掌握。现在处于互联网时代，网络舆情相比较传统舆情具有更多的不可控因素，且极具渗透影响力。高校大学生只有通过不断提升自身的相关理论知识，以科学的理论为指导，才能更好地、合理地分析和把握网络舆情，对当今的高等教育舆情有更正确的认识，进而避免给自身行为带来消极影响。另外，高校可以通过开办关于舆情的专题讲座、知识竞赛活动以及辩论会等形式，加强与大学生的交流互动，促进大学生对网络舆情理论知识的学习和理解。同时邀请专家学者，针对大学生在网络舆情的研判过程中所面对的问题和思想上的困惑进行答疑解惑，进而加深大学生对网络舆情相关理论知识的理解。通过这种互动式的交流，更有助于调动大学生主观能动性，以更为积极主动的态度接受理论引导，有助于大学生在正确理论的指导下对网络舆情进行科学合理的分析。

另一方面，高校应注重提升大学生的思辨能力，面对网络舆情中的不实信息和倾向性的观点，高校要积极引导大学生学会理性思考，分析网络舆情所裹挟信息的准确性及合理性，进一步提高大学生对网络舆情的研判能力。[1]面对

---

① 郭志龙.网络舆情视阈下高校思想政治教育面临的挑战及对策研究［D］.南昌：华东交通大学，2021.

网络舆情，应避免高校大学生陷入盲从心理，高校应注重培养大学生的思考分析能力，避免成为乌合之众。高校大学生由于自身性格和价值理念尚未成熟，面对网络舆情中所夹杂的未经证实的和具有渗透性影响力的倾向性信息，无法及时有效地做出正确判断，易受其诱导。因此，高校要着重培养大学生的思考分析能力，引导大学生有效结合自身所掌握的科学理论知识，对网络舆情做出正确、合理的分析和判断。进而避免在涉及本学校的舆情事件时，在不明真相的情况下盲目跟风，成为舆情发酵的幕后推手。同时，结合时代背景，培养大学生从多角度深入分析网络舆情的发展动态，及时把握其内在目的，提高大学生对网络舆情中所裹挟的具有倾向性和目的性的舆情信息的分析、辨别能力，进而避免大学生受其诱导，造成思想和行为上的偏差。高校在面对复杂的网络舆情时，要强调实事求是，在面对未被证实的信息时要做出正确、合理的判断，稳步提升大学生对网络舆情信息的鉴别能力。

三、媒体：设立框架与引导舆论

在高校突发事件中，媒体处于高校与社会民众之间的中间环节，发挥着披露事件始末、传播事实真相、传递官方态度、弘扬社会价值的重要作用。但是，随着网络新媒体已经逐渐占据社会群众的新闻视野，传统媒体的“把关人”功能失灵问题日益严重，甚至有部分媒体罔顾新闻事实，为抢占新闻时效性，争夺阅读流量，不求新闻质量，歪曲事实，误导群众，导致社会矛盾、群体对立冲突一再升级，严重影响社会和校园的安全稳定。媒体作为把关人角色的作用和地位亟须被重新审视。

（一）媒体价值：追寻新闻事实的深度

回顾媒体在突发事件中发挥的作用，混杂的舆情现状反映了媒体报道的行为准则的缺失。自媒体时代，人人都有“麦克风”的现状导致“新闻快餐”现象成为常态。但是随着公众审美需求提升及公共利益的审视回归，受众逐渐发现新闻快餐难以替代深度报道对公共价值的关注和思考。因此，高校突发事件回归深度报道，一点点挖掘和还原事件真相，纾解了受众对该事件的情绪。这才是公共媒体记者的职责所在，也是新闻调查报道的价值所在。在海量的自媒体平台上，信息传播呈现出泥沙俱下和鱼龙混杂的现象，这是一个长期存在并且正面对待的问题。官方媒体尤其是主流媒体要发挥好定海神针的作用，在深度报道、深度观察、深度评论上有所加强，及时公开事实真相，制止谣言和虚假信息的继续发酵，营造一个风清气正的舆情环境生态。

（二）媒体把关：尊重新闻信息的实度

"把关人"失灵是自媒体时代不可避免的，传统媒体时代的编辑方针和审核流程在自媒体时代似乎全部失灵了。以高校出现的师生自杀身亡事件为例，自媒体上往往会出现关于该事件的种种猜测，并直击高校行政化体制的痛点弊端。经网络传播后，会引起社会对高校师生心理健康问题的广泛关注；还有观点表示希望调查事实真相。从舆情事件分析角度而言，警惕后续不实信息的滋生与传播，引导大众保持客观理性，是应重视的因素。

后真相时代出现，有众多原因：一是社交媒体成为人们获知新闻的主要来源，却是虚假新闻的"重灾区"；二是普通群众因为信息受限，盲目跟风，理性让位于情感情绪；三是自媒体平台专业性提升，为追求时效性、阅读流量而罔顾新闻事实，新闻造假更加逼真。新闻媒体的职责在于寻找真相，而非制造和创作事实，扭曲或夸大事实、添油加醋、有意激化社会矛盾等报道行为有违新闻工作者的基本原则。后真相时代面对陡增的各种风险，以及媒体深度融合的发展浪潮，媒体应履行守望者职责，在尊重新闻事实的基础上传递价值和思想。媒体组织或平台，包括自媒体平台，应当增加专业的新闻媒体工作者比重或者加强新闻编辑的新闻素养培训，设法完善新闻资讯的审核机制，从而在舆论引导中占据主动权。

（三）舆论主流：发挥新闻框架的效度

无论是传统媒体还是新媒体，都应当加强从业人员的专业性，坚持正确的政治立场，承担起揭露真相、激浊扬清的社会责任。"主流媒体要为社会公共议题的理性认知提供有效的议程设置、话语框架、观点表达、案例解析，成为网上正面舆论的引领者，更好发挥媒体的桥梁纽带作用。”[①]客观公正的新闻报道才能帮助更多民众还原客观事实，客观评价事件主体，合理判断事实性质。

对“北大保安成为校长”事件，媒体形成合力塑造了励志勤学的典型。媒体在搭建新闻框架的过程中会形成倾向性，进而形成特定的认知图示和认知框架，直接影响受众对事件的理解。媒体要善于借助新闻框架的功能，提供一系列全方位信源、多角度的报道，获取公众信任和认可，引导主流舆论走向，在报道过程中，媒体会基于主体性利益的考虑，进行新闻事实的陈述和报道。

当然，媒体的框架效应依旧发挥着重要的作用。比如，在256篇主流媒体关于“冒名顶替上学”案件的报道中，存在通报案件最新调查进展，描述案件过程与细节，回顾被顶替人的人生，第一视角发声，关注事件问责，呼吁救济被顶替者的受教育权，从法律角度剖析案件的解决方法等多种类型框架，不同框架之间形成竞争与合作的关系。在汹涌的舆情浪潮中，媒体要做的不仅仅是对案件的跟进报道，也不能只为眼球效应一味迎合公众情绪，而要时刻保持敏感监测环境，成为船头的“瞭望者”，及时疏导社会的负能量，为公共利益服务。在该事件中，地域黑、污名化、谣言谩骂等情况层出不穷，非理性、情绪化的谴责造成了舆论失焦、难以形成治理的合力。因此，在应对高校突发事件时，媒体必须保持冷静客观的立场，从更长远的视野提供解决问题的思路，提出建设性的建议，为营造健康理性的舆论环境，更好地发挥舆论监督贡献力量。

四、社会：公共权力与社会支持

社会大众通过对互联网的使用带来深刻的社会影响，尤其是政治影响，被称为“第五权力”。在一定程度上，这被视作社会公众借助新媒体平台生产和传播的公共舆论补充和替代了专业化媒体作为“第四权力”的传统社会力量，并在高等教育网络突发事件中占据了重要话语权位置。社会大众成为高校突发事

① 王一彪.清醒认识网上舆论形势依然严峻复杂[N].人民日报.2018-4-19(05).

件得以解决的重要力量。

（一）社会监督：公共话语权的理性之路

话语即权力，在话语权得到使用后，引发公共讨论和话语表征，最后汇聚成了权力。[①]从权利到权力的转变，不仅是个体的政治参与和权利意识的觉醒，更折射出社会权力阶层的深刻变革。在自媒体时代，社会公众通过自己的网络言行对教育事件进行自发式的监督，以此来行使“第五权力”。

高等教育网络突发事件中，社会公众密切关注着教育事件的发展及行动，并对高等教育提出希冀与要求。当事态的发展与公众的希望出现背离时，民间舆论开始行使其社会监督的主体职责，向官方施加舆论压力，迫使突发事件以扩散的方式为人所知，并进一步朝着社会监督的预期目标发展。直到被监督主体采取一定的措施，突发事件才可能朝着和解的方向发展。伴随数字新媒体的出现与普及，被网络技术赋权的普通公众拥有发声的渠道和平台，网友集体式围观和监督形成常态化监督。师德师风不良、管理弊端、行为失范、突发事件等，对教育事件的关注促使诸多网友组成了“自来水”，自发地在热门微博评论和传播高校突发事件。尤其是在“意见领袖”的带动下，网友们对涉及自身利益的教育话题尤为关心，密切关注着事件的发展和演变，并造成舆论事件的一再升级。但是，在多元开放的新媒体时代，突发事件中的话语往往呈现严重的割裂状态，现实中的群体冲突往往会投射到网络中，会形成冲突、割裂和破碎的话语现状，与之相伴随的是自发的、零散的，易呈现出非理性的监督与冲突。社会受众若要行使好“第五权力”，实现民主监督，当务之急是要提升自己的媒介素养，具备辨析是非的判断能力，将无序、暴力的话语权转变为理性客观的民主式监督，否则民主权利、社会监督无从谈起。

---

① 肖珺，胡跃，秦博昱.“丽江女游客被打”事件中的“第五权力”研究与反思[J].中国媒体发展研究报告，2017(00)：173-190，241-242.

(二)社会信任：激浊扬清的重要力量

社会公众的信任程度，直接关系到民间舆论场的走向。无论对高校还是政府，其符合社会公共利益的行动都置于公众的审视之下，而且极易引发舆情风险。长期以来，因为网络扩音器和放大镜的作用，官方的错误应对导致自身公权力形象造成了损害。

众所周知，在现实舆情演变过程中，官方采取何种处置措施、调查处置时间合理与否、发表措辞是否妥帖都将成为催生舆情的风险点。此阶段，由于许多高校的调查处置都在内部进行，当事方爆料就成为公众了解进展的主要途径，导致舆论容易受爆料内容影响，对官方工作产生负面评价，进而形成舆论倒逼的形式，影响社会公众的信任感和官方的公信力。实际上，对于严重负面议题引起舆论哗然的突发事件，很多高校都有相对完善的应对机制。例如，突发事件发生后，高校通常都会采取分段应对的方式，先组织调查、认定事实，然后进行处置，再在有限的范围内向与事件相关的个体公布处置结果。然而事件真正发生时，为了维护声誉，官方的表态又始终难以令人信服。

在自媒体的整合下，网民会认为所有的信息都是事实。社会信任对突发事件至关重要。高校在被爆料而陷入不利境地时，此时站出来表明姿态效果反而大打折扣。“如果披露滞后，大量的猜测甚至诬陷可能就会出来；如果披露不完整，公众就会‘痛打落水狗’；如果披露不充分，就会给公众留下很大的想象空间。”[①]在突发事件发生时，高校要旗帜鲜明地表达对事件的高度关注，并向社会展现自己坦诚认真的态度，进而抓紧开展调查工作，让社会看到高校信守承诺、客观公正的形象，这将有助于事件的解决和共识的形成。

(三)支持保障：提供社会资源与公共支持

社会群体是促进高校突发事件达成共识的重要力量。高校突发事件的解决离不开社会多元主体的支持，比如，法务支持、公关支持、媒体支持甚至技术支持等。社会群体为高校解决舆情突发事件提供了充足的民间力量，而且这一力

① 王之康.应对舆情，高校如何拒当“鸵鸟”[N].中国科学报，2018-04-17(02).

量在网络社会的建构中正发挥着越来越重要的作用。

然而，当前高校关于突发事件的内部处置程序还是遵循传统的科层制，贯彻着一套自下而上的层层汇报和自上而下的层层指示。在这样的情况下，处理突发事件仅靠高校资源上下联动是远远不够的。有学者提出建立独立公平的多样性委员会，发挥师生和社会主体的监督调查作用，甚至可以引入第三方机构对事件迅速调查取证，同时确保专业性与独立性。当然，社会独立的调查报告依旧可能引发网络舆情和社会围观，但是经多方调查的相互佐证，反而能给突发事件的解决提供多元化的信源支持。高校虽然是学术多元体的存在，也依旧需要多样性的社会资源提供支持。以法务支持为例，鉴于当前高校治理基于政策法规为依据，对于教育治理的法治建设依旧有很长的路要走。在众多高校突发事件中，存在高校涉事主体甚至校方意识薄弱的情况，一方面是师生维权意识的日益高涨，另一方面是校方处于经验式管理的现状，此消彼长之下，高校网络突发事件势必难以达成和解。

第七章 在争议中
凝聚共识、发展共识、培养人才

舆情是民意聚散的晴雨表，也是社会现象的镜像反映。近年来，高校舆情突发事件的出现与互联网技术蓬勃发展呈现出密切的相关性。复杂性的社会舆情为高校管理和育人工作带来难以想象的现实挑战，每时每刻都在拨动着官方敏感而脆弱的神经。同时，语言自诞生之日起，便被证明是一种非常有力的沟通介质，它可以改变认知，也可以产生共识，在社会变迁和认知框架建构中发挥着举足轻重的作用。

话语有助于达成共识，但这种作用并非绝对。过度夸大语言的作用并不能直接决定社会进程和左右人的认知，反而会致使突发事件更多成为一种危机加以解决。在高等教育走向现代化的过程中，舆情不仅具有独特的传播特征、话语特征，同时也是处置争议和塑造社会认同的重要动力，并呈现出与权力变迁相互交织的社会复杂性。面对高等教育治理困境和难题，我们相信只有充分认识并掌握这一规律性特征，才是破解高校舆情突发事件治理难题的应有之义。在海量的信息世界中寻找合适的解释性框架，将有助于各方在高等教育的象牙塔内找寻到人才培养的共识路径。

与此同时，高校育人是一项系统性工程。舆情环境及生态不仅深刻影响着高校人才培养职能的实现，还深刻冲击着整个高等教育活动，并带给新时期高等教育事业发展诸多挑战。面对高校突发事件中暴露出的治理隐患，各高校舆情涉事主体正想方设法进行自我调整，通过搭建协同体系等一系列卓有成效的

引导化解突发舆情引发的危机，不断创新舆情治理中的高素质人才培养路径，为构筑新时代培养高地贡献力量。

根据文献研究梳理，我们发现新闻框架与高校网络舆情现象研究之间具有高度适配性，新闻框架理论为高等教育网络共识达成指明了前进方向，使高等教育治理研究在不断彰显魅力的同时，也实现了治理能力提升的外显效果。在对近年高校突发事件典型案例分类归纳之后，我们构建了一个关于争议性现象的传播机制和话语路径的共识模型，借助分析高校突发事件的传播规律、传播机制以及符号学视角分析相关突发事件中的话语表达与话语建构，以此揭示高校突发事件的舆情演变和话语传播规律，为高等教育舆情的治理和应对提出科学的策略建议。在这一传播机制中，从争议到共识大致经历了三个阶段：第一个是议题赋权阶段，第二个是舆情传播阶段，第三个是共识达成或争议和解阶段。三个阶段相继对议题赋权、公共修辞、话语表达以及认知图示、心理作用等机理作用机制加以描述和阐释，形成了各类学科如社会学、传播学、心理学以及语言学研究的创新融合。

在高校突发事件的治理对策方面，我们又分别从观念层、价值层、实践层三方面探讨了多元主体共同参与治理模式的可行性与应用性，并对不同的涉事关键主体进行倡议。在社会冲突理论的视角下，我们也从新的角度看到了高校突发事件中具有积极社会影响的一面，即通过冲突与矛盾的显现将亟待解决的制度问题、社会关系问题、权力问题等暴露到公众面前，并通过网络媒介和舆论力量重新建构新的议程设置程序，进而促进社会问题的解决与革新，推动社会发展与进步。这无疑对我国高等教育体系建设，对高校师生参与治理、民意收集、制度改革、信息开放或是舆论治理提升进行了调适和修正，可谓切中弊病，为新时期高校治理提供了更为广阔的发展思路与研究视域。

今时今日，高校舆情管理仍是一个较为新颖的议题，在研究方向上尚有较多理论空白和研究空缺，其应对与治理也非常需要科学的研究与理论指导。本书以框架传播构建的共识机制为基础，参考经典的传播学理论和传播演化模式，实现了对社会现象、传播现象、话语现象和心理现象的一体化研究。但由于研究能力有限，也因为研究时间和研究条件限制等，研究成果仍存在一些不足之处。具体表现在：

一是本研究所建构的高校突发事件传播模型主要以框架为核心，从高校突发事件的传播要素和传播阶段为切入点分析其传播特点及规律，也是传播学研究常常使用的研究切入点，对模型的适用性检验则通过近年发生的经典高校突发事件案例进行验证。但是，由于现实情况往往更加复杂、变动频繁，并非一个定型的传播演化模型可以阐释，本书针对高校突发事件所提出的传播模型仍需在实践中进行更加深入的检验和完善。

二是本书对于高校突发事件的框架类型归纳主要是基于事件的主题内容进行分类，但由于现实案例往往牵涉利益众多，事件的归纳分类很可能同属于多个主题，交叉重复。同时也受分类方法和分析视角限制，仍然可能有未能完全囊括进来的事件类型，对类型化研究中语言变异和误读背后的深层原因还需进行更深入的探讨。

三是本书以新闻传播学等有关学科为研究视角，在引入话语符号对高校突发事件的多方话语特点与话语建构分析时，虽广泛涉猎了大量语言学、符号学研究文献，筛选实际案例根据具体情境做了大量的调研和对比，但受学科知识积累限制，依然存在专业知识方面的欠缺之处，且政府、媒体、高校等高校突发事件的多方参与主体的话语互动也更加频繁和复杂，社会话语环境格局持续变动，亟待更加深入和专业的符号学视野进行针对性研究。

对高等教育舆情治理的深入探索，无疑是“十四五”时期高校治理体系和治理能力现代化战略部署的重要主题之一。[①]如果忽略了舆情生态治理的多元化参与和一体化推进，不可避免地会割裂高校“立德树人”责任和“意识形态”阵地之间的有机联系。探索高校舆论宣传工作的内在规律和丰富内涵，增强中国特色社会主义文化的吸引力与感染力，是高校扩大自主权、实现自我治理革新的应有之义。为了达成这一目标，需要促使更多的主体主动参与到舆情时代的“立德树人”教育管理过程中，从最广泛意义上实现治理目标与方略在角色

① 郑政捷，陈兴明，郑文力.我国高校权力主体关系的嬗变与重构——基于“放管服”改革视角[J].中国高教研究，2018(01)：43-47.

思维方式上的转化，使广大社会成员形成最广泛的认同共识，将突发事件的影响力延伸到现实治理空间，进而引领高校治理能力和治理体系迈向一个崭新的阶段！

参考文献

中文文献

一、著作

1.陈刚.共识的焦虑：争议性议题传播的话语变迁与冲突性知识生产[M].北京：人民出版社，2016.

2.陈章龙，冲突与建构——社会转型时期的价值观研究[M].南京：南京师范大学出版社，1997.

3.曹茹，王秋菊.心理学视野中的网络舆论引导研究[M].北京：人民出版社，2013.

4.侯均生.西方社会学理论教程[M].天津：南开大学出版社，2001.

5.李德顺.价值论[M].北京：中国人民大学出版社，2007.

6.李红.网络公共事件：符号对话与社会认同[M]. 北京：中国社会科学出版社，2015.

7.李显杰.电影修辞学：镜像与话语[M]. 北京：文化艺术出版社，2005.

8.师曾志，胡泳.媒介赋权及意义互联网的兴起[M].北京：社会科学文献出版社，2014.

9.世界银行，联合国教科文组织.发展中国家的高等教育：危机与出路[M].北京：教育科学出版社，2001.

10.童兵.科学发展观与媒介化社会建构——新闻传播学视角的研究[M].上海:复旦大学出版社,2000.

11.陶然,萧良等.现代汉语名词词典[M].北京:中国国际广播出版社,1995.

12.王明珂.华夏边缘——历史记忆与族群认同[M].北京:社会科学文献出版社,2006.

13.吴向东.重构现代性——当代社会主义核心价值观研究[M].北京:北京师范大学出版社,2006.

14.辛斌.批评语言学:理论与应用[M].北京:北京外语教学与研究出版社,2005.

15.许靖.偏见心理学[M].北京:北京理工大学出版社,2010.

16.肖伟.闻框架论——传播主体的框架与被框架[M].北京:中国人民大学出版社,2016.

17.俞吾金.意识形态论[M].上海:上海人民出版社,1993.

18.赵鼎新.社会与政治运动讲义[M].北京:社会科学文献出版社,2012.

19.臧国仁.新闻媒体与消息来源——媒介框架与真实建构之论述[M].台湾:三民书局,1999.

20.曾庆香.新闻叙事学[M].北京:中国广播电视出版社,2005.

21.周文彰.狡黠的心灵——主体认识图式概论[M].海口:南方出版社,2009.

二、译著

1.埃里克·麦格雷.传播理论史:一种社会学的视角[M].刘芳,译.北京:华夏出版社,2009.

2.道格拉斯·凯尔纳.媒体文化[M].丁宁,译.北京:商务印书馆,2004.

3.戴维·米勒.政治学百科全书[M].邓正来,译.北京:中国政法大学出版社,2002.

4.梵·迪克.话语研究:多学科导论[M].周翔,译.重庆:重庆大学出版社,2015.

5.赫伯特·阿特休尔.权力媒介[M].黄煜,裘志康,译.北京:华夏出版社,

1989.

7.科塞.社会冲突的功能[M].孙立平，译.北京：华夏出版社，1989.

8.李普曼.公众舆论[M].阎克文，江红，译.上海：上海人民出版社，2002.

9.迈克尔·J.桑德尔.自由主义与正义的局限[M].万俊人等，译.南京：译林出版社，2001.

10.迈克尔·豪利特.公共政策研究[M].庞诗，译.北京：三联书店，2006.

11.马克·H. 罗斯.冲突的文化[M].刘萃侠，译.北京：社会科学文献出版社，2013.

12.曼纽尔·卡斯特.认同的力量[M].曹荣湘，译.北京：社会科学文献出版社，2006.

13.米歇尔·福柯.作者是什么[M].逢真，译.兰州：敦煌文艺出版社，1996.

14.诺曼·费尔克拉夫.话语与社会变迁[M].殷晓蓉，译.北京：华夏出版社，2003.

15.勒庞.乌合之众[M].冯克利，译.桂林：广西师范大学出版社，2007.

16.乔纳森·波特，玛格丽特，米歇尔·福柯.知识考古学[M].谢强等，译.北京：三联书店，1998.

17.乔治·莱考夫，马克·约翰逊.我们赖以生存的隐喻[M].何文忠，译.杭州：浙江大学出版社，2015.

18.塞伦·麦克莱.媒社会学[M].曾静平，译.北京：中国传媒大学出版社，2005.

19.斯图尔特·霍尔.表征：文化表象与意指实践[M].徐亮等，译.北京：商务印书馆，2003.

20.乌尔里希·贝克.风险社会[M].何博文，译.南京：译林出版社，2004.

21.威尔·金里卡.自由主义、社群与文化[M].应奇等，译.上海：上海译文出版社，2005.

22.韦斯雷尔.话语和社会心理学：超越态度与行为[M].肖文明，译.北京：中国人民大学出版社，2006.

23.詹姆斯·费伦.作为修辞的叙事：技巧、读者、伦理、意识形态[M].陈永国，译.北京：北京大学出版社，2002.

三、期刊论文

1.白月.高校网络舆情的类型、特点及应对研究[J].河南社会科学，2020，28(07)：120-124.

2.陈先达.论普世价值与价值共识[J].哲学研究，2009(04)：3-9，128.

3.成俊会，李梅.全过程视角下基于扎根理论的微博舆情传播行为参与机制研究[J].情报杂志，2020，39(07)：114-118.

4.陈晓燕，何有世.新媒体环境下基于动机理论的高校负面网络舆情传播研究[J].高校教育管理，2020，14(06)：105-116.

5.崔国红.新媒体时代大学生网络舆情分析及引导策略研究[J].学校党建与思想教育，2020(17)：82-85.

6.陈纯柱，敖永春.网络环境下高校舆情的传播及引导机制研究[J].重庆大学学报(社会科学版)，2011，17(02)：154-159.

7.陈晓娟，陈林.网络话语权在高校突发事件处置中对网络舆情引导的机制探讨[J].产业与科技论坛，2017，16(09)：271-272.

8.陈少平.高校网络舆情危机的研究及处置对策[J].中国青年研究，2012(03)：5-9.

9.蔡晓平，李海云.高校网络舆情诊断及引导研究——以广东省高校为例[J].高教探索，2011(06)：27-30，45.

10.陈均土.高校网络舆情问题及其破解[J].思想教育研究，2010(11)：84-87.

11.曹学艳，等.基于最小二乘法的突发事件网络舆情演化规律研究[J].图书情报工作，2013，57(24)：101-105.

12.曹银忠，许方圆.高校网络舆情引导研究[J].毛泽东思想研究，2012，29(06)：146-150.

13.杜坤林."微时代"高校网络舆情生成与干预机制研究[J].学校党建与思想教育，2011(16)：76-78.

14.陈强，王雅蕾，王国华.高校突发事件网络舆情泛化现象研究[J].情报杂志, 2011, 30(05): 6-9.

15.杜骏飞.网络群体事件的类型辨析[J].国际新闻界, 2009(07): 76-80.

16.丁柏铨.舆情影响因素解析及舆情中心理作用研究[J].天津社会科学, 2018(06): 33-39.

17.窦锋昌,李华.热点事件传播的新路径、新特点与新应对——以2016年5起热点事件的传播为例[J].新闻战线, 2017(17): 115-118.

18.邓春林, 杨柳, 王涵之.高校网络群体性事件舆情演化规律初探——基于多项式拟合的定量分析[J].现代情报, 2016, 36(05): 16-20.

19.邓燕.论网络舆情对高校群体性事件的影响[J].重庆邮电大学学报(社会科学版), 2009, 21(03): 123-126, 141.

20.丁柏铨.略论舆情——兼及它与舆论、新闻的关系[J].新闻记者, 2007(06): 8-11.

21.樊琳, 等.高校网络舆情的演化机理及其应对策略[J].当代青年研究, 2020(04): 90-95, 115.

22.樊艳丽.高校思想政治教育时代化的路径选择——以网络信息资源的开发利用为视角[J].教育理论与实践, 2013, 33(30): 24-26.

23.方海涛.论高校网络自媒体管理的现状及管理途径[J].学校党建与思想教育, 2012(30): 73-74.

24.范燕宁.当前中国社会转型问题研究综述[J].哲学动态, 1997(01): 19-22.

25.郭广.基于自媒体舆情的高校“思政+”育人模式探究[J].学校党建与思想教育, 2020(17): 79-81.

26.郭小安,霍凤.新闻框架与社会运动框架:两种研究视角的整合与对话[J].南京社会科学, 2017(08): 135-142.

27.郭小安.网络舆情联想叠加的基本模式及反思——基于相关案例的综合分析[J].现代传播(中国传媒大学学报), 2015, 37(03): 123-130.

28.郭峰, 刘彩生.论高校微博舆情传播路径及引导控制[J].西南农业大学学报(社会科学版), 2013, 11(10): 189-191.

29.郭太生, 楚红梅.危机管理中政府话语权探析[J].北京警察学院学报,

2010(04): 9–12, 97.

30.郭光华.论网络舆论主体的“群体极化”倾向[J].湖南师范大学社会科学学报, 2004(06): 110–113.

31.郭跃, 赵颖霞, 沃琼怡, 余雅雯.大学生视角下的应用型本科院校“四个回归”调研分析——以浙江高校为例[J].大学教育, 2020(02): 45–49.

32.高枫桦, 祁凯, 郑瑞.高校公共危机事件网络舆论研究综述[J].科技传播, 2020, 12(12): 156–158.

33.高笑颜.高校网络群体性事件现状分析与发展趋势[J].辽宁工业大学学报(社会科学版), 2011, 13(05): 83–86.

34.胡赤弟.高等教育中的利益相关者分析[J].教育研究, 2005(03): 38–46.

35.胡玉宁.思想政治教育话语传播要素的协同性分析[J].学校党建与思想教育, 2021(07): 21–24.

36.黄长义, 崔锦文.网络主流意识形态建设的共识维度及其机制构建[J].湖北行政学院学报, 2019(01): 17–22.

37.胡泳.后真相与政治的未来[J].新闻与传播研究, 2017, 24(04): 5–13, 126.

38.韩明莲.从“文本分析”到“理解媒介”——麦克卢汉媒介理论的发展[J].东岳论丛, 2010, 31(11): 99–101.

39.韩笑莲, 王广郊.社会失范理论——浅析迪尔凯姆和默顿的犯罪学思想[J].法制与经济(下半月), 2008(01): 129–130.

40.揭萍, 熊美保.网络群体性事件及其防范[J].江西社会科学, 2007(09): 238–242.

41.江畅, 李历.社会共识及其与社会认同的关系[J].中南民族大学学报(人文社会科学版), 2020, 40(05): 96–103.

42.孔晓虹.新媒体环境下高校应对网络舆情的探索[J].中国高等教育, 2020(Z1): 67–68.

43.刘振琍, 刘毅.高校教育舆情研究论略: 热点、问题与展望[J].理论与现代化, 2014(02): 87–91.

44.刘燕, 刘颖.高校网络舆情的特点及管理对策[J].思想教育研究, 2009(04):

46–48.

45.吉宏，杨太康.略论社会转型期我国社会阶级阶层的嬗变及其矛盾[J].经济问题，2007(10)：11–13.

46.陆敬筠，胡舜奕，俞建光.基于LDA–BiLSTM模型的高校网络舆情监测方法及实证[J].情报理论与实践，2020，43(11)：156–161.

47.刘继安，康宁，高众，苏慧斌.改革开放以来我国高校内部管理机构设置变迁及制度逻辑[J].北京大学教育评论，2019，17(04)：124–137，187–188.

48.李佳音，郭锦辉.文本分析法在教育研究中的应用[J].国际公关，2019(08)：102.

49.骆敏，王轶群，伍婵提.高校网络舆情的传播阶段及危机管理机制[J].青年记者，2019(03)：46–47.

50.李昌祖，周杰，郑苏法.高校网络舆情及其研判的若干思考[J].江苏高教，2010(05)：106–108.

51.李小波.涉警舆情结构及其演化机理分析[J].公安学研究，2020，3(06)：46–66，122–123.

52.李旭.微观政治与新媒介赋权：数字媒介场域中的微文化[J].文化与传播，2020，9(06)：71–75.

53.李彪.后真相时代网络舆论场的话语空间与治理范式新转向[J].新闻记者，2018(05)：28–34.

54.李开.表征·意指·接合——斯图亚特·霍尔的意识形态批判初探[J].新闻与传播研究，2017，24(03)：5–19，126.

55.李瑞昌.共识生产：公共治理中的知识民主[J].学术月刊，2010，42(05)：10–16.

56.聂辉，吕吉.高校大学生突发性舆情事件应对机制与策略研究——基于沉默螺旋理论的分析[J].江苏高教，2021(02)：49–53.

57.毛宇锋.新媒体背景下高校突发事件网络舆情传播模式及应对[J].江苏高教，2020(06)：67–70.

58.罗丽娅.高校文化治理：冲突与融合[J].法制与社会，2019(34)：174–175.

59.李文巧.底层文学在现实主义精神关照下的苦难叙事[J].西安建筑科技大学学报(社会科学版)，2019，38(03)：86-90.

60.李彪.霸权与调适：危机语境下政府通报文本的传播修辞与话语生产——基于44个引发次生舆情的“情况通报”的多元分析[J].新闻与传播研究，2019，26(04)：25-44，126.

61.秦瑜明，周晓萌.再造现代性：风险社会的媒体传播与社会治理[J].现代出版，2020(05)：52-57.

62.彭兰.万物皆媒——新一轮技术驱动的泛媒化趋势[J].编辑之友，2016(03)：5-10.

63.牛新权.网络热点事件传播中的心理效应分析[J].声屏世界，2009(01)：36-38.

64.孙海法，刘运国，方琳.案例研究的方法论[J].科研管理，2004(02)：107-112.

65.孙海法，朱莹楚.案例研究法的理论与应用[J].科学管理研究，2004(01)：116-120.

66.申金霞，张伟佳.来华留学教育舆情中自媒体报道框架的多元分析[J].现代传播(中国传媒大学学报)，2020，42(07)：163-168.

67.桑锦龙.关于深入推进教育治理体系和治理能力现代化的思考[J].教育发展研究，2020，40(05)：1-5.

68.舒刚.我国教育舆情研究的热点议题及趋势展望——基于CNKI(2009—2015)的数据分析[J].国家教育行政学院学报，2016(10)：40-46.

69.田振华.试论高校网络群体性事件的发生机理和应对策略——以QQ群信息传播为例[J].广西大学学报(哲学社会科学版)，2011，33(04)：99-102.

70.孙靖靖，高袅，姜健.高校网络群体性事件的心理分析[J].中国高等医学教育，2010(10)：27-28.

71.王洪伟.信息化背景下高校学生管理创新研究[J].黑龙江科学，2021，12(09)：76-77.

72.唐远清，吴雷.舆情治理：制度逻辑与行动策略[J].学术界,2021(01)：69-77.

73.田秀秀，马晋丹，孙增胜.微博平台高校舆情传播中的议题与框架互动研究——以梁莹学术不端事件为例[J].传媒，2020(06)：90-93.

74.汤贝贝，薛彦华.大数据背景下高等教育治理转型：机遇、挑战与应对策略[J].重庆高教研究，2019，7(02)：77-86.

75.童兵."民意中国"的破题——兼议民意及其特征[J].南京社会科学，2014(03)：9-13.

76.王楠，王保华.治理视域下的高校网络舆情应对策略[J].思想理论教育，2020(09)，93-96.

77.王楠，王保华.网络舆情对高校形象的影响因素研究——基于30个案例的定性比较分析[J].国家教育行政学院学报，2020(08)：77-85.

78.王军杰，黄黎辉.高校网络舆情特征与应对策略[J].传媒，2020(14)：77-80.

79.王少南.媒介建构社会共识的功能分析[J].传播力研究，2019，3(34)：4，6.

80.王健.高校网络舆情的监测与引导[J].信息网络安全，2009(03)：54-57.

81.王华锋，陶慧.突发公共卫生事件背景下高校网络舆情治理研究[J].学校党建与思想教育，2020(15)：65-67.

82.王晰巍，等.社交网络舆情事件主题图谱构建及可视化研究——以校园突发事件话题为例[J].情报理论与实践，2020，43(03)：17-23.

83.王凤仙，王志军，张润.高校突发事件网络舆情：舆论生态、传播规律与精准管控[J].高校辅导员，2019(06)：37-42.

84.王国华，等.重大社会热点事件在青年学生群体中的多元话语建构研究——以高校研究生自杀为例[J].情报杂志，2018，37(09)：100-105.

85.王永灿.自媒体时代高校网络舆情主体特征及引导探究——基于高校网络舆情诱因的分析视角[J].北京邮电大学学报(社会科学版)，2013，15(05)：1-6.

86.夏永林，聂心怡."后真相"语境下高校网络舆论引导路径探析[J].北京教育(德育)，2020(Z1)：38-44.

87.许鑫.十年来网络公共事件研究的进路、视角和框架[J].当代传播，2016(05)：35-39.

88.王霞.高校思想政治工作对网络群体性事件的应对[J].江苏高教，2012(02)：

131–132.

89.肖伟.论欧文·戈夫曼的框架思想[J].国际新闻界，2010，32(12)：30–36.

90.王学俭，刘强.当前高校校园网络舆情的逻辑分析[J].中国高等教育，2010(10)：17–19.

91.邢云菲，李玉海.高校网络舆情传播主题图谱可视化研究[J].情报科学，2020，38(11)：86–91.

92.杨仲迎.高校危机事件网络舆情应对决策体系模型构建[J].学校党建与思想教育，2020(07)：72–74.

93.徐强，王玉娥.微博环境下高校网络突发事件舆论引导现状与对策[J].重庆邮电大学学报(社会科学版)，2014，26(06)：105–109.

94.徐强，黄三生.加强微博环境下高校网络突发事件的舆论引导[J].中国高等教育，2013(22)：23–26.

95.徐机玲.八大城市舆情调查：收入、就业、教育公众关注十大问题[J].中国经济信息，2004(09)：59–60.

96.姚翼源.高校网络舆情治理的关键问题与实践向度[J].西南民族大学学报(人文社会科学版)，2021，42(03)：161–166.

97.阳剑兰，张云."互联网+"背景下构建高校应对校园暴力的机制——基于4R理论的视角[J].西部学刊，2021(03)：110–112.

98.杨晓慧.深刻把握建设高质量教育体系、实现教育强国目标的战略安排[J].思想理论教育导刊，2021(01)：4–9.

99.杨云娟，邵永杰.高等教育的发展现状及其思考[J].教育现代化，2019，6(82)：191–193.

100.杨佩，李建群.后哲学话语背景下价值共识的可能性探究[J].学术界，2018(02)：139–148，285–286.

101.赵娟.我国高校网络舆情研究现状及趋势的文献计量分析[J].江苏高教，2021(01)：102–105.

102.晏敬东，杨彩霞，张炜南.基于生命周期理论的微博舆情引控研究[J].情报杂志，2017，36(08)：88–93，75.

103.于江，魏崇辉.多元主体协同治理：国家治理现代化之逻辑理路[J].求实，2015(04)：63-69.

104.袁勇.舆论场交锋：博弈、冲突、互动与通融[J].新闻爱好者，2013(08)：8-11.

105.袁玉立.公共性：走进我们生活的哲学范畴——马克思主义哲学的一个新视点[J].学术界，2005(05)：27-34.

106.张建利，李羽佳.基于易班平台的高校网络舆情事件化解与引导机制研究[J].思想理论教育，2014(09)：81-84.

107.张会杰.教育舆情评析及大学公信力场域之构建——以清华“真维斯楼”舆论话题为例[J].复旦教育论坛，2012，10(02)：66-70，81.

108.张义庭.信息化环境下高校网络舆情与危机管理研究[J].情报杂志，2011，30(08)：51-54，60.

109.张思行.高校网络舆情的话题演变过程研究——以“地沟油事件”为例[J].北京邮电大学学报(社会科学版)，2011，13(01)：7-12.

110.张彦，赵靓.高校网络舆情的传播途径及传播特点分析[J].消费导刊，2010(04)：157.

111.张宪丽，高奇琦.回到语言本身：协商民主的政治哲学探究[J].行政论坛，2020，27(05)：12-17.

112.张建.教育治理体系的现代化：标准、困境及路径[J].教育发展研究，2014，34(09)：27-33.

113.张义庭，谢威.基于熵理论的高校突发事件网络舆情五力模型构建[J].情报杂志，2012，31(11)：19-22，18.

114.曾润喜，王国华，徐晓林.高校网络舆情的控制与引导[J].情报理论与实践，2009，32(11)：79-82.

115.张强，张欢.巨灾中的决策困境：非常态下公共政策供需矛盾分析[J].文史哲，2008(05)：24-28.

116.周升铭，王鹏.高校网络舆情的生成、传播与引导机制研究[J].学校党建与思想教育，2020(24)：59-60，63.

117.曾振华，袁甲.争议性事件的民粹化网络话语表达及传媒纾解[J].现代传播(中国传媒大学学报), 2020, 42(12): 15-19.

118.钟之静.高校网络公共事件的话语特征与建构路径[J].高教探索, 2018(06): 31-35.

119.祝苏东, 李礼建, 陈少平.高校网络舆情危机的研判分析及启示[J].福州大学学报(哲学社会科学版), 2011, 25(06): 5-9, 140.

120.曾庆香.话语事件: 话语表征及其社会巫术的争夺[J].新闻与传播研究, 2011, 18(01): 4-11, 109.

121.赵耀, 王建新.论新时代高校"三全育人共同体"的内涵与建构——基于利益趋同、价值共同和行动协同的思考[J].中国矿业大学学报(社会科学版), 2021, 23(03): 11-24.

122.朱斌, 刘新成.媒体融合环境下高校网络舆情传播引导模式研究[J].理论视野, 2020(11): 77-81.

123.朱可嘉.自媒体环境下高校舆情工作路径探析[J].中国高等教育, 2020(11): 50-51.

124.周险峰, 黄晓彬.学科、跨学科与高等教育的社会正义追求——批判教育学的视角及其修正[J].湖南师范大学教育科学学报, 2019, 18(01): 76-82, 118.

125.郑政捷, 陈兴明, 郑文力.我国高校权力主体关系的嬗变与重构——基于"放管服"改革视角[J].中国高教研究, 2018(01): 43-47.

126.周耀明, 张慧成, 王波.网络舆情演化模式分析[J].信息工程大学学报, 2012, 13(03): 334-341.

127.褚松燕.我国政府信息公开的现状分析与思考[J].新视野, 2003(03): 31-33.

128.朱永生.话语分析五十年: 回顾与展望[J].外国语(上海外国语大学学报), 2003(03): 43-50.

四、报刊

1.高海英.媒体时代下的高校舆情应对路在何方[N].中国青年报, 2018-01-29(9).

2.江必新.推进国家治理体系和治理能力现代化[N].光明日报, 2013-11-15(2).

3.王一彪.人民日报：清醒认识网上舆论形势依然严峻复杂[N].人民日报，2018-4-19.

4.新华网.习近平在视察解放军报社时强调坚持军报姓党坚持强军为本坚持创新要为实现中国梦强军梦提供思想舆论支持[N].人民日报，2015-12-2(1).

5.习近平.切实把思想统一到党的十八届三中全会精神上来[N].人民日报，2014-1-1(1).

6.徐亚文，刘洪彬.共治理念与国家治理体系现代化[N].湖北日报，2014-3-1(4).

7.中国互联网络信息中心.中国网民规模接近10亿数字政府建设扎实推进[EB/OL].人民网，2021-2-3(6).

五、硕博论文

1.董立丽.当前高校突发事件的特点及应对策略研究[D].济南：山东师范大学，2008.

2.顾洁莹.基于SNA的高校突发事件网络舆情演进机理研究[D].哈尔滨：哈尔滨工程大学，2012.

3.郭亦乐.党报经济新闻报道框架研究——以《南方日报》为例[D].广州：暨南大学，2017.

4.胡春阳.传播的话语分析理论[D].上海：复旦大学，2005.

5.贺卉.网络群体事件中的网络话语权研究——以“湘潭产妇死亡事件”为例[D].福州：福州大学，2015.

6.雷禹.网络危机传播机理及其管理机制的研究——以高校为例[D].上海：上海交通大学，2010.

7.孙莉玲.几类网络舆情研判模型及应对策略研究[D].南京：东南大学，2016.

8.宋帅.高校突发事件网络舆情引导对策研究——以合肥地区高校为例[D].合肥：安徽农业大学，2012.

9.陶志猛.中国社会转型期多元价值观冲突研究[D].大连：辽宁师范大学，2018.

10.王畅.高校突发事件网络舆情传播演化研究[D].哈尔滨：哈尔滨工业大学，2016.

11.王佳.大学生网络舆论行为研究——以西安地区三所高校为例[D].西安：陕西师范大学，2010.

12.王烨.人民网与澎湃新闻的失独报道新闻框架对比研究[D].重庆：重庆大学，2018.

13.吴宛航."放管服"引领下的政府高等教育管理职能转变路径研究[D].长春：吉林财经大学，2019.

14.席洁.新型新闻文本："新闻+跟帖"的互文结构关系与舆论引导[D].烟台：烟台大学，2018.

英文文献

一、著作

1.RHODES R.The New Governance：Governing without Government[M]. London：Political Studies，1996.

2.OSCAR NUDLER.Controtersy Spaces：A model of scientific and philosophical change[M]. Amsterdam：John Benjamins Publishing Company，2011.

3.SIMON COTTLE.Mediatized Conflict[M].Walton Hall：Open university press.2008.

4.MARCELO DASCAL.Dichotomies and types of debate.[M].Amsterdam：John Benjamins Publishing Company，2008.

二、期刊论文

1.VAN EEMEREN F H&GARSSEN B. Controversy and Confrontation：Relating Controversy Analysis with Argumentation Theory.[J].Pragmatics and Cognition，2010，18(1)：181-187.